人物叢書

新装版

小松帯刀《こまつたてわき》

高村直助

日本歴史学会編集

吉川弘文館

小松帯刀肖像写真（尚古集成館所蔵）

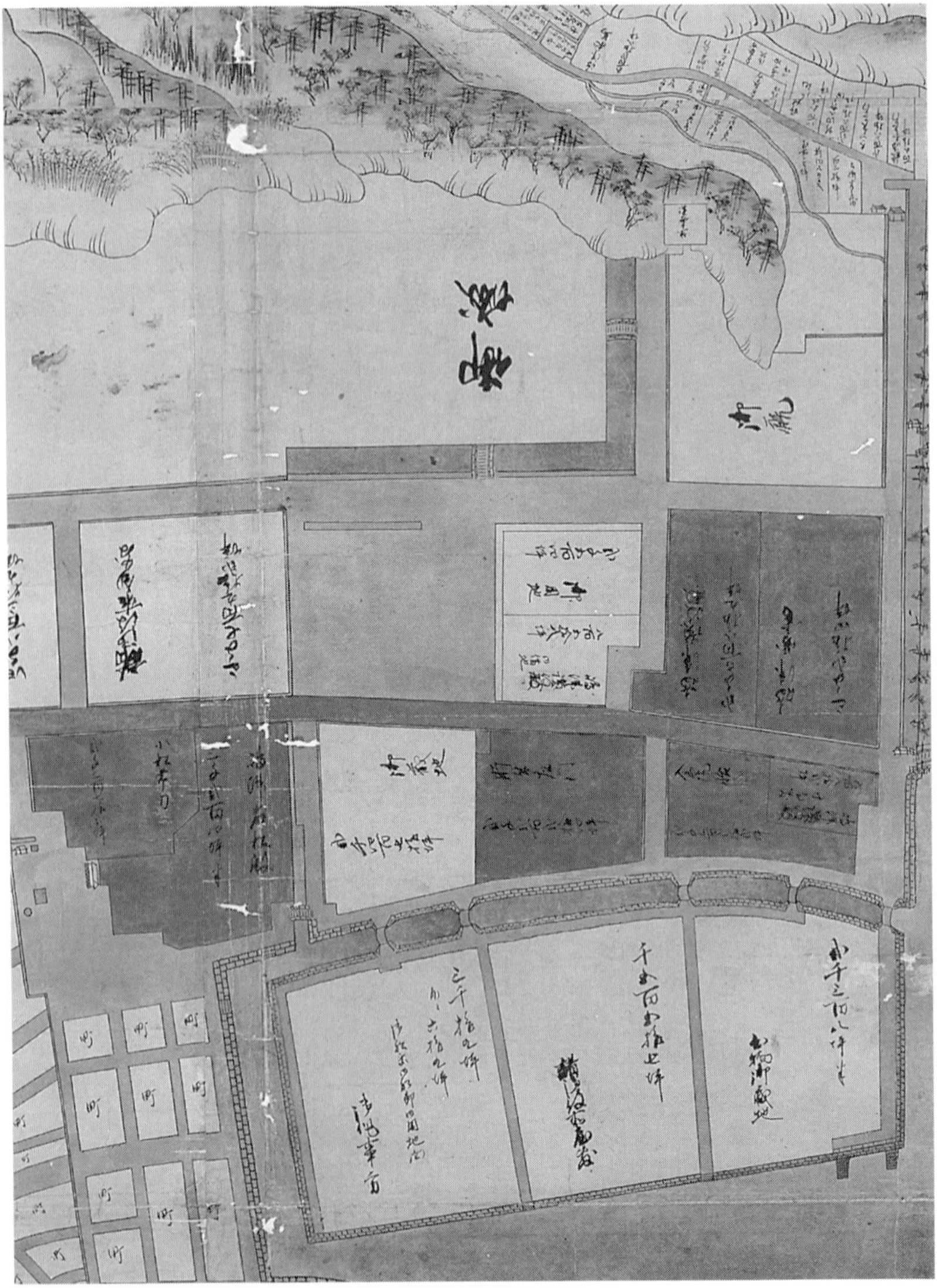

「旧薩藩御城下絵図」(鹿児島県立図書館所蔵)

「御城」の向かい側中央左に「小松帯刀」,中央右よりに「肝付左門」とある.

はじめに

幕末維新に活躍した薩摩の人物はと言えば、誰しもが思い浮かべるのは西郷隆盛と大久保利通であろう。しかし、小松帯刀と答える人はごく少ないと思われる。近年のNHKの大河ドラマ「篤姫」で、ようやくその名が知られるようになったというところであろうか。

小松帯刀は、政局の焦点になった幕末の京都において、近衛家から提供された邸宅を拠点に、朝廷・幕府・雄藩との周旋に、薩摩藩を代表して西郷・大久保とともに奔走していた。しかも藩内では、家老の中心つまり実質的最高責任者として、さまざまな改革を取り仕切っていた。とりわけ海軍整備の推進者であり、だからこそ坂本龍馬に「海軍総大将」と呼ばれたのである。

にもかかわらず知名度が低いのはなぜか。理由の一つは、維新早々に参与・外国官副知事という要職を務めながらも、病に冒されて早く没したことであろう。しかし、それだけではない。どうやら歴史研究の側にも問題があったように思われる。

現在でも教科書のレベルでは、土佐藩は幕府延命を助ける「公武合体」の立場、薩摩藩は長州藩とともに「討幕」の立場で対抗した、とするのが幕末史の通説であろう。まず前者が大政奉還で先行するが、後者が巻き返して討幕に成功すると見るのである。それゆえに、大政奉還に積極的に関わった小松帯刀は、薩摩藩の路線を逸脱した存在として、通説を信奉する研究者からは、触れたくない存在にされてしまっていたのではないか。

近年、幕末維新史は、かつての通説にとらわれない実証的研究が大きく進展しており、大政奉還に関する将軍徳川慶喜の企図とその後の言動に関しても、幕府復権の策謀という通説の見直しを求めてきている。これに対して、「討幕」派薩摩藩についての見直しも始まってはいるものの、幕末の「討幕」計画の評価を含めてまだまだ不十分である。

小松帯刀に即して幕末の史料を読み進むうちに、大政奉還前後の時期の西郷・大久保らの「討幕」計画は、現実性に乏しく自爆に終わる恐れが大きく、同時代の薩摩藩幹部からも「児戯に等し」と評されていたことがわかってきた。「討幕の密勅」にしても、すでに指摘されているように公表できるような代物ではなかったし、しかも数日後に取り消されていたのである。大政奉還という余計な回り道がなければ、直截に幕府を消滅させることができたとは、とても考えられないのである。

そうであるとすれば、当時の現実のなかで、大政奉還こそが王政復古を導き出す唯一の道だったと、筆者は考えるようになった。

その大政奉還の建白を推進したのが土佐の後藤象二郎であり、決断したのが将軍慶喜であるのは周知の事実である。ただし奉還の上奏まででは、朝廷がこれを保留したり却下したりする可能性が、実際には大いにあった。

この可能性は、先行研究ではほとんど問題にされていないが、二世紀半に及んだ幕府政治を自己否定するという申し出が、朝廷にあっさり受け容れられると予想した者は、当時はほとんどいなかったのが実情であろう。当然に保留や却下が予想されているなかで、その可能性を断ち切って、慶喜の決断を前提に、大政奉還の早期勅許を実現し王政復古への道筋をつけた演出者こそ、小松帯刀ではなかったか。

帯刀は、薩摩藩名門の出身であるが、必ずしも抜群に優れた能力の持ち主であったとか、カリスマ的指導力の持ち主であったとは言えない。しかし、周囲の意見をよく聞き知識を吸収し、そのうえで当面の進むべき方向をいち早く判断して決断を下し、それに向かって多くの人々を包み込むようにまとめあげていった。そういうタイプのリーダーとして、幕末の薩摩藩を分裂させることなく導き、朝廷・幕府・雄藩を巻き込んで中央政局を動かしていったのである。

小松帯刀の伝記は、昭和初期に坂田長愛によってまとめられたものなど二、三点を数えるにすぎず、帯刀を主題に取り上げた研究論文も皆無に近いのが現状である。

しかし幸い、残された史料は豊富とまでは言えないものの、そう長くない伝記を書き上げるには十分にあり、活字化されたものも少なくない。『大久保利通関係文書』三には帯刀の大久保宛書状が百通以上収録されているし、帯刀の日記も復刻されており、地元の小松帯刀研究会による『明治新政府に残した小松帯刀の足跡・略年譜』をはじめとする〝叢書〟も史料探索の手がかりになる。

また未公刊史料は、鹿児島県歴史資料センター黎明館、国立国会図書館憲政資料室（「石室秘稿」）、東京大学史料編纂所（「島津家本」、「維新史料編纂会引継本」）、国立歴史民俗博物館（「大久保利通関係資料」）などに所蔵されている。

未公刊のものを含めてあくまで史料に即しながら、一見平凡ではあるが、人を惹きつける魅力に富み、時代の一歩さきを見据えて現実を動かしていった優れた政治家として、等身大の小松帯刀像を描いてみたい。

本書のための史料収集に際しては、前記の関係機関、また内倉昭文、大口勇次郎、神山恒雄、吉良芳恵、鈴木淳、寺尾美保、徳永和喜、中武香奈美、原口泉、樋口雄彦、松澤裕作の各氏をはじめ、多くの方々のお世話になった。

なお、史料の引用に際しては、原則として濁点、句読点、送りがなを加えて新かなづかいで書き下し文とし、漢字は常用漢字に、カタカナはひらがなに改めた。

二〇一二年四月

高村直助

目次

口絵

挿図

挿　表

第一　若き家老並

一　小松家を継ぐ

尚五郎誕生

のちの小松帯刀《たてわき》は、天保六年（一八三五）十月十四日、肝付《きもつき》主殿《とのも》兼善《かねよし》の六人の男子の三男として生まれ、尚五郎《なおごろう》兼才と名づけられた。母は島津又左衛門久貫の娘である。

同年生まれの人物としては土佐の坂本龍馬がいて、のち帯刀が鹿児島滞在の世話をすることになる。幕末京都で薩摩藩を代表してともに活躍した西郷隆盛は八歳上、大久保利通は三歳上である。また岩下方平《みちひら》は八歳上、寺島宗則は三歳上、五代友厚・松方正義は同年、高崎正風は一歳下で、このうち維新当時数え四十歳に達していたのは、西郷と岩下だけであった。維新変革は、若い力によって牽引されたのである。

喜入領主肝付家

薩摩藩で藩主島津本家に次ぐ一門は、島津分家重富《しげとみ》・加治木《かじき》・垂水《たるみず》・今和泉《いまいずみ》の四家であり、これに次ぐ家臣団の最上層は在地領主である一所持《いっしょもち》二九家で、一門と合わせて着座《ちゃくざ》の面々と言われ、家老を務めうる身分である。この下に、一所持格一二家、寄合《よりあい》五二家、寄合並一〇家などが続く。家老・若年寄・大目付が藩の三役であるが、これらに任じられるのは、寄合並以上の上士身分の者に限られた（原口泉ほか『鹿児島県の歴史』）。下士の生まれの西郷や大久保は、実質的に重要な役割を果たしていても、これらの肩書きを与えられることはなかったのである。

　肝付家は一所持である。もとは伴姓で、九代兼行に至り薩摩国に下り鹿児島郡神食《かみしき》（今伊敷）に在ったが、孫兼俊に至り大隅国肝属《きもつき》郡高山本城に移り、肝付と称して高山を居城とした。後継兼忠の三子兼光が分家し、その後大隅国溝辺、加治木、さらに兼寛の時文禄期に、豊臣秀吉による島津征伐後の領地替えで薩摩国喜入《きいれ》（現鹿児島市喜入町）に移った。兼善は兼寛から十代の子孫であるが、五代、六代は家老を務めたという一所持の名門であった。

　尚五郎の父肝付主殿は喜入領主であり、鹿児島での「喜入どん屋敷」は鹿児島城の近く東方の屋敷地二二二四坪（七三五三㎡）で、現在の鹿児島・蒲生線に面した山下町の市役所の東北隣にあった。なお市役所本館を挟んだ西南の別館の位置に小松屋敷（一二三七二坪）があった（塩満郁夫・友野春久編『鹿児島城下絵図散歩』、口絵参照）。

　長兄太郎兵部左門（兼両）は異腹の兄だが肝付家を相続、次兄治部要之介（幸介）は相良家を継ぎ、戊辰《ぼしん》戦争に際して東海道を薩摩藩兵を率いて下り江戸入城を果たした。弟の四男は夭折し、五男山田司は私領三番大砲隊長として会津戦で戦死した。六男吉利《よしとし》群吉は禁門の変の際、城下隊物主《ものぬし》（隊長）として蛤門を守衛、戊辰戦争でも隊長として越後に参戦した。

以上、家系・家族関係は島津家臨時編輯所編纂員であった坂田長愛編「小松帯刀伝」（一九二九年、『小松帯刀伝・薩藩小松帯刀履歴・小松公之記事（鹿児島県史料集二十一集）』に収録）によった。

「幼若略歴」の語る幼少時

東京大学史料編纂所蔵「島津家本」のなかに「小松帯刀氏幼若略歴」の写本がある。

小松屋敷跡（鹿児島市役所別館）

原本は、近侍者からの聞き取りをもとにまとめられたようであるが、有名人の場合にありがちな潤色なしに幼少時の様子を伝えている。

乳母が短慮な性格で、父母の気に染まなかった余波で当人も疎んじられ、寵愛は兄要之介に集中して気の毒な幼少時を過ごしたが、十三、四歳頃から才知に優れ親に孝行なことから、両親の愛情も深まった。溺愛されないことが、かえって周囲に広く配慮する人柄を育んだとも言えよう。

儒学を、漢学者で造士館助教授の横山安之丞（安容）に学び、十五歳の冬、「志学の精神」に目覚めて昼夜勉学に励み、床に就いてから再度起きて「通夜読書」することもあり、弟たちにも勉学を勧めた。もともと強健な体質ではなかったようで、十七歳の頃から「多病の身体」になり、母が保養を勧めたので年に二、三度は湯治に出向いた。入湯中に地域や身分の違う色々な人たちの話が耳に入って勉強になると言い、近侍者を感心させたという。人の話をよく聞き、そこからさまざまな知識や考えを吸収していく人となりは、早くから見られたようである。

「交際を四方の名士に」

一年半ほどは琵琶に凝ったことがあるが、執事が肝付家先祖の苦戦を「赤星」の座頭歌を引いて「演説」して諫めたところ、弦を捨て琵琶は棚の隅に押し込め、以後弾くことはなかった。この頃から「交際を四方の名士に結」ぶようになり、母が心配して付けた供を返して独行するようになったという。ちょうど後述の嘉永朋党事件の頃であり、藩内の複雑な事情にも通じていったのかもしれない。

父は短気で人の言うことを聞かず、仕える者を困らせる質《たち》の人物であったらしい。ある時猪猟に赴いたが、鉄砲が当たらなかったことを鉄砲のせいにして従者を苦しめた。そこで尚五郎は許しを得て自身も猪猟に出向き、空砲を発して帰り自分も大猪を逃がしたと報告し、その結果父の怒りも解けたという。廻りの者に心配りして感情的対立を緩和する後年の帯刀の人あしらいを思わせるエピソードである。

和歌と馬術

幼年の頃から八田《はった》知紀《とものり》に歌道を学び、観瀾《かんらん》、香雪齋《こうせつさい》と号し、八田門下の一人として知られるようになった。八田知紀は、文政八年（一八二五）京都薩摩藩留守居下役となり、香川景樹に歌道を学び、のち近衛家にも仕えた。安政六年（一八五九）御広敷番頭《おひろしきばんがしら》（奥方の責任者）、次いで御用人となり、明治元年（一八六八）七十歳で皇学所御用掛になった。著明な歌人高崎正風はじめ薩摩藩士多数を和歌の弟子とした。帯刀が身につけた和歌の素養は、のちに京都の公家社会と接するうえで、貴重な資産になったであろう。

武術では、幼少時から示現《じげん》流を学び、少年時からは演武館で修練に励んだ。また肝付家は馬術に優れた伝統があったが、帯刀も馬術は大好きで、のちにも触れるように、京都でも馬術の名人と評判になった。

八田知紀自画賛

（鹿児島県立図書館所蔵）

「頗る闊達の風あり」

人柄について、遠戚に当たる禰寝《ねじめ》直治が明治二十六年に

『鹿児島毎日新聞』に連載した「小松公之記事」（『鹿児島県史料集』二十一集）は、「父老」の話として、次のように伝えている。横山先生に学ぶ頃には、「未だ別に他の書生と異なる行為とてもなく、彼れは唯人ヨシとし、持囃《もては》やされしのみ、しかして雄健を尚ぶ薩の健児輩、往々彼れを目して馬鹿ならんと称するものすらあるに至りしとはいえ、先生の炯眼《けいがん》早くも彼れが人品を鑑識し、将来事を成すは是の寧馨児《ねいけいじ》なるべしと予言したるありしといえり」。

決して秀才タイプの若者ではなかったが、目利きには後年の大成を予感させるものがあったという。また長じては「容貌秀偉身躯肥満にして頗る闊達《かったつ》の風ありと雖ども、一見彼れは商家の如く甚だ近づき易し、一たび彼れと語を交えしものは終身忘る能わざりし」とも記している。人に接しては話をよく聞き、寛大で包容力のある人物として信頼されたということであろう。

奥小姓・近習番

尚五郎は、十歳（以下年齢は数え年）の弘化元年（一八四四）十一月十五日、初めて藩主島津斉《なり》興《おき》に拝謁し弓一張を進上した。斉興後継をめぐっては、正室の長子斉彬《なりあきら》か異母弟の久光かで派閥抗争が高じ、嘉永二年（一八四九）斉彬派が処断される嘉永朋党事件が発生し、藩内の対立は深刻であった。幕閣の援助もあって斉彬が嘉永四年（一八五一）にようやく四十三歳で十一代藩主に就任した。斉彬は開明的な思想の持ち主で、藩内では洋式工業移植などを積極的に推進した。

安政二年（一八五五）三月江戸に上る際、斉彬は西郷隆盛（吉之助）を郡方書記役から中小姓に大抜擢して随行させたほか、中山中左衛門《ちゅうざえもん》（尚之介）・谷村昌武（愛之助）・児玉雄一郎・堀次郎（仲左衛門）ら有望な若手を小姓にして、自らの手許で養成をはかっていた。この年の正月十五日、二十一歳の尚五郎は、奥小姓・近習番勤めに任じられ、五月には江戸詰めを命じられた。

江戸への旅

以下、当人の履歴については東京大学史料編纂所蔵「禰寝文書」のうちの「明治十五年十一月　小松」と表記された「正統系譜巻之七」（村山知一編『近世・禰寝文書』に収録）による（以下「正統系譜」と記す）。なお『鹿児島県史料集二十一集』の「薩藩小松帯刀履歴」は、「巻之七」の帯刀履歴部分を収録したものである。

五月十八日、兵具方足軽・家来・下人の三人を召し連れて出発した尚五郎は、旅日記を残している（「肝付尚五郎日記」『小松帯刀日記（鹿児島県史料集二十二集）』）。道中は駕籠が基本で、宿で人馬を継立て、二十日に大小路から阿久根に着いたが、「何も何も此宿場より初の事にて面白き事也」と記している。田之浦駅・日奈久宿間、飯塚駅・木屋之瀬間は舟で、二十八日小倉に着いた。小倉から舟に乗り、立ち寄った下関では「下関の賑合《にぎわい》誠に業散（仰山）にて驚き入る次第也」、風待ちを重ねながら六月六日大坂安治川口に着いた。

薩摩屋敷下の虎屋金平方に三泊し、「大坂御城、高津宮、北天満宮、茶臼山、天王寺、本田出羽守忠政墓等え見物」、「難波橋夕涼みの風景見物」したりしている。九日に舟で伏見へ、十三日には桑名から舟で宮に達している。この間、同藩士数人と同宿した場合もある。荒井（新居）から舟で舞坂に、十七日には浜松から天竜川を舟渡りして、昼は「見付茶屋にて鰻飯等たべり、鰻誠によろしく元気も付き」と記し、西行の歌で知られた佐夜（小夜）の中山を歌に詠んでいる。

しかし鞠子（丸子）で大風雨に遭い三日滞在、ようやく二十二日に阿倍川を渡り、二十四日には富士川を越えるが、「処々より富士山みえ誠に何とも驚き入る次第」。二十五日に箱根峠を越える時には机を買ったが、大荷物なので送ってもらうことにしたという。六月二十八日やっと江戸芝の薩摩藩邸に到着した。

在府二ヵ月での帰国

四一日を要して江戸に到着した尚五郎であったが、「漸々ふた月計り、旅の御奉行相勤」めただけで帰国することになった。そのことは大いに不本意だったようであるが、小松家の養子になるよう君命を受けたためであり、斉彬じきじきのお声がかりであったと言われる。

帰途は、歌日記と言ってもよい紀行文である。江戸出立の九月三日、佐水（鮫津）ま

文学青年の歌日記

では在府の兄ら多数が送ってくれ、釜屋で琴三味線で賑わったがかえって悲しみが増し、川崎の万年屋までは親しい同輩五人ほどが同行して酒宴をし、初日は神奈川宿泊まりになった。

酒匂川の川留めで大磯に滞在中、西行ゆかりの鴫立庵《しぎたつあん》を訪ねて元禄十三年の碑文を写し取り、「あはれさはいまも昔も知られけり　鴫立沢の夕暮れのそら」と詠み、西行の杖も見物している。ここには政治青年の面影はなく、まさに文学青年以外の何者でもないと言うべきであろう。和歌にも国学者風の政治思想をうかがわせるところは感じられない。

街道沿いの名所旧跡を偲んでゆかりの古歌を思い起こし、自身も和歌を添えている。沼津を出て千本の松原に差しかかると、鴨長明に因んで「名にしおふ千本の松の下草には　寄せくる浪のさくるなりけり」、田子の浦に差しかかると「田子の浦の沖に釣する阿満人の　小舟さしにもなとなろふら舞」といった具合である。

また、舟で石山寺観音に参詣した折りには、「みをろせし勢田の長橋かち人の　通ふなかめもあかぬ比哉《ころかな》」と詠む。京都には二泊しているが、清水寺・知恩院・北野天満宮などに参詣し、高雄の神護寺では「まれなりといひし成れとも名にしをふ　高雄の紅葉色付にけり」と詠んでいる。大坂道頓堀で「鏡山段通」の芝居を見物し、二十四日安治川を出帆、二十九日小倉着、十月八日鹿児島に帰着した。

名門小松家

小松家は平氏で、小松内大臣平重盛の孫高清の子清重が大隅国大隅郡禰寝院に下向し、禰寝氏を称したことに始まるという。島津氏に従うようになったのは肝付家と同様に戦国末期で、初代清重より数えて十七代重張の時、島津征伐後の文禄四年（一五九五）の領地替えで薩摩国日置《ひおき》郡吉利郷《よしとしごう》（現日置市日吉町）に移された。一所持として二十一代清雄に次いで二人目の家老を務めた二十四代清香の代の宝暦十一年（一七六一）、禰寝を改め遠祖に因み小松と称することが認められた。尚五郎改め帯刀は、小松家二十九代で小松家三人目の家老になる。

二十八代小松相馬清猷《きよもと》は、文政十年（一八二七）生まれ、文武に優れ英才を謳われ、斉彬が藩主となって薩摩に国入りすると、嘉永五年（一八五二）江戸から呼び戻されて小姓組番頭となり、翌年には琉球を守衛する御軍役総頭取に取り立てられた。安政二年（一八五五）には、川上式部久美《ひさよし》に交代して琉球国守衛として琉球に派遣されたが、赴任わずか二ヵ月弱で六月七日、現地で二十九歳の若さで急死したのであった（「正統系譜」）。それは尚五郎が江戸に向かう途中、大坂滞在の頃であった。

小松尚五郎となる

小松家養子が予定されたので、尚五郎は十二月五日から「忌服」つまり喪に服することを藩から命じられていた。翌安政三年（一八五六）一月二十六日、前日を以て五〇日に及んだことから、願人北郷《ほんごう》哲五郎・島津隼見が届け出、翌二十七日当人と隼見が召し出された。家老川上筑後久封《ひさあつ》から、「小松相馬継目養子に左門三弟肝付尚五郎」を仰せ付ける旨の申し渡しがなされ、次いで当人だけが呼ばれ家老新納《にいろ》駿河久仰《ひさのり》から詰衆を仰せ付かった。

二十二歳になった尚五郎は、小松清猷の後継となり、清猷の妹の千賀（近）二十九歳の夫になったのである。詰衆として出殿の際は供・小者各一人を伴うことになり、四つ（午前十時）前出勤、八つ（午後二時）まで「相勤」めることになった。平重盛ゆかりの小松家当主になったことも、後年京都で活躍するうえでの重要な資産になったであろう。

吉利領主になった尚五郎は、三月十二日から十九日にかけて、鹿児島城下から西に七里半（約三〇キロ）の海辺にある吉利に、仏詣のため初めて赴いている。十二日日置麓《ふもと》まで吉利役人の出迎えを受け、吉利仮屋（役宅）に到着した。深固院・園《おん》林《りん》寺《じ》などに詣で、十四日には「夜入時分より、役人・物奉

小松清猷書「淳清」
（鹿児島県立図書館所蔵）

行・其外奥通人数え焼酎呑ませ候、皆々有り難く御礼申し出候」（『小松帯刀日記』）。役人・物奉行らと鉄砲の練習を試みたり、雉《きじ》打ちに出かけたりしている。

六月十五日には清猷院一周忌で、早朝に発して霞ケ峰に立ち寄って八つ時分吉利に入り、十七日園林寺で法事を営んで、十八日帰鹿した。

現地の問題

次に述べる湯治のあと、六月末から病に臥せっていた千賀の父小松家二十七代清穆《きよあつ》（天桂院）が、九月九日六十六歳で死去した。尚五郎は葬儀のため十一日から三十日まで吉利に滞在、千賀も十六日から来ている。この間、百姓たちから干魃につき庄屋・郡見廻に検見《けみ》を嘆願していたのを、林庄之助が取り次いだのに対して、近郷もその通りであろうと認めている。林庄之助は西田次郎太とともに現地の仕切役だったようである。

また、江戸時代初頭から薩摩藩では禁制であった一向宗の件を処理したという。吉利では、小松家家臣であった寺前家三代越兵衛次郎太隆友が安永元年（一七七二）に私塾を開き、五代惣右衛門隆善は塾長であったが、一向宗禁制に触れて喜界ケ島に流され、一時塾は中絶した。しかし一方、五代・六代はともに帯刀の知遇を得たと言われる（『日吉町郷土誌　史跡編』）。だとすると、尚五郎はこの時、一向宗禁圧政策を実質的に緩和したのかもしれない。

武術と湯治

この安政三年の日記は一年分が残されているので、そこからうかがえることを記してみよう。ただし日々の行動や来客を簡略に記したもので、自分の感想や考えを記してはいない。藩内外の情勢についても、一月に江戸に向かった「大砲船」三隻が四国沖で難破したが、それぞれなんとか無事に湊に着いたこと、四月に山川《やまがわ》（現指宿《いぶすき》市山川町）に異国船が現れ錨を下ろしたので、現地は一時「大騒動」であったことを記している程度である。

武術に関する記述は多い。調練場や砲術館での騎兵隊調練式日には、原則としていつも参加している。新射場で鉄砲稽古もしているが、「勝利」したという場合もあり、試合形式がとられていたようである。また実家肝付家喜入屋敷にも槍稽古のためたびたび訪れている。十二月には、長兄が江戸から帰鹿するというので、次兄治部らとともに伊集院まで出迎えている。

一方、体質が強くないことから少年時から湯治の習慣があったが、四月十七日湯治のための御暇を許可され、二十二日出勤後、八つ（二時）に舟で山元新之助を同道し、加治木に大鐘時分（五時）に着き、二十三日霧島の踊之内栄之尾《えのお》（現霧島市牧園町高千穂）温泉に大鐘時分に着き、ただちに入湯した。ここには、十九日出発で千賀が父清穆に同行して来ていた。五月五日まで入湯を続けた後、都城を見物に訪れたうえ十日に帰鹿しており、千賀親子も翌日に帰宅している。

火消兼務

この年二月に樺山主殿に代わって南泉院（現照国神社の地）火消を命じられ、四年一月山岡齋宮に交代している。また五年一月島津平馬に代わって定火消を命じられているが、万延元年六月二十九日免じられ、稲富転に交替している（「正統系譜」）。いずれも兼職であったようである。

二　久光と帯刀

斉彬の死、忠義襲封

安政五年（一八五八）七月、藩主島津斉彬は城下士の調練・大砲試射を視察して帰城したが、翌日から病に臥し一週間後に死亡した。実子が幼少なので、異母弟で八歳下の重富郷（現始良《あいら》市）領主（一万四千石）の島津忠教《ただゆき》（四十三歳、文久元年四月久光と改名、以下久光と記す）かその子の又次郎（十七歳、忠徳）を跡継ぎにというのが遺言であった。又次郎が後継と決し、上府して十月二十八日江戸で正式に十二代藩主となり、翌安政六年二月七日将軍家茂《いえもち》に御目見得して茂久《もちひさ》と改名した（慶応四年一月十六日忠義《ただよし》と改名、以下忠義と記す）。

入れ違いに、江戸にいた元藩主の斉興が安政五年十月十一日に鹿児島に帰国し、慣例により藩主の後見人になった。以後藩政の実権を再び握り、斉彬時代の洋式工業移植をはかる集成館事業などを整理し、財政節倹を命じた。

斉興から久光へ

薩摩藩では、かつて深刻なお家騒動（嘉永朋党事件）があり、当人には関わりないことはいえ、久光は斉彬のライバルと目されて斉彬時代は逼塞しており、久光の存在は多くの家臣から警戒の目で見られていた。ただし、斉彬自身は安政五年五月、咸臨丸《かんりんまる》で鹿児島を訪れた勝海舟（麟太郎、義邦、安芳、安房守）に対して久光を紹介し、その見聞の広さや記憶力、「志操方正」を褒めたと言われる（芳即正《かんばし》『島津久光と明治維新』）。

忠義は安政六年五月帰国したが、それに先立つ三月、久光は奥への出入りが許され、藩主の父として藩主を補佐することが認められていた。九月斉興が六十九歳で玉里邸（現鹿児島市玉里町）で没すると、その翌月から、斉興以来の重臣で斉彬も整理できなかった門閥の老臣の更迭が始められ、十二月には一代限りで久光に五千石の加増がなされた。ただし久光は、公的には分家重富領主であって藩主忠義に対しては家臣の立場にあり、しだいに実権を握ったものの、なお力を振るうには限界があった。

尊王攘夷グループの出現

斉彬は、藩内で洋式軍備や洋式工業を推進する一方、中央では有力大名として幕政改革を企図していた。将軍後継問題では一橋慶喜《よしのぶ》擁立に動き、もしそれが叶わない場合の次善策として、将軍に対する慶喜の後見、越前藩主松平慶永《よしなが》（春嶽《しゅんがく》）の補佐という構想を持っていた。また安政四年帰藩途中京都に立ち寄った際には、近衛家の斡旋で、異変が生じた場合の京都守衛の内勅を賜っていた。

斉彬が没する頃から、安政の大獄の嵐が吹き始めていた。勅許なしに日米修好通商条約に調印し、徳川慶福《よしとみ》（のちの家茂）を将軍の継嗣《けいし》と決めた大老井伊直弼《なおすけ》は、一橋派処分を始めたのである。五年十一月には、水戸藩への密勅に関係した僧月照《げっしょう》を匿おうと京都から連れ戻った西郷隆盛が、幕府の追及を恐れる藩当局との板挟みになって入水事件を起こし、結局島流しされている。この頃から、西郷を中心にして斉彬の遺志を実現するとして、尊王攘夷《じょうい》のため「突出」「義挙」をはかる下級藩士らのグループが結成されつつあった。

異例の諭書

安政六年秋には、井伊大老襲撃計画に参加すべく脱藩「突出」する計画があった。これに対して、まことに異例であるが十一月五日、藩主忠義名で、「誠忠士之面々」宛に「諭書」が出された。「万一事変」が発生した場合には、前藩主順聖院（斉彬）の「深志」を貫き「天朝」に「忠勤」を励む心得であるので、その際には自分を助け忠誠を尽くしてほしいと述べたのである。これは実質的には久光の意思表示であり、以後においても忠義は、久光と異なる政治的意思表示をしたことはなかったようである。

西郷らは、生前の斉彬が、幕府の暴威に伴って戦乱が生じた際には、「率兵上京《そっぺい》」藩主が兵を率いて上京して禁裏を警護し、公武の間を周旋して幕政の改革をはかる意図を持っていたとして、その実行を後継藩主に求めていたのであった。「誠忠士」との呼びかけに対して、岩下方平（佐次右衛門、家老新納駿河久仰の甥）・大久保利通（正助、一蔵）・堀次郎（仲左衛門）・海江田信義（有村武次）・吉井友実《ともざね》（仁左衛門、幸輔）・伊地知《いじち》正治（竜右衛門）ら四十数名は、連名血判の請書を提出した。

久光、大久保を引見

万延元年（一八六〇）三月、忠義が参勤交代で出府するに際して、異変が予想されるにもかかわらず誠忠組メンバーが随行に加えられないことに、大久保は激しく藩庁に抗議した。その結果三月十一日、久光が自邸で大久保を引見した。久光は、誠忠組の「忠節之志」を諒とし、改めて斉彬の遺志を継承して天朝に忠勤、事変の際率兵上京するとの藩の方針を確認したのである（佐々木克『幕末政治と薩摩藩』）。

忠義はいったんは出発したが、九州を北上中に桜田門外の変の情報が入り、病と称して引き返した。井伊大老襲撃に際しては、薩摩藩士有村次左衛門が井伊の首級を挙げ、それを見届け上京しようとした兄雄助は途中で江戸藩邸関係者に捕らえられて鹿児島に送られたが、藩庁は切腹を命じた。大久保らは出兵を主張したが、久光は、この事件は「兵乱」ではないと自重を諭した。

帯刀清廉となる

安政五年（一八五八）三月一日、二十四歳の尚五郎は帯刀清簾《たてわききよかど》と名を改めた。この年七月に斉彬は没したが、南泉院で執り行われた葬儀に当たり、帯刀は定火消役として配下の火消人数を率いて葬送に加わった。

藩主忠義のもと、この年十二月一日には当番頭《とうばんかしら》で奏者番《そうじゃばん》兼務に任じられた。集成館の管理や貨幣鋳造などに携わり、明治期には島津家史料収集に当たった市来四郎（広貫、正右衛門）は回想して、帯刀は「家格で詰衆当番頭職に出ました、門地の人は初めに這職《この》に出るを例規としました」（『史談会速記録』一八輯）と、名門子弟のエリートコースに乗ったものと解している。

万延元年六月二十三日、伊勢雅楽《うた》（十二月二十七日隼人に交替）・北郷《ほんごう》作左衛門（久信）とともに、現場である弁天波止台場受持を命じられ、二ヵ月ごとの交代で当番することになり、その六日後に火消役は免じられた。台場受持を左遷と評する向きもあるが、これは兼務であり、当番頭兼奏者番を免じられたわけではない。

吉利二千石

吉利郷は一郷一村であった。吉利村は、享保十二年（一七二七）検地で、一九七町余・一九〇六石余、うち門地《かどち》（名頭《みょうず》と数人の名子《なご》が耕作して領主に年貢を納める土地。名頭には二人分の土地が割り当てられた）一四一二石余、浮免《うきめん》（武士の自作地）四九四石余であった。明治七年（一八七四）には開墾地である抱地《かけち》・永作地《えいさく》二一四石余が加わるが、他はまったく同様で合計二三二町余・二一二三石余となっている（『日吉町郷土史　史跡編』）。帯刀は約二千石の領地を持つ在地領主であった。

文政十一年（一八二八）編の『薩藩政要録』での「小松式部私領」吉利村は、家中士総人数三五六人、家中士人躰一二八人。所惣高二〇九九石余、家中高六九八石余（うち寺高五八石余）。用夫《いぶ》（人別賦課用夫役を負担する十五～六十歳の農民）三四九人、浦用夫五人。家中士を武士とすると、武士と農民（用夫）がほぼ同数という薩摩藩に特殊な実情がここでも見られる。

明治の吉利村

明治十七年（一八八四）の『鹿児島県地誌』下の「吉利村」で、明治前期の実情が知られる。本籍七二〇戸で人口三三三四人、男一七〇二人のうち士族六六七人で三分の一以上、女一六三二人。農七二〇戸、漁労一七〇戸、工二五〇戸。田一三六町余、畑二四九町余で一〇年前より大幅に増えているが、実質増がどの程度かは不明で、田は畑の半分強という畑がちの村である。物産は米一〇〇〇石、粟四九二石余、麦四一四石、茶一〇〇〇斤、煙草一五〇〇斤、甘藷六〇七万斤余、麻苧二万四千斤余、網糸二万尋《ひろ》、油菜子一二石、鰯四〇石で、茶・煙草・麻苧・網糸が特産と言えよう。

吉利初入部

安政四～六年の帯刀の日記は残されていないが、万延元年（一八六〇）元日から文久二年（一八六二）一月二十一日まで約二年間は継続して残っている。

万延元年一月二十七日から二月三日まで帯刀は吉利に出向いているが、それは藩主忠義の領内視察を出迎えるためであった。二十八日に鹿児島を発った忠義は、伊集院に泊まった翌日九つ（十二時）過ぎ、池津から吉利の御水茶屋に入った。帯刀は、卯・蜜柑・

干し鯛・菓子（フラスコ入り）・茶・酒などを差し上げたが、忠義は機嫌よく出立した。帰りは、二月二日加世田《かせだ》から八つ（二時）過ぎ御水茶屋に入り、七つ（四時）過ぎ出立した。

これまでの帯刀の吉利入りは法事等のためで正式の「お国入り」は果たしていなかったが、二月九日初入部式のため千賀同道で吉利に向かい、大橋から駕籠に乗り換え行列を従えて約一里を行進、南谷城《なんでんじょう》の仮屋に到着した。ここで裃を着けて、小松家伝来の宝物を役人が宝物倉から持ち出し、床の前に並べたのを見分する儀式を行った。それが済んで、役人はじめ奥向きの人数に、酒・吸い物・肴・飯を振る舞ったうえで、裃を着替えて儀式は終わった。

射場で鉄砲勝負

十一日は御霊大明神（吉利神社）・両諏訪社・建部大明神・鬼丸大明神（祭神は十六代重《しげ》長《たけ》）・山王平野社稲荷に詣で、その後書院で五社参詣が済んだ儀式をした。十二日は小松家の菩提寺である曹洞宗清浄山園林寺、石屋和尚開山の曹洞宗幽遠山勝尾寺に詣でる。十三日は役々の者、初めて御目見得の者、家督相続の者など、総勢六〇人ほどがお礼に参上してきたが、庭に「一つ葉」を植樹した。以後三月六日まで滞在する。

稽古所で剣術・槍術を、弓場で弓を、また日本三大砂丘の一つに数えられた吹上浜で鉄砲の調練を見分している。射場で組を分けて鉄砲の勝負を行い、帯刀方が勝ったという。また「児二才共書物読方」も見分している。一方、地元の二才《にせ》（青年）らと向山辺で兎狩りや雉打ちをしたり、相撲見物をしている。この間、肝付の父母に浜辺の松露《しょうろ》（きのこ茸）や早蕨を送り、霞ケ峰に桜見に、伊作《いざく》（現日置市吹上町）に馬追馬寄せを見に出かけている。

原良別荘

鹿児島の町外れの原良《はらら》の台地の裾に小松家の別荘があったが（現鹿児島市原良町、土地五町四反九畝）、帯刀が初めてこの「原良野屋敷」に出かけたのは安政三年十一月二十一日であった。この万延元年後半には原良別荘に行くことが増えており、日記には家作手入れの記事もあり、別荘利用が本格化したようである。

当番頭・奏者番

藩内での役目についての勤務ぶりを見よう。当番頭につき万延元年四月五日、家老川上筑後から書付で仰せ付けがあった。これまでは当番頭は両人ずつ講堂に来させていたが、これからは五人ずつ御用に差し支えぬよう繰り合わせて来て、八つ（二時）まで詰めよということである。帯刀は、別勤を済ませたうえでこれに従うことにしている。

奏者番は偶数月の隔月当番である。八月一日には「琉球人登城に付、奏者相勤」めており、二十二日も同様である。

出勤は、「四つ時講堂え出勤九つ過御暇、其より直に鉄砲の為洲崎え出張、夕帰宅」（五月十一日）と記すように、原則として四つ（十時）に講堂に出、その後八つあるいは九つ（十二時）過ぎ退出後に、しばしば鉄砲出張や弓場に出かけている。鉄砲については、

「八つ後より垂水屋敷内射場にて鉄砲の為出張、夕帰宅」（四月二十六日）といった記事が多い。

弓場と忠義

弓場には、「四つ時御春屋《つきや》内弓場方出張え出勤、九つ過御暇帰宅」（五月六日）といった日が多い。実は新藩主忠義のためであり、五月八日には次のように記されている。「此節御初入部に付き弓御上覧に付き、是迄別勤仰せ付け置かれ候得共、最早御用も相済み今日迄にて弓場方引取りに相成り候事、尤も昨年五月朔日より別勤也」。忠義が初入部なので、弓を上覧に供するため、前年五月から通常以外の勤務として弓場に出勤してきたが、一年経ってもはや御用済みになったというのである。

なお八月以降は月一回くらい、藩校造士館に出勤している。また十二月二十八日加世田の祭りに、命により代参している。

台場で大砲試射

台場出勤は兼務である。九月二十四日新波止台場に出張し「大砲打方」、二十五日弁天波止に「打方人数拾五人召列」れて出張している。十月は四日弁天、五日新波止に出張、七日は弁天で実弾を北郷作左衛門と打ち、「書籍方人数、集成館人数、御軍役方よりも」見学に来た。「書籍方」は嘉永年間に設けられた砲術書籍方であり、西洋の兵書・軍事技術書を調査する役所である。九日には、集成館係員で大小砲製造担当の竹下清右衛門や平佐《ひらさ》の領主で同じ当番頭・奏者番の北郷が、自邸に来訪して「御台場一件相談」をしており、この頃から最新の洋式軍事技術に関わりを深めていくのである。なお十一月には祇園之洲台場・大門口台場の大砲打ち方を見学している。

なお、あととの関連で見過ごせないのは、台場勤務を命じられた六月二十三日、「当夏秋中足痛」なので使用を申し出ていた件が許可されたという記事である。東京大学史料編纂所蔵「維新史料編纂会引継本」の写本は「足足相用」とし、二つ目の足の横にママと朱書きしているが、何を「相用」いることを許されたのか不明なのが残念である。

藩政要人の来訪

万延元年の帯刀日記には、要件は不明ながら自邸への来訪者の名が多く記されている。特に三月からは藩の要人、とりわけ久光側近の名が現れるようになる。さきに三月十一日に大久保が初めて久光に拝謁したことを述べたが、この時大久保を久光に取り次いだのが小納戸(側役の下役)の児玉雄一郎と同見習の谷村昌武であった(『大久保利通伝』上)。谷村はまた、さきの諭書下付を進言したとも言われる。その谷村が三月十二日に来訪している。

それ以前、吉利滞在中の二月二十一日には山田壮右衛門から来状があり、即返事を出していたが、三月十一日には山田が来訪している。山田は斉彬側近で、その遺言を聞き取ったと言われるが、斉興に退けられたのち小納戸に復帰していた。その名がこの年前半にたびたび記される。久光の帯刀抜擢は、あるいは山田の推挙によるのではないかとの説がある（町田明広『島津久光　幕末政治の焦点』）。

久光に拝謁

それ以外にも藩政上の重要人物が記されるようになる。当時久光の最有力な側近であった中山中左衛門と、翌年十月に首席家老になる喜入摂津久高である。中山は三月以降六回も来訪しており、特に七月の二回は児玉と一緒であった。のち市来四郎は中山の子を前にした回顧で、「小松を久光公御仕ひになる様に御勧め申上げたは御親父さんと児玉雄一郎で、其処は私が能く聞き知って居ります」（『史談会速記録』一八輯）と述べている。

喜入摂津は、夫人が千賀の姉富で帯刀にとっては義理の兄に当たることもあり、八月十五日江戸からの帰りを横井まで出迎えている。二十二日には来訪を受けており、その後十一月にも摂津が訪ねて来ている。

このように久光側近が帯刀を来訪するようになってきていることは、藩政担当者としての帯刀への期待の高まりの現れとして注目されるが、さらに八月二十日には「五つ時福昌寺順聖院公御霊前え参詣、御惣霊様え詣之帰り掛け、周防《すおう》様御方え参上御目見え、九つ時帰宅」とある。周防とは久光のことで、当時重富に在った久光に拝謁しているのである。

桜田門外の変への感想

ただし、この時点で久光が自身の権力基盤にしようとしていた誠忠組に、帯刀も同調していたわけではない。帯刀は三月二十三日に、桜田門外の変（三月三日）についての飛脚の情報を記しており、「右人数へ御国者両人交り居り候も承り候」と有村兄弟の関わりを伝え聞いている。しかし翌日は、家老はじめ役々が登城したが、どうなっているかはわからないと記す。この報で大いに奮い立った誠忠組とは、この時点では受け取り方はまったく異なっており、二十五日も前日に続き風邪で不参だが、帯刀の日記にしては珍しく自身の感想を記している。忠義が参勤の途上で引き返したのは病気のためというが、実は変事のためであろう、「誠に苦々敷《にがにがしき》世上に相成り候事」と不快感を示し、井伊暗殺に同感するところはまったくなかったようである。

帯刀が政治の世界に積極的に関わっていくのは、後述するように、年末以降の誠忠組メンバーとの交流や翌年の長崎での見聞がきっかけになるのではなかろうか。

三　国父久光による抜擢

文久元年の長崎出張

文久元年（一八六一）一月十一日、帯刀は北郷作左衛門とともに長崎出張を命じられた。出張に際して「九州賦《つもり》」（出張手当）を給付される予定であったが、両人はともに在地領主で「大禄」の身であるとして辞退して自費で賄った。

新規に購入され、十七日鹿児島に長崎から廻航された蒸気船天祐《てんゆう》丸に乗り、供二人、人足一人を伴って、二十一日鹿児島城前面の湊である前之浜を出発した。長崎では通詞二人を雇いオランダ軍艦に乗り込んで、軍艦の運転操作のほか破裂弾・水雷砲術等を学び、三月十八日帰鹿した。出崎中には別に日記をつけていたが、残念ながら残っていない。持ち帰った蘭書・絵図を集成館の技術者である八木玄悦（称平）・石河正龍（石川確太郎）に訳させて研究を重ねた。四月には六度も集成館に出向いているのも、そのためかと思われる。

電気水雷実演

六月十四日忠義臨席のもと磯で、北郷らと研究した電気水雷術を石河が実演、「余程能《よく》出来」成功した。電気伝導で水雷を爆発させる装置であり、有線電信機は斉彬時代に集成館で製作していた。石河は両名に、「醜虜」の「鉄船」を「怒雷」の如く粉砕する威力を称えた祝いの漢詩を贈った。二十一日にはこの功により「美晒《さらし》壱延《のべ》」を拝領している。

帯刀はこのように技術面でも能力を発揮し、砲術家の青山善助とともに花火を研究して、前之浜で打ち上げて忠義の観覧に供している。なお長崎出張に際して、台場受持は代人に依頼していたが、この役目は六月五日に御免となっている。

集成館技術者と

技術関係者では、先の石河が四月一回、六月・七月各二回帯刀邸を訪れている。また竹下清右衛門は、七月と九月に来訪していたが、十二月十四日付で長崎から次のような書状を寄せた。稲佐（長崎）製鉄所を見学したが、優れた機械に感心している。蘭人にも聞いてみるが、スチームハンマーなどは集成館のため是非注文したい。短銃と小銃はよいものを一挺ずつ購入した。高炉のことも調べているが、来春は博識の蘭人が来るというので、是非その頃再度訪れたい。

誠忠組人脈の接近

万延元年十一月末から、日記の来訪者に誠忠組関係者が目立つようになる。十一月二十九日「夕過より大久保正助殿・有村竹次殿参られ候事」、十二月四日「夜入過より有村・奈良原参られ候」とあるのが初めである。有村武次とは、桜田門外の変に関わった雄助・次左衛門兄弟の兄の海江田信義、奈良原は生麦事件の当事者となる奈良原喜左衛門の弟繁（喜八郎、幸五郎）である。

長崎から三月に戻ってからは、堀次郎（仲左衛門、四月二十三日）、伊地知正治（竜右衛門、十月十四日）、岩下方平（佐次右衛門、十月十七日）、吉井友実（幸輔、十一月九日）ら多くの誠忠組関係者が来訪するようになる。この頃には、名門の身分で久光側近に抜擢されつつある若手として、彼らの期待が高まってきていたのであろう。

大久保との交流

さきの大久保正助とは言うまでもなく大久保利通であり、万延元年十二月二十六日にも来ているが、にわかに親しくなったようである。長崎出発前日に帯刀は書状を出し、「出立前一夕は御考え共承」りたいと思ったが残念、長崎から書状を出すと記している。

『大久保利通関係文書』三には帯刀の書状が百通以上収録されているが、これが最初の一通である。

大久保は、文久元年三月・四月各一回、六月三回、七月一回、十月三回、さらに十一月には七回、十二月には六回も来訪している。一方、『大久保利通日記』での帯刀の初出はこの年十二月で、十〜十三日には連日「小家」小松邸を訪問したことを記している。この頃は後述のように、久光の出府・上京計画が具体化しつつあった時期である。誠忠組のなかでも、脱藩して水戸浪士らと連携して挙兵しようとする急進派に対して、藩のトップを擁して藩を挙げての出兵をはかる立場を、大久保らはとっていた。

国父久光

文久元年二月幕府は、これまでの久光の藩政補佐の功績を認めるとともに、参勤で藩主留守中も補佐をしっかり務めるよう内達した。これを機に久光の藩内での公的地位もトップにふさわしいものに整備されていく。四月二十二日久光を「国父」と呼ぶことが発表され、同時に通称を周防から和泉に改め、重富家は久光三男の島津備後珍彦《うずひこ》（忠鑑）が相続した。九月には久光の城内出勤の場は家老座から麒麟《きりん》の間に変更された。

十月人事

五月十八日、帯刀は「当役にて」側役に抜擢され、中山中左衛門は小納戸頭取になった。

さらに十月、大幅な人事異動で久光体制が確立した。さきに加治木領主島津豊後久宝《ひさたか》を退けたのに続き門閥家老の日置領主島津左衛門久徴《ひさなる》を更迭、首席家老に誠忠組に理解のある喜入摂津久高が任じられ、帯刀は「御改革御内用掛」という重要な役割に任じられた。誠忠組関係者が抜擢され、堀次郎と大久保（勘定小頭格）が小納戸に昇進、久光側近の態勢が整った。また誠忠組では数少ない上士の岩下方平が軍役奉行・趣法方掛に、海江田信義・吉井友実が徒目付《かち》に引き上げられた。このような思い切った人事を断行することで、久光は門閥家老陣をかなり整理し、身辺を誠忠組を含む若手で固めたのである。

誠忠組の急進派である有馬新七が二年初め頃に記したメモには、俗論の輩が、島津左衛門退職について、「彼を退け小松を引出し抔《など》と申し触らし」て自分たちを誹謗しているとある（『忠義公史料（鹿児島県史料）』一）。この時点で帯刀は、誠忠組の期待を担う存在で、しかも首席家老に匹敵する人材と見られていたことがわかる。

側役として

側役とは元来、藩主の側近を意味することは言うまでもない。文久元年五月に側役に任じられると、御用部屋に出勤することになる。日記では忠義他出の際も、参詣や鷹狩りに随行し、蒸気船試乗にも同行したりしている。八月三日には、翌年の忠義参勤の「御旅御側御用人」を命じられた。この頃、帯刀は参府警衛人数等の覚えを作成している。容易ならざる情勢のなかでの藩主出府であるので、荷物等は天祐丸で運び滞府中は滞船させる、警衛人数は通常より増員し不寝番など警戒態勢をとる、万一出火騒動が生じた場合の具体的対応も記し、酒食等の規制も厳しく申し渡すべきであるとしている（『忠義公史料』二）。ただし忠義の参府は、後述のように取りやめになった。

加重される役割

側役はまた実質的には久光の側近を意味していた。久光のいる重富への参上は、この文久元年には、長崎出張前後は各一回だったが、五月三回、六月三回、九月二回、十月六回、十一月四回（うち二回は呼び出され）、十二月三回と後半に多くなっている。これには、久光の城内二の丸への移転のための普請も関係していた。十二月十六日「二之丸御作事方見分」し、翌年一月六日には「二丸御殿廻御成就相成り候上、和泉様御住居付掛仰せ付けらる」、つまり二の丸久光新居の普請のみならず、新居担当も命じられている。そして七月には二の丸普請の功に対して紗綾が下付されたのである。

一方この間、文久元年九月九日には演武館・造士館掛に任じられている。二十三日と二十五日には武術各派の者を二の丸に招集して稽古を上覧に供し、二十五日には久光も臨席している。

十月二十日御改革方御内用掛に任じられたが、これには藩外からの財政資金調達の役割も予定されていたようである。十二月十四日には、「御銀主共会釈」貸し主への挨拶など出費を要するだろうとして、「御改革後年限中江戸・御国許出立の節々」に「仕廻料」七〇両支給が申し渡され、十八日にはそれに伴う足軽二人同伴願いが許可されている。

このように、相次ぐ目覚ましい抜擢は、首脳部の若返りをはかって基盤を堅めたい久光にとって、首脳部を担いうる家柄の出身者であったことはもちろんであるが、権力基盤の誠忠組ともうまくやっていくことができ、また次々の任務を見事にこなしていくその実務能力が気に入られたのであろうことは、疑いのないところである。

四　久光出府・上京の工作

桜田門外の変後

桜田門外の変を契機として、幕府の権威は大きく揺らぎ始め、抑圧されていた有力諸藩や尊王攘夷志士の動きが活発化し始めた。翌文久元年（一八六一）には、公武合体と開国を説いた長井雅楽《うた》の航海遠略策が長州藩の藩是《はんぜ》（藩の基本方針）となり、長井自ら朝廷と幕府の間を周旋した。このような動きは、薩摩藩も中央政局に積極的に働きかけたいとの意欲を強く刺激した。

薩摩藩では、非常の際には朝廷警衛のため藩主が兵を率いて上京する「率兵上京」が斉彬の遺訓であるとする言説が、西郷ら誠忠組によって広められており、久光は、斉彬の政策を復活させ遺訓を実現することを、自らの政権のいわば「マニフェスト」にしようとしていた。

和宮降嫁

井伊亡きあと幕閣の中心であった老中安藤信正は、天皇の妹和宮《かずのみや》を将軍家茂の御台《み だい》所《どころ》に迎えて朝廷との融和をはかろうとし、天皇は攘夷実行を条件としてそれを認め、和宮は十月二十日江戸に向かった（翌二年二月十一日婚儀）。これに対して、この公武合体は幕府の権威を回復するために朝廷を利用するにすぎないとする、尊王攘夷志士の反発が高まり、彼らの朝廷への周旋が強められつつあった。

久光上京の前提にはこのような政治状況があり、久光は、望ましい公武合体のためには朝廷と幕府双方の改革、人事の刷新が不可欠だと考えていたのである。

島津家と将軍家・近衛家

藩主でもない者が大兵を率いて上京・出府するというのは、当時の常識ではとんでもないことであった。しかし実際には、久光上京・出府は許容され、それを契機に薩摩藩の政局への影響力は極めて大きくなっていく。そのような事態の前提には、当時の特異な政治情勢があることはもちろんのこととして、島津家と将軍家・近衛家との間に歴史的に形成された深い関係、特に強い姻戚関係があった。

島津家の家祖忠久は鎌倉初期の守護であり、同家は守護大名・戦国大名を経た家柄である点では、徳川家を上回る名門であった。そのような家柄ということもあり、八代藩主の娘茂姫（広大院）が十一代将軍家斉《いえなり》の御台所、また十一代藩主斉彬の養女篤姫《あつひめ》（今和泉島津家の安芸忠剛《ただたけ》長女、天璋院）が十三代将軍家定の御台所になるという、濃厚な姻戚関係が取り結ばれていた。

一方島津家は、朝廷に重きをなす摂関家筆頭の近衛家とも密接な関係があった。家祖忠久は、幕府との取次役を務める近衛家の家司を務めていた。十代藩主斉興の養女郁姫（九代斉宣娘）が、近衛忠熙《ただひろ》夫人となって忠房を生んでいる。安政元年には、斉彬の六歳の世子虎寿丸と忠熙の娘信姫との婚約が成ったが、虎寿丸の夭折で実現しなかった。また茂姫・篤姫の将軍家入嫁の時も、近衛家の養女という形式を踏んで輿入れしていた。さらに忠房は、のち元治元年に斉彬養女貞姫（加治木島津家の久長の娘直子）を夫人としている。雄藩のなかでも、朝廷の名家とこれだけ強い関係のある藩はほかにはなかった。

芝藩邸の焼失

久光体制が確立するや否や、久光の出府・上京の計画が動き始めた。文久元年十月、小納戸堀次郎が江戸に派遣され、その工作の第一段として翌春に迫った忠義の参勤の延期交渉に当たった。久光は忠義の補佐役である以上、忠義が出府すると、その間は領国を離れられなくなるからであり、忠義の参勤延期は久光出府の大前提だったのである。すでにこれまで延期していたので、交渉は難航した。

しかし十二月七日、藩主の居屋敷である芝薩摩藩邸が焼失し、隣接する鳥取新田藩邸と町家一千軒が類焼した。それを理由に幕府は延期を認めるとともに、江戸城造営費献金残額四万両と木曽川治水普請金七万二千両を免除、さらに天璋院との続柄を根拠にして藩邸造営費二万両を貸与した。それに対して御礼を申し上げることを理由に、久光の出府が予定されたのである。

久光出府許可の報

翌文久二年（一八六二）一月十五日、江戸では老中安藤信正が坂下門外で水戸浪士らに襲撃された（その結果、四月十一日老中罷免）。ちょうどその日の夜鹿児島には、藩邸の火災を理由に忠義参勤の九月までの延期が認められるとともに、御礼としての久光の参府が認められたとの江戸からの報が届いた。

実はこの火災は堀らによる自焼であり、このあたりが、目的のために手段を選ばぬ薩摩マキャベリズムであると言えよう。なお久光の出府中、このことは幕閣の知るところとなり、薩摩藩は堀処分を内々に求められたが、久光は堀を帰藩させるだけで済ませ、伊地知壮之丞（貞馨《さだか》）と改名のうえ藩内の要職に留めおいたのである。その後も工作が繰り返され、結局忠義は襲封時以後は、幕末には一度も参府することがなかった。

京都工作

京都には、上京の内勅を求めてまず中山中左衛門が派遣され、文久元年十一月下旬に近衛家と折衝した。目的の一つであった斉彬以来の懸案、「波平行安」の剣を孝明天皇に奉呈するという件は実現し、天皇の御製《ぎょせい》を含む宸翰《しんかん》（天皇直筆の文書）が下賜された。またいま一つの目的であった近衛忠房と貞姫との婚儀の件もまとまった。ただし、近衛家を通じての内勅降下という肝心の件は実現できなかった。忠房は中山に、十二月十一日付久光・忠義宛の書状を託したが、関白九条尚忠《ひさただ》専制の朝廷の現状では要望に応えるのは無理だとしていた。

出府・上京の方針打合せと帯刀邸

中山と入れ違いに、大久保が近衛家に派遣された。その任務は、朝幕改革の構想を伝えその朝廷への斡旋を依頼することであり、十二月十八日に上京を命じられた。大久保はいったん出発したが途中帰国途上の中山に出会って引き返し、暮れの二十八日に再出発し、一月十四日に近衛家を訪問して、後述のような内容の久光の書状を伝えた。

前述の堀次郎は、十月十一日に命を受け即日出府したが、その直前の八日（中山と）と九日に帯刀を訪れている。同人の手記は、出府前「大久保君・中山君と夜々小松君の邸に会し」て、藩論をあらかじめ定めることで熟議したという。これを引用した『大久保利通伝』上は、大久保の十一月十八日付堀宛の書状で、十月二十四日急飛脚便で伝えた「一奇策」がうまくいけば「大幸」であると述べているのは、藩邸自焼のことで、小松・中山とはかった策であると記している。

帯刀日記では、十月二十一日に中山・大久保、二十三日には中山が来訪しており、二十四日「極々急ぎ御飛脚堀方え差出し候事」との記事があり、さきの飛脚便と符合している。藩邸自焼の謀議の場が帯刀邸であった可能性は否定できない。

中山・岸良兼養《きしらかねやす》（七之丞）に上京命が出た十一月五日に、「夕より中山・岸良・大久保参られ候事」とある。また大久保に上京命が出た十二月十八日前後、八、十三、十五、十六、十九、二十七日と大久保が来ている。この間十二日には帯刀が大久保に、「差急ぎ御談合申し上げ度き一条到来」したので来てほしいと書状を出している。十九日には「八つ〔二時〕後より大久保参られ夜入り過ぎ帰られ候」と長時間話し合っている。江戸や上方での折衝方針について、立ち入った打合せが帯刀邸で行われていたことは間違いない。

帯刀出府中止

十二月二十日には芝藩邸焼失が伝えられたが、翌日帯刀は江戸へ御内用につき出府の命を受けた。火災を踏まえての幕府対策のためであろう。天祐丸で出発予定のところ、二十九日長崎から天祐丸故障の報が入り、中山から久光に陸路でも出立させるかとうかがったが、今晩は見合わせよとのことで、結局晦日に暫時差し止めの達しがあった。幕府の参勤延期許可が伝えられたのはもっと後であるが、十二月十七日付帯刀宛の堀の書状は秋までの延期が認められそうだと記しており、あるいはこの情報が届いたのかもしれない。いずれにせよ、この時には帯刀の出府は実現しなかった。

尊攘志士の期待と帯刀

この頃、西国を中心に尊王攘夷志士たちの動きが活発化しつつあったが、彼らは薩摩藩への期待を高めていた。十二月十日には、元福岡藩士平野国臣と元薩摩藩士伊牟田尚平が同志糾合のため薩摩入りをはかり、いったんは捕縛されたものの、大久保が帯刀に相談し鹿児島入りが認められた。伊牟田は、帯刀の実父肝付兼善の家臣倉左衛門の子で、関山糺《ただす》に随行して出府したが江戸で脱藩して、ヒュースケン暗殺に加わった者である。

真木和泉に面会

帯刀日記には十三日夜大久保が来たとしか記されていないが、『大久保利通日記』によれば、十二日に平野、十三日に伊牟田と、事前に重富邸に連絡をとったうえで帯刀邸で面会している。彼らと会った帯刀は、趣旨には理解を示しつつも、個人的な企てには同調せず藩として行動すると伝えたようである。帯刀は十五日この件に決着をつけ、二人は十七日に鹿児島を去ることになった。

久留米の神官真木《まき》和泉は翌年二月末幽閉を脱して入鹿し、大久保に「義挙三策」を示し、久光の早期率兵上京、藩主有馬慶頼への義挙参加要請、上京時の自身の随従の三ヵ条を要請した。三月二日帯刀は真木に会い、三策には感服したが三ヵ条は謝絶すると伝え、身の危険を理由に月末まで身柄を抑留した。このような動きにも示されるように、尊攘志士たちは大いなる期待を持って、京坂で久光上京を待ち構えていたのである。

家老並と御旅御側御用人

久光上京を前に、帯刀の役目はさらに重要なものになった。文久二年一月十一日付で伊作地頭に任じられているが、この地頭とは藩直轄地の代官を意味する。ただし地頭所は二月加世田に変更された。

一月十五日には、喜入摂津を通じて大番頭《おおばんがしら》（小番、新番などの下士を統括）で「御家老中吟味の儀も都《すべ》て承り候様」仰せ付かり、早くも家老並の地位に立った。それればかりではない。十七日には久光出府の「御供」を仰せ付けられ「御旅御側御用人方御用」も務めるよう命じられた。これは上京・出府に際して久光に近侍し、道中実務の全体を取り仕切ることである。上京・出府の成否は、ひとえに帯刀の肩にかかってきたのである。

なお帯刀の日記は一月二十一日までで途絶え、次に残っているのは四年後の慶応二年三月からである。

第二　京都政局への登場

一　久光の上京・出府

近衛の立場

島津久光が上京をはかっていた頃、期待を寄せていた近衛家は、朝廷においてどのような立場にあったのだろうか。将軍継嗣《けいし》問題の際、当時左大臣の近衛忠熙《ただひろ》は、徳川斉《なり》昭《あき》・島津斉彬《なりあきら》らと結んで一橋慶喜《よしのぶ》の擁立を支援したが、大老井伊直弼《なおすけ》は関白九条尚忠《ひさただ》を取り込んで、紀州藩の徳川慶福《よしとみ》（家茂《いえもち》）を継嗣と決定した。九条の専断に抵抗した近衛忠熙は安政六年（一八五九）四月、右大臣鷹司《たかつかさ》輔熙《すけひろ》らとともに落飾《らくしょく》（出家）、慎《つつしみ》（謹慎）を余儀なくされた。その子忠房は権大納言であるが、万延元年（一八六〇）井伊暗殺後も幕府と九条との協調関係は続き、近衛父子は中枢から実質的に斥けられていた。

久光の朝幕改革構想

文久二年（一八六二）一月中旬、大久保利通（正助、一蔵）が近衛父子に伝えた久光の朝幕改革構想の骨子は、次のようなものであった。

攘夷実行を求める孝明天皇の意思に対して幕府は因循《いんじゅん》姑息《こそく》であり、和宮《かずのみや》降嫁はこの

島津久光（尚古集成館所蔵）

ままでは幕府の朝廷に対する優位をもたらす危険がある。これに対抗して「皇国復古」するには武力の後ろ盾が必要であり、薩摩藩に対して「滞京守衛」の勅諚《ちょくじょう》が下されるよう周旋してほしい。関白九条尚忠に代えて近衛忠熙を関白に、また青蓮院《しょうれんいん》宮（中川宮・尹宮《いんのみや》・朝彦親王）永蟄居《えいちっきょ》を解き朝議に参加させるべきである。将軍家に勅使を派遣し、一橋慶喜を将軍後見職に、越前前藩主松平慶永《よしなが》（春嶽《しゅんがく》）を大老に任じるよう要請してほしい。

久光上京準備

一月十六日、前夜江戸から忠義《ただよし》参府延期許可の報が急飛脚で伝わったのを受け、久光の出府が家老喜入摂津らから通達された。しかし実は、すでに七日に摂津から道中の日程や随従する人員などの準備が申し渡されていた。小松帯刀《たてわき》は十七日に「御旅御側御用人」を仰せ付かったが、その前日と十九日には京都から帰藩した中山中左衛門《ちゅうざえもん》（尚之介）が訪ねてきており、京都の情勢が伝えられたであろう。

出発に先立って二月、帯刀に対して、上京お供につき京都一二ヵ月、往復二ヵ月計一四ヵ月分として「合力高」九五〇〇石、「所務代銀」二八貫五〇〇匁下付、また改革方御内用取扱に伴う「銀主共会釈」や江戸・国元往復の「仕廻料」一〇〇両下付が申し渡されている（「正統系譜」）。

鹿児島城（明治5年，尚古集成館所蔵）

復帰西郷の慎重論

二月初めには大久保が、忠房の久光宛書状を持って帰鹿したが、それは、とても久光の構想を実現できるような状況ではなく、出兵は無駄な騒ぎを引き起こすだけだとして、上京の見合わせを説く内容であった。にもかかわらず、出兵準備は着々と進められていった。

大久保らはかねて、奄美大島に流されていた西郷隆盛（吉之助）の復帰を願い出ていたが、上京を前にそれが実現し、二月十二日鹿児島に到着した。翌日、大久保は西郷を帯刀邸に連れていき中山を交えて会合したが、西郷は上京計画の不備を指摘して賛成しなかった。西郷は、十五日に徒目付《かち》・

鳥預・庭方に復職し、久光に拝謁して時期尚早を唱えた。しかし久光は、二の丸工事の都合もあって出発を少し延期しただけであった。結局、九州各地の情勢を探り下関で待つようにという久光の命で、西郷は三月十三日に先発した。

あとのことだが、再度島流しされた西郷は、七月末頃の木場《こば》伝内宛書状で、当時の藩内状況について、誠忠派の面々は、日の当たるところに出たので「先ず一口に申さば世の中に酔い候塩梅《あんばい》」で、幕府や朝廷の実情も知らないで「実に目暗《めくら》蛇におじず」のありさまであると、手厳しく批判している（『西郷隆盛全集』二）。

久光の率兵上京

三月十日、久光は随行者に対して、「各国有志」との勝手な交際を禁止し違反者は処分するという諭告を発し、十三日には旅立ちの家中儀礼「首徒《しゅと》」が、久光「名代《みょうだい》」の帯刀主宰のもとで催された。十六日、増築されて自身の居城ともなった鹿児島城二の丸から久光は出発、帯刀・大久保ら藩兵一千余を率い、藩主の参勤行列と同様の形をとった。

ただし藩主の父とはいえ、無位無官の者が大軍を率い、しかも野戦砲四門と小銃百挺を準備して上京するとは、まことに前代未聞の出来事であった。しかも公的には参府と言いつつ、招かれてもいない京都に押しかけたのである。幕府の許可なしに大名が朝廷に直接接触することは、「禁中並公家諸法度」で禁じられていた。

一行は九州を陸路北上し、下関から天祐丸《てんゆう》で海路室津《むろつ》（現兵庫県たつの市御津町《みつ》）に四月三日上陸、六日姫路に着き、兵庫、大坂を経て十三日伏見に到着した。この頃、京坂方面には尊攘志士が結集しつつあり、公家社会では彼らへの対応につき不安が高まっていた。そういう事情もあって、上京途上の久光宛に兵庫と伏見とに、近衛忠房から上京を待ち望むという久光待望の書状が届けられた。

西郷の再遠島と尊攘志士

久光は大坂藩邸に入った十日、過激な行動を戒める諭書を出し、あくまでも久光のもとでの挙藩一致を求めた。下関で待つはずだった西郷が、勝手に上方に先行し志士たちと交流したことで久光は激怒し、西郷は再度島流し（徳之島、のち沖永良部島《おきのえらぶ》）にされた。この時、十一日に西郷出帆を大坂で見送った大久保は、呼び戻しに際して身元を請け合った責任があると、帯刀に出勤差し控えを申し出たが、翌日帯刀の達しにより勤仕したと日記に記している。

これに先立って、三月末には堀次郎が江戸から入京して近衛家と折衝したが、これを知った孝明天皇の近習岩倉具視《ともみ》が面会し、両者間で朝廷工作が話し合われていた。久光姫路到着の六日、天皇の意を踏まえ入京を歓迎するとの岩倉の書状が、堀によってもたらされた（『島津久光　幕末政治の焦点』）。一方、久光上京に合わせて事を起こそうという志士たちが京都に集まりつつあり、合戦が始まるとの風評のなか、十五日夜には京都所司代酒井若狭守忠義《ただあき》邸防衛のために、武装した小浜《おばま》藩士が集結する動きも見られた。

近衛家参上

久光は十六日入京して近衛家に参上するが、その前後につき帯刀は十八日家族宛の書状で次のように伝えている。十三日大坂からの川登りに随行して、朝は大雨にも遭ったが夕方伏見に到着した。自分は十五日京都（錦小路）藩邸に入り、十六日近衛邸に「御先番」として出向き、伏見からの久光を迎えた。

近衛様にお目見得を許され、「御手ツカラ御手ノシ」を頂き、御膳を下されたうえに「盃一ツ人形一ツ御懐紙頂戴」した。伏見に戻り着いたのは十七日朝になったが、近衛家への使者として同日四つ（午前十時）からまた京都に赴き、夕方京都藩邸に戻った。久光公は、京都にしばらく滞在されることになりそうである。

そちらからの二十八日出しの品と書状は伏見で受け取った。お近（千賀）は十日から湯治に出かけるそうだが、しっかり入湯するのがよい。頼まれた衣装の注文は手配するつもりである。「返ス々〔〈〉イトヒ々被レ成候様存シ参ラセ候」（原文のまま、「島津家本」）。

四月十六日の会談

久光はこの日近衛家（忠熙・忠房）に帯刀・大久保・中山を伴って参上、中山忠能《ただやす》・正親町《おおぎまち》三条実愛《さねなる》・久世通熙《みちさと》の三議奏同席の場に、九ヵ条の朝幕改革意見書を提出した。その骨子は、関白九条罷免を割愛したほかは前述と同じであり、対外政策については開国・鎖国如何に触れず「天下の公論」によるべきとしているだけである。浪士の説を妄りに信じないようにとの一条があり、早速同日、「浪士共蜂起、不穏の企みこれ有り候処…和泉当地滞在、鎮静これ有り候様」(『玉里島津家史料(鹿児島県史料)』一)との勅諚が下され、これによって久光の率兵上京は正当化されたのである。

寺田屋事件と久光の名声

浪士鎮静の勅命の数日後の二十三日、寺田屋事件が起こった。伏見の寺田屋で、九条関白襲撃を計画して他藩士や浪士とともに集合していた誠忠組急進派の有馬新七らが、他藩との勝手な共同行動の禁止に反したとして、上意討ちされたのである。

藩内に対しては国父・藩主の統制に服さない行動は許さないという見せしめであり、公家社会に対しては過激な行動を許さない統制力を顕示することになった。孝明天皇は久光の労をねぎらい、久光名代の帯刀に短刀を下賜し、京都政局において久光の存在感は、その率いる兵力と相まって一挙に高まったのである。

久光の朝廷人事は次々に実現していった。三十日、鷹司政通(前内覧、輔熙父)・近衛忠熙(前左大臣)の参朝許可、鷹司輔熙(前右大臣)の慎解禁、青蓮院宮永蟄居宥免が実現した。五月二十九日には忠熙・輔熙の還俗(俗人に戻ること)が許され、そして六月二十三日には、九条尚忠に代わり近衛忠熙が関白に就任したのである。

久光江戸へ

久光の意見書には、幕政改革のための勅使派遣があったが、大久保・中山・堀らは、久光の勅使随行と合わせて近衛家・中山忠能・三条実愛らを説得、時には藩士暴発をちらつかせながら同意を迫った。所司代酒井の掣肘もあって朝議は転々としたが、結局、五月中旬になって、大原重徳《しげとみ》を勅使とし久光に随行を命じることが朝廷から伝えられた。

転々の一因は、処士横行する京都の警護が手薄になる不安にあったが、薩摩藩は、同行は在京のうち五百人として、一千ほどは残し名代として島津石見《いわみ》久静《ひさなが》（都城領主）が統括し、鹿児島から二百人ほどを上京させ補充するという条件で説得したのであった。

出府に先立って久光は、老中水野和泉守忠精《ただきよ》と紛らわしいので、通称和泉を近衛家の勧めで三郎と改め、五月二十二日大原勅使に随行して出発した。それに先立って二十日、帯刀は御側詰、御側役兼務を命じられ、「江戸御国許共御家老座へも相詰め、御家老同様名前を以て御用相致し取扱い候様」（「正統系譜」）仰せ付けられた。また中山は納戸奉行、大久保は小納戸頭取に任じられた。

慶喜後見職の実現

一行は東海道を下って六月七日江戸に着き、大原は十日に登城して勅命を伝えた。すでに松平慶永の幕政参与は前月に幕府から発せられており、将軍家茂上京も期日未定ながら決していた。しかし一橋慶喜を将軍後見職にとの件は、将軍継嗣問題の経緯のほか、従来の後見職田安慶頼が、家茂が十七歳になったことを理由に免じられていたということもあって、難航した。しかし二十六日、老中脇坂中務《なかつかさ》大輔《たゆう》安宅《やすおり》・板倉周防《すおう》守勝静《かつきよ》を招いた大原が、応諾なくば彼らを帰さないという大久保・中山の強硬な決意を伝えて強談判した結果、七月六日になって慶喜は後見職に任じられたのであった。十一日、両公の就任を祝って帯刀・中山・大久保・谷村(昌武)・堀は、隅田川大七楼で祝宴を催したという。

帯刀に「乗物御免」

在府中の六月二十六日、帯刀はかねて「脚痛これ有り候に付、乗物御免」を願い出ていたが、二十四日老中板倉から留守居に対して許可するとの申し渡しがあったことが、島津登から伝えられた(「正統系譜」)。駕籠を降りるべき場所にも、足痛の理由で乗り入れることを公儀から許されたということであろう。

なお、側詰と江戸家老座出席を命じられたのに対して八月、江戸一二ヵ月、片道二ヵ月、計一四ヵ月分として「御合力高所務代銀」二二貫九三五匁下付が達せられた。

生麦事件

久光は八月十九日、慶喜・慶永と会談し参勤交代緩和など幕政改革要求を申し入れたうえで、二十一日江戸を発った。この日午後、生麦事件が発生した。帯刀は、小休止を予定していた神奈川宿は素通りさせ、宿泊予定の保土ヶ谷宿に急がせ、夜には、供目付奈良原喜左衛門・海江田信義が、外国側の報復に先立って横浜居留地を襲撃すべきだと主張するのを退け、宿の防備を固めさせた(『薩藩海軍史』中)。一行は幕府の追及をかわすように先を急ぎ、結局、閏八月七日京都に到着した。

久光参内

京都着後間もない閏八月十日、帯刀は家族宛に次のような書状を送っている。七日伏見に到着、久光公はすぐ近衛邸を訪問されたが、にわかに京都藩邸に滞在されることになった。自分も「大元気にて御供相勤め滞京」しているので、安心してほしい。九日には復命のため参内《さんだい》するように伝えられ、久光公は近衛家に立ち寄って直垂《ひたたれ》を拝領されて着替えのうえ参内されたが、「御目見えの上、御剣御頂き遊ばされ」、（無位無官の者にこのような前例はなく）皆々恐れ入り話もできない夢のような出来事である。「拙者にも御供仰せ付けられ、参内いたし誠に冥加《みようが》の至り、何とも々恐れ入り候事ども、筆には尽し難し」。このようなことで昼夜暇もなく「御殿に詰め通しにて御座候」（「島津家本」）。

京都の情勢変化

久光の率兵上京は、京都の朝廷の存在を政局の焦点として押し上げるきっかけになった。久光の朝廷周旋は、他の雄藩の同様の動きを誘発する契機になり、また久光の周旋による朝廷改革は、志士の周旋の活発化もあって中下級朝臣の発言の活発化を促す契機になった。それらの動きは、「尊王」と「攘夷」を合言葉に加速していったのである。江戸から戻った久光が直面したのは、当人が予期していなかったそのような事態であった。

久光東下に際しては、在府の長州藩主毛利敬親《たかちか》（慶親《よしちか》）と申し合わせて朝威貫徹に努めよとの朝旨を下されていたが、敬親は久光の着府前日に江戸を発って中山道経由で京に入った。久光に対抗するかのように、藩内外の急進論を容れて方向転換し、七月初めには京都長州藩邸で、「幕府へ信義」の部分を削り「天朝へ忠節」を第一義とする新たな藩是《はんぜ》を定め、朝廷には条約破棄・外夷拒絶・将軍上洛・攘夷決定などを建言した。一方、これまで開港論を前提に公武合体を進めてきた長井雅楽《うた》は切腹を命じられた。

七月下旬に前関白九条尚忠（閏八月二十五日落飾、重慎）の家士島田左近が暗殺され、これが「天誅《てんちゅう》」の初めとなった。和宮降嫁を進めた「四奸《かん》二嬪《ひん》」の排斥運動は、もともとは所司代酒井忠義・関白九条尚忠らの勢力を殺《そ》ごうとする動きであったが、急進派の中下級朝臣の発言力強化のきっかけとなり、薩摩藩の意向に即応して朝議周旋に当たってきた岩倉も、八月二十日蟄居を命じられた。

久光の建白と帰国

閏八月十四日、三条実愛から「極秘献策」せよとの内命を伝えられた久光は、二十二日近衛父子に十二ヵ条の建白を提出した。朝廷は「匹夫」の激論に左右されず自らの権威を高める、慶喜・慶永両人に「大政委任」を内命する、二、三の大藩に御所警衛を命じる、攘夷には「武備充実」が先決、などであった。しかしこれらが容れられる朝廷の情勢ではないと見て二十三日京都を発ち、二十九日大坂から永平丸に乗船、九月七日鹿児島に帰着した。

永平丸は天祐丸に次ぐ購入二隻目の汽船で、久光在府中の八月五日から島津登・帯刀ほか数名が横浜に出張し、「近海試乗の上」英国商人から六万七千両で購入し、閏八月、久光乗船用に兵庫へ廻航したものであった（当時天祐丸は機関故障で横浜で修理中）（『薩藩海軍史』中）。

久光離京のいま一つの理由は、生麦事件に関しての英国の動静であった。すでに東海道を上る途中から、英艦が薩摩に向かう可能性が幕府から伝えられており、国元でそれに備える必要があったのである。

帰藩二日後の九月九日、帯刀は二の丸に召し出され、「粉骨周旋の儀、感懐に堪えず候」との証書とともに、久光自ら兼元銘の刀と脇差、縁頭と鍔《つば》を授けられた。中山・大久保には、それぞれ縁頭と鍔が授けられた。

二　帯刀の江戸往復と久光の再上京

帯刀、再度江戸へ

帯刀は、在藩わずかで文久二年十月二日には入京している。今回の上京・出府は、死亡時には従四位左近衛中将であった斉彬への官位追贈を実現することと、忠義参勤の再延期許可が主任務であったが、少しの間に京都の情勢も動いていた。

久光の上京を求める宸翰《しんかん》が用意されており、一日付の議奏中山忠能の久光宛の書状を持参して、在京の藩士藤井良節（井上出雲）が、帯刀と入れ違いに三日国元に出立した。

実は、近衛家にも仕える藤井は、近衛家から口頭で重要な依頼を受けていた。従来の所司代が無力なことから、幕府は閏八月一日京都守護職を所司代の上に新設し、会津藩主松平肥後守容保《かたもり》を任命していたが、これに対して、容保とともに久光を京都守護職に就任させたいとの天皇の内意が、近衛家に伝えられていたのである。

斉彬に官位追贈

十月四日夜半の中山・大久保宛帯刀書状は、次のように記している。中山忠能のほか近衛忠房・正親町《おおぎまち》実徳《さねあつ》なども、一橋慶喜が上京してくるので、是非久光に上京してほしいと期待している。しかし、「御国政」も大事なので、国元を来早春までに処置し、そのうえで上京されてはいかがであろうか。忠義公参勤はどうしても延期にならないといけないので、これから急ぎ出府のつもりである。

斉彬の件は、十月十日付関白近衛忠熙から忠義・久光宛書状で、叡慮により従三位権中納言を追贈することになったので、十二日に勅使を発し、この旨幕府から関白宛に申し入れるよう伝える、と報じられた。このことは、江戸に向かった帯刀を追って本田親雄（弥右衛門）から急飛脚で伝えられた。十一月十二日老中井上河内守正直から、支藩佐土原藩主の島津淡路守忠寛《ただひろ》に追贈の件が伝達され、翌年二月二日付で朝廷から正式に従三位権中納言が追贈された。また江戸において帯刀は、再度の参勤延期の根回しを進めたようである。

両姫お供

帯刀は、在府であった斉彬の子暐《てる》姫・寧《やす》姫の帰国に随行して十月二十九日江戸を発ち、京都に向かった。斉彬は側室須磨との間に二男三女を儲けたが、上の篤之助と下の哲丸は夭折、中間の三人の娘暐姫（当時十二歳）・典姫（十一歳）・寧姫（十歳）は健在であった。なお、正室との間の長男、他の側室との間の三男二女はすべて安政初年までに死亡していた。斉彬の遺言は、忠義を後継にする場合は暐姫の婿養子とし、哲丸を順養子にせよということであったが、在府の両姫は参勤交代緩和により帰国することになったのである。

道中から妻宛の書状

両姫随行役を仰せ付かった帯刀は、江戸を発つ前の二十五日「於近ドノ　人々」宛に書状を書いている（以下原文のまま、「島津家本」、『忠義公史料』二）。元気に勤めているので案じることはない。「ソノ方モ無事ノハツ、サゾサビシキハツトクレ〴〵モソンジ参候、折カラヨケイナ事ナトアンジイトイ候ナサレ〔ズ〕候ヤウゾンジ参候」。こちらは昼夜多忙で「ユル〳〵メシモタへ候イマ〔ヒマ〕コレナク」、姫の御宿割を伝えるが未発表なので世間には出さぬよう。荷物が届いたら歳暮に必要な品は遣ってもよい、金子が必要なら「役座」に申し出ればよい。

十一月二日には小田原よりとして、お近宛に、「大磯少シ過候所之籠之中ニテ」書状を書いている。七つ半（五時）時分小田原に着くだろうが、「此方中々寒サ厳敷、綿入四五枚モ着候事ニ御座候、併シ風引モ不レ致大元気」である。十日には白須賀駅よりとして書状を記している。三日夜に先便を出した箱根には、大雪のなか三泊したが、その後の寒気はそれほどではない。姫様たちの希望で伊勢参りをすることになったが、「伊勢ノ御守り共イタヽキ遣シ参ラセ候、其方ノ御願モ拙者ヨリ祈り参ラセ候」。なお先便で「タンゴジマ・ジンス等遣サレ慥ニ請取参ラセ候」。

両姫のその後

両姫は、二十六日京都着、十二月六日京都を発ち七日から在坂した。ここからは船の予定であったが、船旅を嫌がるので陸路に変更された。十一日付で帯刀は大坂からお近宛に書状を出し、明日は当地を発ち、日割通行で一月十七〜十八日には帰鹿されるだろうと記している。中国路を通っての陸路帰鹿には、京都留守居の本田親雄・村山斉助（松根）が随行し、両姫は一月二十二日に帰鹿した。

斉彬の３人娘　典姫・暐姫・寧姫
（尚古集成館所蔵）

忠義と暐姫との婚儀は元治元年二月七日に行われたが、暐姫は明治二年三月二十四日女子（房姫、四年三月十日死亡）を出産した際に十九歳で死亡した。

寧姫が翌年後妻となり十二年五月二十三日二十七歳で男子を出産したが翌日死亡、男子忠宝も八月十七日に死亡した（寺尾美保「最後の薩摩藩主島津忠義の婚姻」）。

国元と京都の情報交換

十月二十九日、国元の大久保は、道中途中に届くことを想定して帯刀に書状を出し、斉彬追贈の書類を見て久光が「尊顔に御涙を垂れさせ給い」と記している。また、国元での改革の課題が多いのに人材が不足していることを嘆くとともに、寺田屋事件関係者が赦免されて、もとの職に復したことを伝えている。

帯刀からは十二月九日、大坂から中山・大久保宛に書状を出し、京都情勢を以下のように伝えている。中川宮（青蓮院宮、尹宮、朝彦親王）には手厚く接しており、その要望により、薬を煮るための黄金の薬鍋・茶碗を調達した。また粟田口では御所に遠いので、関白の世話で先月末に輪王寺御里坊に引っ越されるに際して人数を出した。関白近衛忠煕には二度ほど拝謁しており、この二人は「実に御確立」決意がしっかりしているが、朝議はなかなか一決とはいかない。久光公が早目に御上京されないと一決は難しいとは思うが、そちらの意向通りの返答をしている。

京都守護職にとの叡慮を関白から伺ったが、「誠に何とも申し上げ様これ無く、御冥加の御事」と思う。参勤猶予の件は尽力中であり、江戸の岩下方平《みちひら》（佐次右衛門）らへも周旋方を伝えた。御上京に備え、錦の藩邸は手狭なので粟田方面を借りるようにした。

家老仰せ付け、諸役兼担

関東では一時板倉が出仕差し止めになるなど「幕弊」が改まらず、一橋公は安心して上京できない状態なので、代わりに松平慶永公の上京を建白している。その際には是非久光公御上京を願いたい。なお今日も自分の長屋に「御銀主共」を呼び出して「御金談」に及んだ（『玉里島津家史料』一）。

帯刀は十二月中旬に鹿児島に向かい、途中下関で上京する大久保と出会っている。大久保は吉井友実《ともざね》（幸輔）とともに九日鹿児島を発ち、二十日に入京した。国元に戻った帯刀は、二十四日、御側詰兼務で家老に任じられ、役料一千石を給されることになった。二十八歳にして五人の先輩と肩を並べ、早くも藩政を担う最高の地位に到達したのである。

小松帯刀像（鹿児島県文化センター前）

しかも二十七日には次の諸掛に任じられた。御軍役掛（御流儀砲術方掛兼）・琉球掛・唐物取締掛・琉球産物方掛・御製薬方掛・造士館演武館掛・御改革御内用掛・御勝手方掛・佐土原掛・蒸気船掛（「正統系譜」）。これでは担当しない部門を挙げるのも難しいくらいで、極めて多方面の藩政を直接担うことになったのである。

久光による帯刀はじめ若手の大抜擢は、藩内の保守的な人々にとってみれば、苦々しいことであったろう。さまざまな改革に実務的に関わった市来四郎も、十二月九日の日記には次のように記している。「当時要路之小松帯刀、大久保一蔵、中山中左衛門、伊《い》地《じ》知《ち》壮之丞（堀次郎、伊地知貞馨）、伊地知正治、奈良原喜左衛門兄弟、其外森山新蔵抔《など》の人々を世人甚だ好まず」、「当今小松其他之権勢、実に飛ぶ鳥も落とし勢なる上…」（黎明館蔵「市来四郎日記」、徳永和喜『偽金づくりと明治維新』）。

束の間の上京

家老として席の温まる間もなく、またも上京を命じられた帯刀は、文久三年（一八六三）一月三日夕長崎を出帆し、七日午後大坂に到着、八日入京した。今回の上京目的は、斉彬贈位の最終的な詰めなどにあったようであるが、英国艦が薩摩に来航するとの情報が伝わったため、急遽帰国することになった。二十三日永平丸で大久保とともに大坂を発ったが、明石沖で座礁して沈没したため、辛うじて上陸して引き返し、改めて兵庫から公儀船で帰藩した。

攘夷急進派の勢い

文久二年秋以降、朝廷では攘夷急進派がさらに勢いを増しつつあった。十月には攘夷実行を迫る別勅使（正使三条実美《さねとみ》、副使姉小路公知《きんとも》）が土佐藩主山内豊範《とよのり》の随行で江戸に派遣され（十二日発、二十八日着）、これに対して幕府は十二月五日、将軍家茂が二月に上洛すると奉答した。

十二月九日には朝廷に国事御用掛が設けられて、中川宮、関白近衛をはじめ広く二九人の朝臣が任じられたが、文久三年二月十三日には国事参政、国事寄人《よりゅうど》が置かれ、攘夷急進派の中下級朝臣が進出し、朝議に大きな影響を与えるようになった。中山忠能・三条実愛両議奏は、和宮降嫁に関与した責任を追及する脅迫状を受けて、一月二十七日辞任している。京坂地域では、一月二十二日池内大学暗殺や二月二十二日足利尊氏木像事件など、「天誅」の嵐が吹いていた。

諸侯の上京

政事総裁職松平慶永は、幕府が将軍上洛を約した十二月、一橋慶喜上洛（十二月十五日江戸発、一月五日京都着）のうえ、土佐藩前藩主山内豊信《とよしげ》（容堂《ようどう》）・島津久光とともに国是を定めることを企図した。一方久光は十月以来近衛家から上洛を求められていたが、十二月二十日に大久保が着京、近衛家に、京都守護職は「冥加」で一月中に上京すると伝え、将軍上洛は攘夷実行を煮詰めることになるので、代わりに慶喜・慶永を代理として上洛させるべきとの久光「直書」を渡した。大久保は、将軍上洛問題で二十五日京都を発ち江戸に向かい、一月四日慶永・豊信と会談した。そのうえで二十五日豊信、二月四日慶永が着京した。

しかし文久三年二月十一日には、新関白（一月二十三日、忠熙は内覧に）鷹司輔熙邸に長州藩の久坂玄瑞《くさかげんずい》らが押しかけて、攘夷期日決定を強要するという状況では、将軍上洛を引き延ばすことは困難で、家茂は十三日随行三千人を従えて江戸を発ち、三月四日着京した。

将軍上洛と久光再上京

五日家茂に庶政を委任するとの勅諚が慶喜を介して下され、家茂が七日参内して請書を差し出した。その折り関白は、攘夷実行の成功を求めるとともに、「国事之儀」については幕府を経ず直接諸藩に御沙汰を下すこともありうると、これまでの禁制を破る方針を達した。十一日には長州藩世子毛利元徳《もとのり》（定広、広封《ひろあつ》）の提言により賀茂社への行幸がなされ、家茂は天皇に随行する形になった。七百余人を率いての久光入京は、その直後の十四日のことであった。

「朝廷の朝廷に非ざる次第」

この時の久光の意見の要点は、攘夷期限決定の不可、暴論の堂上排除、浮浪藩士取締であった。随行した帯刀は、十六日付大久保宛書状で、次のように伝えている。十四日六つ半（午前七時）久光公は伏見を発たれ、すぐに近衛邸に入られた。そこには中川宮・関白鷹司がおられ、久光公が御趣意を詳しく述べられると感服された。慶喜公・豊信公も来られ、趣意は「天下の正義」であり、慶喜公からも、朝廷の命があればいかようにも処置すると申し上げられた。しかし、現前両関白とも「御不断御因循《いんじゅん》」であり、三条・姉小路を説得してほしいと言うばかりであったので、久光公は朝廷の決定がないなら、明日にも引き揚げると言って退席された。昨日も、現関白に当方から五人差し出して迫ったが、のれんに腕押しに終わった。これではしようがないので、十八日にはお発ちとの思し召しである。朝廷は諸藩士の暴論に振り回され「朝廷の朝廷に非ざる次第」で、幕府の評議も「朝に定め、夕に変じ候勢」で嘆かわしい。つまり、朝廷首脳が急進的公家に立ち向かう姿勢がないのでは、有力藩も周旋の余地がないということであろう。

帯刀はさらに生麦事件処理に関して、一橋慶喜・水野忠精・板倉勝静列席の場で、英国に対して薩摩藩で応接するよういったんは自分に仰せ渡されたのち、評議が変わり、幕府で応接せねばということになったが、破談になれば薩摩に廻船するかもしれないということなので、心得ておいてほしいと記している。

同じ十六日、帯刀はお近宛にも書状を書いている。今回は知恩院にお泊まりで、自分もその脇坊なので好都合である。「毎日昼夜共に堂上方公辺御用等にて、誠に煩雑に御座候、此節はいつもより猶御用多く少しも暇これ無し、然し大元気にて相勤め候」。

在京わずか五日

結局滞在わずか五日で十八日、久光に随行して離京、二十日大坂を白鳳丸で発って四月十一日帰藩した。久光が京都を短期で離れたのには、朝廷情勢のほか、英国の動向への不安があった。十九日に大坂から近衛に宛てた書状で久光は、英国艦が鹿児島に向かっているとの情報があり、若年の忠義では心許ないので帰藩すると述べていた。

将軍、攘夷実行を約束

久光離京後、四月十一日には天皇が石清水《いわしみず》八幡宮に攘夷を祈願し、二十日には、ついに将軍家茂が五月十日を期しての攘夷実行を約した。その五月十日、長州藩は米国商船に砲撃を加え、攘夷運動は高揚のピークに達したのである。

なお久光の京都守護職の件は、勅諚が前年十一月中旬に幕府に伝えられ、有力藩には反対もあったものの十二月には幕府も承諾していたが、このような情勢変化があり、四月に久光から近衛家に辞退の意向が伝えられた。

久光離京後、朝廷における攘夷急進派の勢いはいよいよ盛んであり、勅命も彼らによって書き換えられるという状況になっていった。孝明天皇は強固な攘夷主義者ではあるが、必ずしも攘夷即行を第一としていたわけではなく、何よりも下剋上による身分秩序の乱れを嫌っていた。そこで五月末には久光の上京を求める宸翰を近衛家に託しており、久光に伝えられた。それは「総て下威盛に、中途の執計《とりはから》い已《のみ》にて、偽勅の申し出、有名無実の在位」を嘆き、久光に「奸人掃除」のための上京を求めていた（『幕末政治と薩摩藩』）。

しかし久光にしても、上京にはさまざまな情勢を見極める必要があり、なによりも、生麦事件の責任を追及する英国艦隊の来鹿が予想されているなかでは、国元を空けることは困難であり、実際、七月初めには薩英戦争を戦うことになるのである。

三　薩英戦争と八月政変

文久三年五月、攘夷実行の四月幕令を帯刀ら三家老は連名で藩内に伝え、「征夷の為め、粉骨砕身誠忠を尽くすべし」と達し、次いで帯刀ら四家老が連名で、戦争時の「御定場」を定め、一番早鐘で組ごとに集結、二番早鐘で御定場に集着するよう達した。六月五日には、帯刀・中山・大久保らは石河ほか集成館係員とともに沖小島台場を見分、敷設水雷の試験を視察し、桜島各台場も巡視した。

英艦七隻鹿児島湾に

生麦事件につき幕府との交渉が五月十七日償金支払いで妥結したあと、イギリスは次に薩摩藩の対応を求めた。六月二十七日、ニール代理公使が乗船しクーパー少将が率いる旗艦ユーリアラス号など英艦七隻は鹿児島湾に入り、翌朝前之浜前面に進航して交渉を求めた。要求に対して薩摩藩の回答が伝えられたが、七月一日英側はこれを不満として拒否、薩摩側は開戦を決意し、久光父子は砲撃を避けて千眼寺《せんげんじ》（現鹿児島市常盤町）に移り本営とした。この間、奈良原喜左衛門・海江田信義らの発案で西瓜売りに扮した決死隊を舟で差し向けたが、襲撃計画は不発に終わっている。

七月二日の戦闘

薩英戦争（『イラストレイテッド＝ロンドン＝ニューズ』より）

藩の汽船天祐丸・白鳳丸・青鷹丸は重富方面に避難していたが、これを交渉の担保にしようと二日早朝英国側が拿捕《だほ》したことから、正午頃薩摩側は砲撃を開始し、夕刻にかけて激しい砲撃戦が繰り広げられた。台場に接近した旗艦が砲撃されて艦長が死亡するなど、英側に戦死一三人、負傷五〇人の被害が出た。薩摩側は戦死五人、負傷十数人で人的被害は少なかったものの、最新のアームストロング砲の砲撃で砲台が破壊されたばかりでなく、砲撃による火災で町屋敷約三五〇戸、士屋敷約一六〇戸、さらに集成館などが焼失した。なお電気水雷三個は沖小島・撚崎間に敷設されていたが、英艦が水路を変更したため威力を発揮しなかった。翌三日にも若干の砲撃はあったが、四日午後艦隊は退去した。

拿捕された三隻は、洋銀三五万余ドルを投じた薩摩藩の虎の子であったが、開戦に伴って焼かれ、下船を拒否した船奉行寺島宗則（陶蔵、松木弘安）、添役五代友厚（才助）は抑留され、横浜港に至って解放された。

薩英双方の衝撃

戦争自体は痛み分けに終わったが、予想外の多大の人的犠牲を出した英国側のショックは大きかった。一方薩摩側は各隊を集めて戦勝を祝ったりし、戦争で奮戦した寺田屋事件生き残り関係者の勢いが増大した。かつて彼らの流刑を主張する一方、汽船の湾外避難提案を却下した中山中左衛門は排斥され、久光側近の地位を失って桜島地頭に左遷された。

しかし藩首脳部は、英側の戦闘力に衝撃を受け再戦の困難をも強く認識した。以後、文字通り「無謀の攘夷」を避けながら「武備充実」に励み、そのためには英側にも接近する方針をとるようになった。

和議論と帯刀

明治になって島津家史料の収集・整理に当たった市来四郎は、久光が後日語ったことを次のように伝えている。

世の風潮は攘夷説が盛んである処から、小松・大久保等が言にも、兎角攘夷をせねばならぬ、人気も纏まらないということを、毎度言った、其中に小松は、開港もせねばならぬと云うことが腹にあったけれども、大久保抔は各藩浪士抔の情実を酌みて、鎖港を以て目的として居った様で、故に拙者も攘夷は不可なりと云ったことはなく、無謀の攘夷は宜しくないと云うことを建言した…〔戦争の被害甚大で和睦が問題になった時〕開港説を始めて小松が腹を吐いたそうです（『史談会速記録』一〇〜一一輯）。

後年のことだが、明治十一年二月六日英国公使館で清国公使歓迎夕食会が催された時、書記官アーネスト・サトウに対して外務卿寺島宗則が薩英戦争当時のことを回顧し、「あのとき小松はまったく和平派だったし、島津三郎〔久光〕もそうであったが、大久保は戦闘を望んだ」と語ったという（萩原延寿『遠い崖』⑬）。

どうやら久光側近のうちで、最初に講和を言い出したのは帯刀だったようである。戦闘の興奮が収まらない状況での発言は、勇気を要したであろう。

「薩摩勝利」との評判

薩摩藩は戦争の顚末を七月四日付で朝廷に、五日付で幕府に報告した。江戸や京都に、この戦争は「薩摩勝利」として伝えられ、英艦隊が横浜に戻った翌日の七月十日には、老中井上正直・水野忠精が薩摩藩留守居を呼んで「戦勝」を慶した。

江戸の堀直太郎（平右衛門）が八月八日付で帯刀に宛てた書状は、江戸方面での「戦勝」の雰囲気を伝えている。横浜に傷ついた艦隊が帰港し死者も多かったことから、「外異人どもにも、英人の仕損じ敗北と相咄《はな》」しており、「他藩の者に逢候得ば、皆祝儀を申し入」れてくる。三日は一橋慶喜、四日は老中板倉勝静に戦況を報告したが、「御両所様共、何れも御賞誉の御沙汰これ有り」（『忠義公史料』二）。また、翌年一月十七日には、参内した久光が「攘夷」の功を賞されている。一般には「公武合体派」と見られていた薩摩藩が、「攘夷」を実行し戦果をあげたとして見直される、という状況だったのである。

英国との和議交渉

薩摩藩首脳の意向で、和議の使者が内密に横浜に派遣された。江戸藩邸では、吉井友実はじめ和議反対者が多かったが、国元からの指示とあって和議の方策が練られ、結局、幕府の仲介で英国公使館において、ニール代理公使と江戸藩邸側用人岩下方平らとの間で、幕府外国方調役立会いのもと、九月二十八日交渉が始まった。交渉の薩摩側の実質的な中心になったのは、国元から派遣された重野安繹《やすつぐ》（厚之丞）であった。重野は郷士であるが、造士館に続いて江戸の昌平坂学問所で学び舎長を務めた。金銭上の問題で非難され大島に遠島六年、この年中山に呼び返され御庭方となり、開戦直前の対英交渉に加わっていた。

薩英接近へ

ニールは生麦での殺傷を、重野は汽船拿捕を非難し合ったが、三回目の十月五日、薩摩が遺族扶助料支払いと下手人捜査を約することで合意が成立した。この時薩摩が、軍艦購入や留学生派遣の斡旋を依頼したことで英国側の態度が和らぎ、両者の接近が始まった。帯刀は和議条件にはやや軟弱と不満をもらしたが、しかし使者を英国に派遣し再談判する説には反対したという（『大久保利通伝』上）。

扶助料は大久保が老中板倉に掛け合って幕府から借用（返済せず）して、二万五千ポンド（六万両余）を十一月一日に支払った。このあたりも薩摩藩のすごいところである。重野は京都に戻る途中、攘夷志士に狙われ再三身の危険を感じたという（「成齋先生行状資料」『史学雑誌』二二編五号）。重野は翌年造士館助教となり、久光の命で修史に従った。なお維新後は文部省に入り、帝国大学文科大学教授として実証主義史学を説き史学会初代会長を務めた。

翌元治元年一月、この和議は藩内には一時の「権道《ごんどう》」として布達されたが、余儀なく和議代表を務めた岩下も、一月八日には、参戦したパーシュース号を横浜で訪い、艦内を参観した。

越前藩使節への応接

文久三年三月に政事総裁職を辞していた松平慶永は七月、長州藩の暴発や朝廷情勢の緊迫を憂い、ともに上京して周旋に当たることを久光に提案する使者を派遣した。越前藩家老岡部豊後と酒井十之丞・由利公正《きみまさ》（三岡八郎）の三人は、薩英戦後間もない八月上旬に長崎・肥後藩経由で鹿児島に到着し、七月五日付の慶永書状を提出した。これに対して久光の返事は十四日付で、慶永に同意し上京する決意を述べており、使節は二十九日福井に帰着した。

この時応接に当たったのは帯刀であったが、後年由利は次のように回顧している。

「小松氏は、もうそれで分かった、久光公へ早速申上げる、それで宜いかと中々速やかなことでありました、そうして駈けて往かれた、そうして御返事があった、同意至極、何分出京の上で能く御相談があると仰っしゃるから、其時相談しようという事で分かれました、誠に速やかなことでありました」(『史談会速記録』一六三輯)。帯刀の素早い反応と対応、久光との強固な信頼関係が見てとれよう。

「英俊の士」

越前藩内の事情急変で、帰着した由利は失脚してしまうが、帯刀の応接ぶりは越前藩関係者を通じて勝海舟にも伝わった。海舟の日記に帯刀の名が初めて記されるのは、この年十月三日である。由利らの薩摩訪問について記し、有力諸侯が上京して真の公武合体を進言すべきだと伝えたところ、「薩の執政、小松帯刀は英俊の士、その国政、大抵此人の意匠に決す。此人、大いに同意し、三郎主上京の事、一時に決定したり」(『海舟日記』)。まだ会わぬ帯刀について勝は、薩摩藩の「英俊の士」優秀な実力者だとの評価を書き留めていたのである。

八月十八日の政変

真木和泉や長州藩攘夷急進派は朝議を動かし、八月に入ると、長州藩の攘夷戦に協力しなかった小倉藩を罰する任務をも含めて、中川宮が九日西国鎮撫大将軍に任命され、また十三日には、攘夷祈願・親征軍議のための大和行幸の詔が出された。当時京都で「薩州の宮様」とあだ名されていた中川宮も、孝明天皇も、ともに本意ではない自身の行動を求められて追いつめられ、しかも会津藩以外には有力諸侯は在京しない事態になっていた。

八月十八日早朝、会津藩・薩摩藩が御所門を固めるなかで、関白不在で親征慎重派だけの朝議が開かれて政変が起こり、大和行幸延期、急進派朝臣の参内・他行・面会禁止が決定され、国事参政・国事寄人は廃止された。

高崎正風の暗躍

薩摩藩国元が、この計画に具体的に指示を出していたことは確認できない。ただ当時久光にとって、朝廷首脳のうちもっとも近い関係にあったのが中川宮であったことは確かである。政変は、前年から徒目付として在京し一月からは中川宮にも仕えていた高崎正風（左太郎・伊勢・左京）らが、中川宮と会津藩とに働きかけ、天皇の了解のもとに決行されたのであった（町田明広『幕末文久期の国家政略と薩摩藩』）。

会津藩は帰藩に出発した交代要員を呼び戻してその兵約一九〇〇人と主力をなし、薩摩藩兵は一五〇人にすぎず、これに対して長州藩兵は二六〇〇人を数えていた。しかし、事態を予期せぬうちに勅命が発せられ、四月の勤番（一〇万石以上）・朝覲《ちょうきん》（一〇万石以下）の制度によって在京していた諸藩の多くが、攘夷論ではあるが親征・小倉藩懲罰には慎重論であったので、武力対決を控えて七卿を擁して引き揚げざるをえなかったのである。

久光、上京を布達

八月十八日以後の勅こそが真の勅であるという宸翰が発せられ、急進派七卿の官位が剥奪され、二十九日長州藩主毛利敬親・元徳父子の入京と藩士の御所門内立入りが禁止され、京都藩邸は事実上閉鎖された。ただし攘夷論が退けられたわけではなく、十九日には天皇から、守護職・所司代を通じて、幕府に迅速な攘夷実行を迫っていた。

その少し前の八月十三日、五月末の勅命と福岡・久留米・肥後の九州諸藩や越前藩の誘いを理由に、「皇国御大事の御時節」なので九月中旬に久光が率兵上京することが藩内に布達された。有力諸侯によって新たな国是を定めるということが目的であった。帯刀は八月二十九日先行して出発した。

第三　政局対処と強藩づくり

一　参予会議

久光への期待

文久三年（一八六三）八月十八日の政変で、攘夷急進派の中心であった公卿は朝廷から排除されたが、その後の朝廷の態勢が安定したわけではなかった。中川宮（尹宮《いんのみや》・朝彦親王）が孝明天皇の支持のもとトップに立ったが、天皇と同様に幕府による攘夷実行を期待していた。朝臣には長州贔屓《ひいき》が依然多く、また在京の鳥取・備前・阿波・米沢などの諸侯は、天皇親征には反対だが攘夷実行には賛成で、親幕であった。長州藩の大挙再来の噂も伝えられるなか、事態収拾のリーダーとして島津久光の上京を求める声が強まってきた。

すでにそれ以前から要望はあり、政変直後の十九日、近衛父子から久光宛に、久光がいなくては人心が落ち着かないので、兵士多数を率いて上京してほしいとの書状が発せられている。さらに二十九日には内勅が出され、近衛忠熙《ただひろ》・忠房父子を通じて伝えられた。

帯刀先行

小松帯刀《たてわき》は久光に先行して九月上旬に上京した。仙台藩の情報によれば、帯刀は久光の指示により、議奏正親町《おおぎまち》三条実愛《さねなる》を訪問し、孝明天皇の「叡慮」につき、王政復古か幕府への大政委任か、鎖国攘夷か開国通商かを尋ねたところ、大政委任と攘夷であるとの返事であった。これに対して帯刀は、「誠に以て結構」のことではあるが「徳川家因《いん》循《じゅん》の所置」では見込みが立たないので、「諸侯の内兼て有名の者共」を京都に召し寄せ「篤《とく》と御相談」あるべしと言上し、その結果諸侯召集に至ったという（『官武通紀』二）。

孝明天皇（御寺 泉涌寺所蔵）

なおこの時期には、「王政復古」は「大政委任」の対語であって、必ずしも倒幕を意味するのではなく、最高決定権を持つ朝廷の意向を幕府が忠実に執行する、というのが通常の理解であった（原口清『幕末中央政局の動向』）。

久光三度目の上京

久光は九月十二日、小銃隊一二隊、大砲隊二隊、総勢一七〇〇人の藩兵を率いて出発、対立する長州藩の下関を避け佐賀関に出た。薩英戦争で蒸気船三隻を失ったが、急遽長崎で購入(九月三日)した安行丸と、尾張藩前藩主徳川慶勝《よしかつ》の斡旋で幕府から借り入れた鯉魚門・順動丸・長崎丸の三隻、越前藩の黒竜丸、福岡藩の大鵬丸の計六隻で出帆した。二十九日に兵庫に上陸し帯刀の出迎えを受け、十月三日入京した。藩邸はこれまでの手狭な錦小路に代わって二本松(現上京区今出川町、同志社校地)に建設されていた。

諸侯上京と帯刀

久光は十月十五日朝廷に建白書を出し、「永世不朽の御英挙相立」つよう朝廷自体の改革を求める一方、将軍家・一橋慶喜《よしのぶ》や諸侯に働きかけて上京を促した。その結果、松平慶永《よしなが》(春嶽《しゅんがく》)の十八日入京のあと、宇和島藩の伊達宗城《むねなり》は十一月三日、土佐藩の山内豊信《とよしげ》(容堂《ようどう》)は遅れて十二月二十八日に入京した。

慶永入京の前日、帯刀は大津の旅宿に久光の使いとして訪れた。今後の政体を定めるためには将軍上洛が必要で、幕政も小身の閣老ではなく「大身の諸侯に政権を執らせらるるの制を創定」し、朝廷でも皇族の威権を高めるべきだと説いた(『続再夢紀事』二)。

十一月一日にはまた慶永を訪い、慶喜到着前に諸侯で打ち合わせてはとの久光の意向を伝え、勧修寺宮《かじゅうじ》(中川宮異母兄)の還俗・立親王の周旋を依頼している。また伊達宗城が入京し大雲院に宿泊した翌四日朝、帯刀が久光使いとして訪ねている(『伊達宗城在京日記』)。

家茂上洛

薩摩藩は当時、中川宮と密接な関係があり朝議への強い影響力を持っていたが、さらにいま一人の代弁者を期待した。先帝時代に勅勘を被っていることを理由に渋る天皇や中川宮の意向を押し切って、一月には勧修寺宮の還俗と山階宮《やましな》晃《あきら》親王号の下賜を実現させ、高崎正風が宮の諸大夫格に任じられた（『幕末文久期の国家政略と薩摩藩』）。

一方、十月七日の朝命を受けて慶喜が十一月十二日兵庫に着き、二十一日大坂城に入り、二十六日に入京した。帯刀は出迎えのため一度下坂したが着船せず、改めて十三日から下坂、兵庫で会見して二十日帰京した。また将軍家茂《いえもち》は十月十一日の朝命を受け、翌年一月十五日になって入京した。

久光への孝明天皇の期待

まことに異例であるが、十一月十五日近衛経由で久光に宸翰《しんかん》が下され、二十一ヵ条に及ぶ質問や依頼がなされた。久光は、二十九日付で御請書（奉答書）を近衛を通じ提出している（『幕末政治と薩摩藩』）。孝明天皇の久光への期待は、非常に大きかったのである。

この間久光は諸侯や公卿との交流にも努めている。十一月十八日には藩邸で相撲見物会を催し、慶永・宗城・福岡藩世子黒田長知《ながとも》（慶賛）、中川宮・近衛父子・右大臣二条斉敬《なりゆき》・内大臣徳大寺公純《きんいと》らが参会、「至極の御満悦にて夜九つ〔十二時〕時分御帰」りになったと、久光は自記の「上京日録」に記している（『玉里島津家史料』二）。

貞姫入輿

貞姫上京に関して帯刀は、五月には「貞姫様御上京に付き御供」を仰せ付かっていたが、実際には貞姫は十一月三日鹿児島を発って汽船で上京し、十二月十八日近衛家に輿入れし忠房夫人になった。久光は、「今日午後貞君錦小路邸より陽明殿〔近衛邸〕え入輿、道筋錦小路・室町・中立売・烏丸今出川通・今出川御門・陽明殿本御門」と記している。二十六日には入輿祝いと忘年会を兼ねて近衛家桜木邸を借り、帯刀・大久保利通ら家臣と文人を招いて「和歌席画」を催すなど宴会を開いている。元治元年一月二十八日には、入輿の褒美として、帯刀に近衛家の家紋「菪《がん》牡丹」使用を許された旨、家老座からの申し渡しがあった（「正統系譜」）。

文久三年十二月一日、慶喜の旅宿東本願寺に久光・慶永・宗城・黒田長知が集まり、長州藩家老の嘆願のための入京を認めるか否かを相談したが、謝罪ではなく申し開きであるから安易に認めるべきではないと久光が強く反対した。慶喜とは前年江戸以来の再会であったが、久光はこの日、「一橋卿至極打解け談判これ有り」と記した。

五日には慶喜の旅宿で慶永・宗城・松平容保《かたもり》が会談、「不快」の久光に代わって出席した帯刀が、「賢明諸侯」を「議奏」または「参謀」として朝議の場に加えるよう薩摩藩が朝廷に周旋するという提案をし、賛同を得た。当時朝廷に強いつながりを持つ諸侯は、中川宮と近衛家とに密接な関係のある島津家以外にはなかったのである。

朝議への諸侯の参加には公卿側の抵抗があったが、十二月二十三日関白鷹司《たかつかさ》輔熙《すけひろ》が更迭され、二条斉敬が関白・左大臣、徳大寺公純が右大臣、近衛忠房が左大将から内大臣に任じられた。なお慶喜の旅宿は、二十一日から御池通神泉苑町酒井若狭守屋敷に移された。

参予任命

そのうえで十二月晦日、慶喜・容保・慶永・宗城・豊信の五人に対して、朝議に「参予」あるべしとの沙汰が出された。無位無官を理由に辞退していた久光も、一月十三日、従四位下左近衛権少将に叙任されるとともに参予に任じられた（二月一日大隅守《おおすみのかみ》兼務とされた）。帯刀は十五日付のお近宛書状で、「みな〱ありがたく、昨日より御やしきうちもにぎ〱しく相成り、皆々よろこばしき顔に御座候」と伝えている（『忠義公史料』三）。

参予諸侯は小御所《こごしょ》などでの朝議に参加することになった。幕府に対する朝廷の優越を前提としたうえで、朝議に有力諸侯が参加して、天皇臨席のもとで「国是《こくぜ》」国家の基本方針を決するというあり方は、「公議政体」の萌芽とも言える形態であった（三谷博『明治維新とナショナリズム』）。また幕府も、老中たちの抵抗を排除して二月二十六日、幕議の行われる二条城老中用御用部屋への参予の出入りを認めた。

「軽卒攘夷」批判の宸翰

元治元年（一八六四）一月二日、慶喜の宿舎に豊信を除く三侯と容保が集まり、参予参加の朝議のあり方を協議した。陪席した帯刀が、朝廷では近衛の提案で参予を簾前に召した形をとりたいとしていることを伝え、その形式と二日間隔での参内《さんだい》というやり方とが合意された。しかし、実際には必ずしもその通りには実行されなかった。

「一議に及ばず」

一月二十七日、諸侯を率いて参内した将軍家茂に対して、天皇から宸翰が授けられた。「外寇を制圧」しえない現状を嘆きつつも、「軽卒に攘夷の令を布告し」「故なきに夷船を砲撃し」たことを批判し、「醜夷を征討」するために「列藩の力を以て、各其要港に〔砲を〕備え、出でては数艘の軍艦を整え」、「天下の事、朕と共に一新せんこと」を求めた。これに対して、天皇が開国論に転じたのかと慶喜らは違和感を持ったというが、実はその草稿は久光があらかじめ提出したものであった（『幕末政治と薩摩藩』）。

この時点で久光は、天皇から絶大な信頼を受けていたが、帯刀はその久光から強固な信頼を持たれて、諸侯・朝廷との根回しに活躍していた。前年十二月八日、慶永が慶喜を訪ねた際、次のような相談を慶喜から受けた。今回の上洛に同行する新政事総裁の松平大和守直克《なおかつ》（川越藩主）は、上洛して「公武一和」が確認されたら幕府の権威を旧来に戻し、何事も朝廷が指図しないようにしたいと言っている。慶喜からも説得するつもりはあるが、かえって逆効果になりかねないので、朝廷が召し出して申し渡されるようにしたい。

これに慶永も賛成し、慶喜から周旋を依頼された。そこで、陪席していた慶永側近の中根雪江がすぐに帯刀を訪ね、久光の意向を聞いてほしいと申し入れた。これに対して

「度量あって、才識あり」

横浜鎖港問題

帯刀は、「一議に及ばず御尤も千万なり」と即答、久光は風邪で今日は床を離れられないが、異存があるはずはないから、明朝自分が近衛内府に委細を申し述べると請け合った。そこで中根は中川宮に言上し、明日は慶喜が参内するので、二条にも相談しておき、ただちに御沙汰があるように取り計らうとの返答を得たという（『続再夢紀事』二）。

加賀藩士福岡惣助は、大垣藩老職小原《おはら》鉄心から各藩についての評価を聞き取り、元治元年一月四日付で「鉄心卓見聞書」をまとめている。鉄心は尊王攘夷の立場から薩摩藩の動向を、「方今天下物議の正邪を公正明紀するの人心、薩をゆるさざる処あり」と厳しく批判する。藩の内情については、「国論派・三郎派・真正義派」の三派に分かれているが、「三郎派一党時を得て真正義の党を幽閉す」る状況にあるとしながらも、「小松帯刀と云う者頗《すこぶる》度量あって、爾《しか》も才識あり、故に三郎と共に事を計る」と評している。一方、松平慶永については「天下一種の人物」と評しながらも、「左右補翼するに、薩が小松帯刀が如き臣なし」と指摘している（『玉里島津家史料』三）。

朝廷における参予会議は一月二回、二月三回、三月三回、計八回開かれたが、そのうち天皇臨御は二回であった。主な議題は、横浜鎖港と長州藩処分問題の二つであった。

幕府は、朝臣や諸藩に多い全面鎖港論との妥協をはかって横浜に限っての鎖港方針を打ち出し、前年末に外国奉行池田筑後守長発《ながおき》をその交渉に欧州に派遣していた（七月帰国)。四侯は鎖国不能を明確に意識していたが、使節帰国までは幕府の措置を見守る態度をとったことから、幕府の方針が「国是」とされた。

二月四日帯刀は慶永を訪れ、久光の意見として、幕府の「拙策」を責め立てて「朝野瓦解」となってはよくないので、使節帰国までは「幕府のする所に任せ」ておいてはと伝え、慶永も合意していた(『続再夢紀事』二)。

長州藩処分問題

長州藩処分問題については、長州側がしきりに「嘆願」使節の上京を求めるのに対する方針が議された。前年末十二月二十四日に、薩摩藩が幕府長崎製鉄所から借り入れて繰綿等の商品を長崎に運搬中であった長崎丸が、長州藩から下関沖で砲撃されて、急遽回避中に火災で沈没し、乗員二八人が死亡するという事件が起こっていた。

これが八月政変一件への報復と受け取られたこともあって、久光は強硬説で、征討軍を長州に派遣するか、藩主父子を大坂に呼び出すべきだと主張した。結局、処分の内容を詰めるには至らず、末家一人、藩家老一人、支族吉川経幹《きつかわつねまさ》(監物《けんもつ》、岩国城主)を大坂まで呼び寄せるという方針に決まった。

相互不信の高まり

このようにして合意は一応成立したが、しかし、相互の考えや感情の溝はむしろ広がる結果となった。二月十六日、中川宮邸で慶喜と久光・慶永・宗城が会談した際に酒宴となったが、慶喜が大酔して暴言を吐いて慶永の家臣に退席させられるという事件がそれを象徴している。
慶喜は、宸翰や朝臣の発言の背後に久光の暗躍があり、幕議への諸侯出席には慶永の強い主張があったことに警戒心を高めていたのである。三月半ばには市中の張り札で、一月二十七日の宸翰の草稿は、薩摩藩士高崎五六（猪太郎、兵部、友愛）が書いたということが暴露されている。さらに久光が摂海（大坂湾）防衛のための大砲献納や湊川神社建設を朝廷に建言したことは、薩摩藩が突出をはかるものと、慶喜は不快感を募らせたのである。

久光としても、再三の説得にもかかわらず、中川宮や朝臣が姑息な攘夷論を脱することができず、幕府も朝廷への対応において因循緩慢であり、当座の人気取りのため、できもしない横浜鎖港を唱えていることに失望したのである。

参予会議の瓦解

帯刀は三月六日、久光の参予辞退・官位返上願いを中川宮と近衛父子に提出し、暇を乞うたが慰留された。その日の日記に久光は「公武共御因循極まり無く」、滞在しても無益であると記している。八日には帯刀が慶喜を訪問したが、留守のため側近の黒川嘉兵衛に、将軍上洛前のように慶喜が率直に諸賢侯と国事を議することを、改めて熱心に説いたが、黒川の返答は冷淡であったと、中根雪江を訪ねて嘆いていた（『続再夢紀事』三）。
三月十五日参予全員からの辞意が受け容れられ「参予御免」となり、四月に入り十一日久光は参内して天盃を頂戴、従四位上左近衛権中将に叙任されたうえで、十八日、次男の島津図書久治《ずしょひさはる》を残して帰国に出発（五月八日帰鹿）、翌日の慶永出発で四侯全員が京都を去った。

大島吉之助復帰

出発前日の十七日、帯刀と高崎正風・五六は、将軍の前で老中から「国事」に「尽力」の功を賞され御紋付き袷《あわせ》などを拝領した（翌日は越前・会津両藩関係者）。二十日にはお近へ書状を書いてこの時のことを伝え、「永々在京国事周旋等御満足」との言葉を、慶喜からじきじきにいただいたと記している（『玉里島津家史料』三）。

これ以前から大久保らは、西郷隆盛の呼び戻しに動いていたが、西郷嫌いの久光も一月下旬ついにこれを許した。西郷は沖永良部島から呼び戻され三月十四日入京、軍賦役兼諸藩応接掛（四月小納戸頭取）となり、公的には死亡とされていたので大島吉之助と名乗り、久光帰藩後は帯刀とともに京都で周旋に当たった。

京都における「一会桑」勢力

横浜鎖港方針が「国是」として認められたことは、慶喜にとって当座の政治的勝利であり、ともかくも幕閣と朝廷との双方を満足させ、局面を主導する立場を得たのである。参予会議を挟んで、天皇・中川宮の信任は久光から慶喜に移った。慶喜は三月二十五日、将軍後見職を辞し、自らの希望で禁裏守衛総督・摂海防御指揮の職に任じられた。

次いで四月七日に京都守護職は松平慶永に代わって松平容保が再任、十一日には京都所司代に容保の実弟桑名藩主の松平越中守定敬《さだあき》が任じられた。将軍東下後は、幕府を代表して京都に常駐する政治的・軍事的存在として「一会桑」勢力が成立し、江戸の幕閣とは必ずしも一致しない独自の動きをするようになったのである（家近良樹『孝明天皇と「一会桑」』）。一方将軍家茂には四月二十日、「国家の大政大議」は奏聞せよとの条件付きであるが、改めて「庶政」は「一切御委任」するとの勅書が下された。

二　禁門の変

長州藩兵上京の噂

前年八月京都を追われた長州藩兵が上京をはかっているとの噂は、元治元年五月からしきりであった。帯刀は、二十九日付家老喜入《きいれ》摂津久高宛の書状で次のように述べている。「長藩又は浮浪の輩」約千人が伏見・京都間に入り込んでいる様子で、脱走公卿と長州藩世子毛利長門守元徳《ながとのかみもとのり》（定広、広封《ひろあつ》）が大兵を率いて上京するとの噂である。目的は「攘夷鎖港」のため中川宮・近衛や会津・薩摩・越前藩を「追い退け」ることにあり、主上を「奪い奉り、何方へか御幸《みゆき》」をはかるという。わが藩は、久光公が御帰国前に言われたように「禁闕《きんけつ》の御守護のみに心を用い」、長州が二千や三千の兵で上京してもその企みを許さないよう、「物前の心持」戦闘目前の精神で「日々調練」しているが、今後「禁闕守護」にはたえず一千人くらいずつは必要である（『忠義公史料』三）。

当時の在京薩摩藩兵は五百人くらい、慶喜配下が八百、容保配下が五百くらいであったという（『幕末政治と薩摩藩』）。薩摩藩国元ではすでに二月二十八日に、長州藩征討の内達に基づき出兵準備が進められていたが、前年末の長崎丸砲撃事件で多くの犠牲者を出したことから希望者が多く、なかには勝手に出発する者もあって、七月には鎮静方の達しが出された。

慶喜への警戒

帯刀は、六月二日には国元の大久保に、外国船が長州を攻めるという風評を伝えるとともに、幕府が二条関白に、そのような際に他藩が長州に援兵を出さないよう朝廷から命じるよう要請したが、関白が断ったとの話を伝えた。「例の通り異を相頼み候事疑い無き義に御座候、敵を頼み、吟〔味〕方を征し候は余り情なき事に御坐候」、一橋公の趣意は「長州を異を以て征し候て自ら威を振るい申し候」つもりだとして、慶喜への警戒心を記している（『大久保利通関係文書』三）。

なお、五月に国元から「御内用」で帯刀帰国の内命があった。これにつき六月二日付の大久保宛の西郷の書状は、京都は長州藩襲来や慶喜の画策などでどう変動するかわからず、帯刀がいなくては「頓と此の方においては込〔困〕り入る次第」なので、まず六月中は見合わせてほしいと記している。また六月二十一日付では、七月二十日までには出立の予定とするが（『西郷隆盛全集』二）、これは実現しなかった。

池田屋事件

六月五日、京都河原町池田屋で長州藩士らが会津・桑名藩士と新選組に襲撃される事件が起こり、それが国元に伝わると、長州藩は出兵を決断、二十四日約六百の長州勢が伏見と山崎に到着した。帯刀は逐次大久保に状況を伝える。八日には池田屋事件を報じ、幕府側は「長の方は異を頼み征し、京師にて潜伏人数を取押の賦《つもり》歟《か》」と評する。二十二日には、岡崎の藩邸で「今日は勢揃にて岡崎調練これ有る筈に御座候、御屋敷も人気相立ち文武術等皆々出精、別して大幸」、二十五日には、「長・会の争戦」を予想しつつ、昨日幕府側から淀まで出兵の要請があったが、久光公から「禁闕警衛」一筋と命じられているので断った。しかし長州人も「策人」だから「無闇に暴挙」はしないのでは、と観測していた。

長州兵上京

二十六日から二十七日にかけて、長州兵は京都西南の天竜寺・山崎・石清水一帯に集結し布陣した。二十七日付で帯刀は、喜入摂津ら五家老宛に、「長藩多人数入京」して「已に今晩洛中騒動に及び」と急報し、諸郷のうち春以来「御城下え出張調練」した「熟郷」五組、城下から一組（一組は一三〇人）を派遣してほしい、と伝えた。

また同日夜大久保宛では次のように記した。御所の九門締切りで当藩は乾《いぬい》門に繰り出している。長州は有栖川《ありすがわ》宮熾仁《たるひと》親王・正親町《おおぎまち》実徳《さねあつ》らに働きかけ、八月政変以前に戻そうとしており、そうなれば「我国〔薩摩藩〕は打崩され候は相違無く、勿論神州〔日本〕夫限《それぎ》りの事」である。先日来幕命で出兵要請があっても断ってきたが、「征討の勅」が下れば戦う決心なので早々に出兵してほしい（国立歴史民俗博物館蔵「大久保利通関係資料」）。

薩摩藩の方針

薩摩藩は、攘夷派のテロを警戒して朝廷の要人警護に当たっており、五月時点で、中川宮には会津藩とともに八人が宿直、近衛邸には昼夜交代一〇人ずつが詰めて警護していた。七月に入って、九日に帯刀は大久保に宛て、中川宮・山階宮・近衛内府に対して、西郷とともに「昼夜尽力」しているが、「何分御身のおそろしさに何事も行われず、実に朝威の衰え候に至り候義、切歯の至り」と嘆じている。慶喜は諸藩の出兵説得に努め、不承知なら自分から追討出願の方針だが、こちらの方針は、嘆願なら兵を引き陳情するよう朝命で御沙汰をし、もし応じないなら違勅として対処することであると記す（『忠義公史料』三）。

「吉利西瓜」への思い

多忙のなかであるが帯刀は、九日にお近へ書状を書いて近情を伝えるとともに、そちらからの品が届き、こちらからは夏の着物用の「あみ縞」一反と「匂ひ香」一箱を送った、当地は暑さは厳しいが西瓜が「よほどよろしき所」で、「吉利《よしとし》西瓜」を思い出しながら毎日食べていると記している（『玉里島津家史料』三）。

翔鳳丸による急報を受け、兵士四五〇人が、同数の小銃と大砲二〇門とともに、翔鳳丸・胡蝶丸・安行丸で七月十日に鹿児島を出発、十六日に入京した。

七月一日帯刀は一橋慶喜に呼ばれた。四日付国元重役宛の書状では、慶喜は、伏見にいる長州藩家老福原越後に退去を説得するが、応じない場合は「誅伐《ちゆうばつ》」するので応援の人数を出してほしいと丁寧に依頼してきたが、長州藩「追討之勅命」が出されない限り一橋からの「御達」では派遣できないと断ったと記す。

その前提には、朝廷の態度がはっきりしないことがあった。当時、天皇自身の態度は明確であったが、公卿のなかには長州藩に融和的な者が相当に多かった。市中でも長州贔屓が多かったので、攘夷急進派の潜入も簡単であり、中川宮や近衛は脅しにおびえる状況であった。また、鳥取藩など六藩の留守居が、長州支援の建言を行っていたのである。

援軍到着を背景に、薩摩藩在京者たちは長州追討の勅命獲得に積極的に動き始めた。七月十六日、三本木（現中京区）で薩摩・土佐・越前と久留米・柳川の諸藩士が会合したが、薩摩からは帯刀はじめ、西郷・吉井友実《ともざね》・海江田信義・奈良原喜左衛門・藤井良節・高崎五六らが出席して、朝廷に征討の決断を迫ることでまとまった（『忠義公史料』三）。薩・土・久藩士が中川宮・前大納言中山忠能《ただやす》を訪ねて「勇断」を求めたが、中山は不同意であった。翌日には手分けして山階宮や二条関白らの公卿、さらに慶喜を訪ねた。

征討の命

会津藩の支持だけでは不安のあった慶喜は、薩摩などの要望を受けて中川宮に進言、その十七日夜に総参内で朝議が開かれ、徹夜ののち十八日昼、同日中に京都から退去するよう長州側に伝えられた。ただしこの夜、有栖川宮幟仁《たかひと》・熾仁父子や中山忠能ら長州荷担の公卿が参内して、さらなる長州説得と、病中を理由に御所内に駕籠で乗り入れた松平容保の御所門外への追放を求めた。

これに対して、中川・山階両宮と二条らも夜遅くに参内、騎馬で駆けつけた慶喜が激しく論駁した結果、十九日未明、天皇が玉座近くに慶喜を召し寄せ口頭で征討の意を伝えた。中川宮付であった薩摩藩士前田十郎談では、この時帯刀は、慶喜に付き添い紫宸《ししん》殿《でん》の階下に控えていたが、すでに砲声は御所にも届いていたという（『忠義公史料』三）。

禁門の変

長州勢は十七日山崎男山で軍議を開き、京都守護職松平容保討伐を掲げて洛中に進軍することを決し、十九日未明から戦闘が始まった。十八日に慶喜は各藩留守居を呼び出し、自ら各藩の部署を内達した。容保・定敬が病中であったこともあり、慶喜が総指揮官として活躍し、その結果孝明天皇の信頼を厚くしたと言われる。

二十日申刻（午後四時）に、ここ二、三日は寝ていないと記した大久保宛の帯刀書状によれば、戦況は次の通りであった。十九日明け方、薩摩は藩兵を二手に分け、天竜寺と乾門に派遣しようとしていたところ、中立売門で砲声が聞こえ、会津警衛の蛤《はまぐり》門が破られて公家門前まで長州方が押し寄せる勢いであった。こちらは大砲・小銃隊を押し出したところ、長州方は退いて日野邸へ逃げ込み、一部天竜寺の方へ逃げる者は奈良原組が討ち取った。烏丸通りで大きな戦いがあったが、西郷・伊地知《いじち》らの働きで討ち取った。

洛中大火

長州方は鷹司邸に大勢立て籠っていたところ、会津・彦根も奮戦して過半は討ち取ったが大火になり、洛中は残らずというほど焼けた。久光の名代である二人、次男図書《ずしょ》久治は陽明殿前、三男備後珍彦《うずひこ》は日の門内で警護に当たった。早朝からの戦いで四つ（午前十時）時には長州方は逃げ去ったが、市内潜伏の者もいる。今日は、天竜寺討手を仰せ付かり自分が出張し、逃げた後で残った一人を召し捕ったが、火災になった。

「他藩に替り別段相働き、薩兵なくんば此節ぎりとの事の由と、今より手に汗を握り申す程の事に御座候」。西郷も足に銃弾を受けたが、今日も天竜寺に出張した。朝廷では「暴論の堂上方」勢い甚だしく、中川宮・山階宮・近衛内府など「余程御心配」であったが、一橋公は「御動揺もこれ無く」、「戦の折は日御門前え出張にて自ら下知《げち》もこれ有り、余程の尽力」であった（『忠義公史料』三）。

慶喜参内と帯刀

帯刀の直話を志々目献吉から聞き取った記録によれば、この時の慶喜再三の参内には帯刀が同行したという。特に戦闘が始まってからの朝議での和議論に際しては、帯刀の知らせで慶喜は軍装のまま参内したが、慶喜が和議論を論駁するのを、「万一公家方暴論相募り、一橋公の説相立たず候わば、公家衆を打果され候御所存」で、帯刀は座末で聞いていた。さらに、遷幸《せんこう》と称して三種の神器・鳳輦《ほうれん》も準備されたところを、慶喜が「主上の御袖を引留めさせ奉」るのを近くで見ていたという。有栖川邸にいた鳥取藩勢が、「奪玉」して日野邸にいた長州勢の協力で知恩院に玉座を移し、臨機宇治か奈良へ遷幸の手筈であったという（『忠義公史料』三）。

帯刀の出で立ち

前田十郎の談では、十九日、島津図書は一二〇人ばかりで乾門警衛、島津備後は一五〇人を率いて日の門内、帯刀は五〇人ばかりで「公家御門内」にいて、「是羽服則黒の紋付羽織に立揚袴・陣笠」姿であった。彫工で父とともに表具方卒伍として京都に在勤し、当時二十歳で帯刀に随従した石黒勘次郎は、二十日早朝の天竜寺攻めの際の帯刀の出で立ちは、鎧・臑当《すねあて》で上に絽の羽織姿、大将であるから武器は持たなかった、と述べる（『史談会速記録』三三輯）。

十九日昼頃に、討ち取った首実見が近衛邸門前で行われ、図書・備後が総大将で、脇に帯刀がおり、軍役奉行伊地知正治が指揮した。近衛邸は御所近くであり、実見の鬨《とき》の声に紫宸殿出御の天皇が、また「賊軍」が攻め寄せたかと驚いたという。また、生け捕った者は生かしておいて、長州征討の際に連れていって送り返したという。

七月二十六日付の修理大夫（島津忠義《ただよし》）内横田鹿一郎による京師への分捕品届けでは、

首二九、生捕り一三人、大砲一二門、鉄砲二二挺などとなっており、これに対して薩摩は戦死四人、深手九人とされている（『玉里島津家史料』三）。

「馬術の達人」

ところで、帯刀の馬術は京都でも評判だったようである。明治二十四年、大久保伝執筆の史料集めのため京都に新納立夫《にいろたつお》（嘉藤二《かとうじ》）を訪ねた際、勝田孫弥は乗り合わせた人力車夫から、帯刀が「馬術の達人」であったことを聞いた。

帯刀が馬で通行する時、「馬上の提燈《ちょうちん》静かに左右の震を為して、更に馬上にあるが如き観なきは、其小松氏なるを覚り、老若男女は暫時路傍に佇立《ちょりつ》して望観せり」。提灯が馬上で上下動しないので、あれは帯刀だと見とれたというのである（『大久保利通伝』上）。

長州追討の朝命と一会桑勢力

七月二十四日、長州藩追討の勅命が一橋慶喜に伝えられ、即日、慶喜は諸藩留守居を呼び出し、同席した老中稲葉美濃守正邦が勅命を伝えるとともに、国元に軍勢待機を命じる書付を手渡した。朝廷においては二十七日、親長州で攘夷急進派の有栖川両宮・鷹司前関白・中山忠能前大納言らの処分がなされた。

慶喜を頂点とする一会桑勢力は、連携する中川宮・二条関白らを通じて朝廷掌握を強めた反面、朝廷の人材はいよいよ手薄になった。変鎮圧の恩賞について、九月八日大久保宛の西郷の書状は、最初は朝廷から直接各藩家老に渡されることになっていたのに、慶喜が一括して受け取って自分から諸藩に渡すと言って朝議が変更になったが、朝廷に人なく諸藩の人気を落としている、と嘆いている（『玉里島津家史料』三）。一方江戸の幕閣は、この頃から幕権の旧態への回復を目指す動きを強め、慶喜との距離が開いていくことになる。

「早々追討」

七月晦日大久保宛の帯刀書状は、兵庫固めを仰せ付けられたので藩兵の半数は兵庫にいる、分捕り米が四九〇俵あり、市中に施行《せぎょう》として差し出したと伝えたうえで、追討の勅命が出、「天朝敵対の道御座無く候、早々追討より外に道筋これ有る間敷《まじ》く」と記す。さらに、追討の副将に松平慶永が内決されたが、「朝威を御援助」のため老公の上京を求める帯刀・西郷連名の中根雪江・酒井十之丞宛二十八日付書状を用意し、海江田信義を二十七日越前藩に向かって出立させたが、会津藩からも使者が派遣されたと伝えている。

一方長州藩は、前年五月の外国船砲撃に対する報復として、八月五日から八日にかけて、英仏米蘭四国連合艦隊による激しい砲撃を受けた。

慶喜に征長進言

禁門の変後、長州藩征討の動きが進むが、当時薩摩の態度は征討に積極的であった。変の二、三日後に帯刀は慶喜を訪ね、将軍上洛と出兵を提唱し、その後上洛がなかなか実現しないなかでは、慶喜が在京の手兵を率いて出兵するなら、薩摩藩は先鋒を務めると申し出たという（『昔夢会筆記』）。

この頃慶喜に提出したかと思われる「本藩国老小松帯刀於京師長州処分意見上申」が残されている。将軍着京のうえ、勅命を得て詰問の使者を派遣、安芸・小倉に諸藩の兵を配し、「直に暴論輩は厳重の処置いたし、七卿も早々差し出し候様」要求、従わねば「直様兵を発し、誅伐を加え」るというもので、「総大将　尾州老公　外に副将一人」とし、薩摩藩は九州口討手六藩のうちに加わるとしている（『忠義公史料』三）。

実際には、八月二日幕府は将軍進発を発表し、征長総督に紀伊中納言徳川茂承《もちつぐ》（七日尾張前大納言慶勝に変更）を命じているので、上記の「上申」はこれが京都に伝わる以前のものであろう。

「東国辺へ国替」

いま一人の在京指導者西郷は、より強硬であった。九月七日付大久保宛書状で、外国艦隊の砲撃のため追討を見合わせてその時期を失したうえ、慶喜の独走を嫌う関東の幕閣が足を引っ張ったため遅延してしまったが、「狡猾の長人」には「是非兵力を以て相迫り、其の上降を乞い候わば、纔《わず》かに領地を与え、東国辺へ国替《くにがえ》迄は仰せ付けられ」なくては、将来「御国（薩摩）の災害」をなしかねないと記している（『西郷隆盛全集』二）。

参予会議を機に薩摩藩と一橋慶喜との溝は深まっていたが、禁門の変を契機に、攘夷急進派を抑え長州藩の勢力を殺ぐという点で両者の利害は一致し、一時は歩調を揃えるに至ったのであり、長州征討ではこの時期には薩摩藩の方がより積極的だったのである。

勝　海　舟（1868年，横浜開港資料館所蔵）

勝海舟は、先に述べたように、文久三年十月時点で帯刀の評判を耳にしていたが、実際に顔を合わせたことが確認できるのは、元治元年四月である。前年末から年初にかけて安行丸など諸藩の汽船を率い翔鶴丸で将軍を上洛させた海舟は、長州藩への報復を計画中の外国側との接触を命じられて長崎に赴いたのち、十四日から京都にいた。十七日「営中にて小松帯刀、高木豊後、高崎猪太郎に面会」と、二条城で帯刀・高崎五六らと会ったことを『海舟日記』に記している。

当時幕閣では、海防には海軍よりも砲台をという説が強まっていたが、海舟は、「摂海砲台、無用の事。…大盗、大路を横行するに、門戸を鎖して畏《い》蹙《しゅく》するが如き見識にては何事も行わるべからず」と憤慨し、参予会議の解散をも嘆じた（石井孝『勝海舟』）。その後二十四日には、薩摩の中原猶介《ゆうすけ》が在坂の海舟を訪れて帯刀の言を伝えたという。海舟は五月軍艦奉行に昇進、海軍操練所を正式に発足させた。

「海軍興起」

七月十一日長州兵上京の不穏な動きのなかで、海舟から帯刀に「一封を寄」せたというが、内容は不明である。禁門の変が起こると神戸にいた海舟は、十九日「京師暴発、実に激輩の一時愉快心より生じ、その事採るべきものなし」とする一方、「薩・会の処置暴過ぎ、頗る正中を得ざるものあり。薩は形勢を明察し、機会に乗ずる、天下第一というべく、…尤も巧なりというべし」と、薩摩のやりすぎをも批判している。その後情報が入ったのであろう、二十一日の項に、「此の日薩藩小松帯刀、将として、長藩嵯峨天龍寺辺に屯集の者、征討。人数六、七人に過ぎず」と記している。

この頃、薩摩藩は幕府の順動丸を借用していたようである。八月五日には、中原ら二人の藩士が海舟を訪れ、長州征討が決定すれば公子図書と帯刀が動員のため帰国するので、順動丸の借用延長を申し入れるとともに、帯刀の言を伝えた。「小松氏、申し越して云う、海軍の義は必ず誓って興起せん、君もまた幕府、邦家の為め、捨つること勿《なか》れ。近日下坂せば、尋問して是等を云わんと」（『海舟日記』）。薩摩と言わず幕府と言わず、「邦家」日本のため海軍力整備に邁進しようと言うのである（坂野潤治・大野健一『明治維新』）。

事実帯刀は、国元で海軍の本格的な整備を推進していく。なお順動丸は故障のため用いられず、帯刀らの帰国は藩の船によった。

約一年ぶりの帰藩

八月十三日、帯刀は島津図書帰国に随行して出京、ほぼ一年ぶりに鹿児島に戻った。しかし近衛忠房は、十二日付で島津父子宛に書状を書き、「方今小松滞京これ無くては大に差支えこれ有り、当惑限り無く候間」、五、六日経ったら上京させるように申し入れ、また「式正腹巻」と「六丸銃短筒」を所望している（『玉里島津家史料』四）。西郷も十七日付大久保宛で、中将（久光）上京はまだ早いが、将軍上洛や摂海への外国船来航の可能性があるので、帯刀は是非早く戻してほしいと記している（『西郷隆盛全集』二）。

鹿児島において帯刀は八月二十八日、禁門の変での働きに対して久光父子から、感状と刀一腰（越中守正俊）・馬一頭を下賜された。また九月には役料五百石加増が達せられたが、すでに「高禄」であるとして辞退している。さらに十一月には、かねての再三の願いにより、役料一千石のうち三百石の返上が認められた（「正統系譜」）。

三　強藩を目指して

帯刀、米国領事と折衝

文久三年七月の薩英戦争で虎の子の汽船三隻を失い、砲台の多くを破壊されて、薩摩藩の軍事力は大打撃を受けたが、軍備の再整備は早々に進められた。薩英戦争からわずか半月余、長崎で武器購入の交渉を開始したのが帯刀であった。

文久三年と推定される七月二十四日付蓑田《みのだ》伝兵衛宛書状で在長崎の帯刀は、米国領事「ウルヲス」と折衝して、香港・マカオにいる兄に大砲買入れを打診させることにした、また長崎港碇泊中の「スコットランド船」は、天祐丸同様のものなので注目していると伝えている（黎明館蔵「大久保利通関係文書」）。

ジョン・G・ウオルシュは、開港直後に貿易業を営んでいた上海から長崎に来てウオルシュ商会を営み、米国政府（ハリス）の命で慶応元年まで長崎領事を務めていた。兄のトーマス・ウオルシュは文久二年にフランシス・ホールとともに横浜にウオルシュ・ホール商会（「亜米一」）を設立した。スコットランド号は、翌元治元年二月薩摩藩が長崎で受け取って平運丸と名づけている。

「夷狄」との交戦の余塵も収まらぬなかで、帯刀はアメリカの外交官兼貿易商と折衝を始めていたのである。

汽船の補充

汽船は、それ自体に大砲を装備した文字通りの軍艦はもちろんとして、そうでなくとも、遠距離を多くの兵員や武器・物資を迅速に輸送できる点で、当時の軍事力の極めて重要な要素であった。また高価な汽船を購入する代金を捻出するために、平時には商品を輸送して交易に従事して収益をはかることも必要であった。そういう事情もあって、当時は現在では海運と呼ぶべき範囲も含めて「海軍」と呼ぶことがしばしばあった。

薩英戦争で失った汽船を補充するため、薩摩藩は、取りあえず琉球貿易用に安行丸を購入したのに続いて、元治元年（一八六四）には、平運丸・胡蝶丸・翔鳳丸・乾行丸・豊瑞丸の五隻もの汽船を相次いで購入した（表）。これらのうち砲六門を搭載した乾行丸は、のちの春日丸とともに軍艦として新政府に引き継がれた。価格の判明する四隻で四〇万ドル、当時の相場を一両が一・七ドルとして、二三〜四万両にも上っていた。一〇万両

購入先	価格 ドル	備　考
リンゼイ	128,000	63年薩英戦争で焼失
ソンマス	130,000	63年明石海峡で破船
ユッスル組合	95,000	63年薩英戦争で焼失
上海	85,000	63年薩英戦争で焼失
ティルビー	75,000	65年ボードインに売り，大洲藩売り
…	130,000	66年5月グラバー担保
デント	75,000	66年ボードイン売り
ローレイロ	120,000	68年阿波で自焚
…	75,000	砲6門
…	…	
ボードイン	95,000	砲6門，67年グラバー売り
グラバー	100,000	砲6門，66年5月担保，安芸藩売り
ボードイン	80,000	砲4門
グラバー	60,000	砲8門，65年長州藩売り
…	155,000	

単位の巨額の必要資金はどのように調達されたのだろうか。

台場復旧

大砲については、さきの帯刀のウオルシュへの打診の結果、八月にマカオにある米国鋳鉄製八九門を、四万両余でグラバーを介して発注していた。翌元治元年一月十五日、藩主忠義が弁天台場に臨み、砲台操練が実施された。城下一〇ヵ所、桜島五ヵ所の砲台から同時に発射、「殆んど百門の大砲一時に連発し、砲声殷々山岳を振動し、頗る壮観」

薩摩藩の汽船購入

船名	原船名	船　種	トン数	馬力	建造年	購入年
天祐丸	England	鉄・内車	746	100	1856	1860
永平丸	フリーコロス	鉄・内車	447	300	1855	1862
白鳳丸	Contest	鉄・内車	532	120	1861	1863
青鷹丸	Sir George Grey	鉄・内車	506	90	1860	1863
安行丸	Sarah	鉄・内車	161	45	1862	1863
平運丸	Scotland	鉄・内車	750	150	…	1864
胡蝶丸	Fukien	鉄・外車	146	150	1862	1864
翔鳳丸	Roches	鉄・内車	461	…	1863	1864
乾行丸	Stoyk	木・内車	a 164	…	…	1864
豊瑞丸	Number One	鉄・内車	300	150	…	1864
開聞丸	Viola	鉄・内車	684	…	1862	1865
万年丸	Kin Lin	鉄・内車	270	80	1864	1865
三邦丸	Gerard	鉄・内車	410	110	1862	1865
桜島丸	Union	木鉄・内車	204	70	1854	1865
春日丸	Keangsoo	木・外車	b 448	300	…	1867

出典：杉山伸也「グラバー商会」(『近代日本研究』3),『薩藩海軍史』.
注：『海軍軍備沿革』でのトン数は，a 523トン，b 1269トン.

であった。また遠距離試験射撃も行われ、特に六〇斤長砲は好成績であった（『薩藩海軍史』中）。

兵制に関しては、奇妙なことであるが藩内の攘夷の風潮に流されてか、文久二年十一月忠義から、台場大砲を除いて「慶長以前の御旧制」に戻すとの軍制改革令が発せられた。一〇匁玉の荻野流火縄銃を雷管式に改造した小銃を製造する小銃製造所が設けられ、洋式歩兵調練も廃止された（『忠義公史料』二）。「伊地知・大久保・中山等が、荻野流主張家なる故、一変したるなり」との指摘がある（「市来四郎君自叙伝」『忠義公史料』七）。

グラバー（港区立港郷土資料館所蔵）

洋式小銃への復帰

しかし薩英戦争の経験から洋式への復帰・改革がはかられた。当時一般に、小銃については、従来のゲベール銃に代わって、ミニエ銃やエンフィールド銃などの施条《しじょう》銃（ライフル銃）が広まり始めていた。銃身内側に施条し拡張式弾丸を使用することで、装塡が容易で遠距離に正確に着弾するのである。これらは筒先から弾丸を入れる前装式で、発射の間隔が長かったが、次々に発射できる最新式の後装銃（元込銃）も輸入され始めていた。

最新小銃への着目

市来四郎は、元治元年上京の途次、長崎でミニエ銃と元込ミニエ銃各五挺を自費で買い入れ、藩邸に持参したところ関係者は大喜びし、「小松家には別して喜ばれ」、試射したところ新式に消極的だった軍役奉行伊地知正治も目を開かれ、自分の旧説を打ち消し「昔噺《ばなし》はせんがよい」と一笑、翌日「私を御用部屋へ御用にて御調文致すべき趣、帯刀殿より御直達に相成り候」と国元に書き送っていた（四月十三日付、『忠義公史料』三）。この時の三千挺注文に対して、市来が帰途長崎で実際に購入したのは四〇挺程度であったが、帯刀はじめ藩首脳が最新式小銃導入に積極的になったことは確かである。

藩政統一

参予会議瓦解のあと久光は五月八日帰藩したが、随従した大久保を中心に、藩政の統一と軍事力整備をはかる藩政改革が開始された。六月議政所が設けられ、選ばれた掛一〇人は、御書院三間に三・六・九日に出勤し、諸役間の調整統一をはかることになった。開成所の開設も、この時の機構改革の一環であった（『大久保利謙歴史著作集』五）。

所有する汽船を拡充しても、それを操作できる乗組員がいなければ宝の持ち腐れである。薩摩藩は、前年暮れの長崎丸沈没で貴重な汽船乗組員を失ったという事情もあり、この問題解決は急務であった。後述するように、海軍操練所の人材に帯刀が着目したのもその現れであるが、藩としてその育成機関が必要とされたのである。

開成所の開設

六月、従来の海軍蒸気方を改め、洋式軍事教育を中心目的に開成所が開設された。藩レベルでの軍事訓練学校はこれまで、肥前藩の蘭学寮があるくらいにすぎなかった。設置に際しての達書は、「海陸軍事、測量器械等の学、開明いたし武備十分相調え、攻守の権我に帰し候様」と謳ったが、開成所という命名に、幕府の開成所に張り合おうとする意気込みが感じられよう。八木玄悦（称平）と石河正龍（石川確太郎）の蘭学者二人が教頭格になった。

幕府に中浜万次郎招聘を乞い、十月許可を得、万次郎は年末に鹿児島に到着し、翌年五月頃まで航海・測量・造船・英語等の授業を担当した。万次郎招聘には、後述のように帯刀が関わっていた。中浜以後は安保清康・前島密・芳川顕正ら英学者を招いた。

英国留学意見

薩英戦争で抑留され横浜で解放された寺島宗則（陶蔵、松木弘安）と五代友厚（才助）は、しばらくは関東に潜伏していた。戦争は一時藩内の攘夷気分を高める結果となり、二人はむざむざ敵に捕らわれた卑怯者と見られていたのである。

五代は、元治元年初めに偽名で長崎に来て潜居していた。長崎詰経験者の野村盛秀（宗七）が接触し、これを知った帯刀は五月、ひそかに市来四郎に命じて金数百両を与え上海に行かせようとした。五代はこれを謝絶してグラバー邸に潜んでいたが、まもなく藩から許しが出された（『薩藩海軍史』中）。

この間五代は、貿易国策をはかるべしとの長文の意見書を書き、そのなかで英国・仏国への留学生派遣を提唱していたが、藩命により長崎で洋行準備に当たった。寺島は十一月江戸留守居役新納立夫（嘉藤二）を通じて長崎行きを命じられ、慶応元年一月四日長崎に到着した（犬塚孝明『寺島宗則』）。

開成所教頭石河は元治元年十月、江戸・長崎ではなく英国に、開成所生徒から人選して留学生を派遣し、科目に即して専攻させ「興国強兵」をはかるべしとの意見書を提出した。それがきっかけとなり、慶応元年三月、密かに英国留学生が派遣されることになる。呼び戻された寺島と五代が彼らを引率した。

財源は？

かつて薩摩藩は、五〇〇万両という記録的な借金を抱えたが、調所広郷《ずしょひろさと》の豪腕で解消し、斉興《なりおき》没の時点では現金七〇万両があり、うち五〇万両は非常用備蓄であったとされる。また斉彬が洋式工業に注ぎ込んだのは七万五千両だったとも言われる（『島津久光と明治維新』）。しかし元治元年に買い入れた汽船はおそらく一〇数万両をも要していた。このように巨額な軍事関係の投資は、どのような財源で賄ったのだろうか。あるいは賄うつもりだったのか。

借入金

帯刀の役目の一つ御改革御内用掛は、藩内外の貸し主との折衝をも任務のうちに含んでいたことは前述した。例えば文久三年二月、帯刀と島津式部は連名で、重久佐次右衛門一万両、他の四人に各八千両の五ヵ年限の藩庁借入金を申し付けている(『玉里島津家史料』一)。また上京の途次、大坂で銀主と折衝していることが、しばしば書状に記されている。

元治元年六月二日国元の大久保に宛てた京都からの書状では、「御貸入金の義」でまだよく折り合いがつかないが、三井はなんとかなりそうで、他へも話をしている、「兎角軍艦は当時必用の品にて、片時も早目御取入れ相成り度」く、尽力中であると記している。

ただ、このような借銀は所詮は一時的な資金のやりくりの問題であり、安定的な財源が必要だったことは言うまでもない。汽船等の購入資金調達を直截に明らかにはできないが、元治元年時点の数点の断片的史料から、臨時出費の原資になりえたものをいくつか推測することはできる。

調所の改革で、奄美三島の黒糖専売が徹底して実行されたことはよく知られている。その際、年貢糖以外の「余計糖」についても売買を禁止して、藩側が準備した物品との不利な交換を強要してこれを入手し、大坂市場で販売した。ただし調所改革では、価格維持のため販売量は年一二〇〇万斤に限定して入札販売していた。

元治元年一年間について、大坂蔵屋敷の収支決算が残されている（「子年中　大坂蔵本払総」『玉里島津家史料』四）。総収入八一万余両中「砂糖代」が四一万余両で過半を占める。これに対して支出は九四万余両で、前年繰越一九万余両を取り崩す結果になっているが、支出で大きいのは「江戸御続」七万余両、「京都御続」一七万余両、「御借入銀御返銀幷御割渡払」六万余両などである。このうちに、実質的に武器購入費に当てられるものが含まれているか否かは不明である。

砂糖で「軍艦代」を

同年九月の本田親雄（弥右衛門）のメモは、「軍艦代」調達計画を記している。「館内砂糖」一万挺、「琉球勝手売」五千挺、「当地新製」一八〇〇挺と菜種油若干を買い入れて大坂で売り、その売上げで各地特産を買い集めて長崎で販売して資金を得るプランである。これは、軍艦代を年賦払いとして毎年三万八千両をひねり出す手段であり、通常の年貢としての奄美砂糖以外であろう。一挺を一二〇斤とすれば三口で二〇〇万斤くらいとなる。

また同年九月八日大久保宛西郷の書状は、軍艦購入契約を六年賦にして、琉球で砂糖で払うというのはどうかと記している（『薩藩海軍史』中）。実績がどの程度かはわからないが、軍艦代支払いに砂糖が当てにされていたことは確かである。

長崎貿易

前年九月から元治元年六月までの長崎貿易利益調べ（「元治元年子七月　於長崎御商法御利

潤」『玉里島津家史料』二）によれば、各地から一四万一千余両を買い入れている。一件一万両以上にまとまった買入れは、「下関綿」「大坂綿」「長崎綿」など綿であり、当時アメリカの南北戦争時で、米綿供給不足によって綿花は国際的に不足し昂騰していた。綿の売り先は「英夷カラハ（グラバー）」が主で、「英夷レンボ」「清人沈篤斉」も見られる。

売上計は一七万七千余両であるが、長崎丸沈没による綿の損失七千余両を差し引き、総利益は二万九千両弱となっている。鎖港論が高まるなか、薩摩藩は盛んに外国商人と取引していたのである。

長崎での汽船代支払い

同じ期間について、商品取引に限らない長崎での金銀銭の出入りをまとめた史料がある（「長崎御商法金銀銭入払　総」『玉里島津家史料』三）。長崎での現金銀銭出入りなので、他地での仕入代などは入っておらず、銀ドルについては事例によっては一・七ドル＝一両で換算されている。「蒸気船方」支払いが久留米藩購入分や運航関係を含めて二七万余両に上っており、さきの商品売買利益はもちろん、売上げ全体をも上回る。

うち安行丸買入代四万四一八二両、平運丸内払い（大砲とも）一一万三九二九両、胡蝶丸買入代三万二三五三両、翔鳳丸内払三万五二九四両、久留米藩蒸気船代四万四一一八両などである。これに見合う収入は貿易品売上げ以外に、宰領付で現金一三万両が運ばれてきたりしているが、詳細はわからない。

安芸藩との藩際交易

安芸藩との交易協定は文久三年に契約、元治元年から開始された。薩摩から正金一〇万両と天保通宝五万両を貸与するとともに、御手洗港《みたらい》（現呉市）を交易場として生蠟・種油・錫、のちには西洋品・絹布類などを提供、安芸からは米・繰綿・木綿・鉄・銅・塩などを入手した（西村晃「幕末における広島藩と薩摩藩の交易について」『広島市公文書館紀要』九号）。米は主に兵粮米に当てられたようであるが、繰綿は長崎での輸出用であろう。元治元年夏前には、上方詰めの藩兵用の糧食一万石余の調達を帯刀・大久保から指示された市来四郎が、安芸藩家老辻将曹（維岳）にはかり琉球通宝五万両で購入備蓄したという（『偽金づくりと明治維新』）。ただし慶応二年には安芸藩自身が長崎に出先機関を置いている。

南部藩などとも

南部藩とは元治元年三月に契約が成立、薩摩の絹布類・木綿類・古着類・綿類・砂糖・煙草・薬品・塩・鰹節、南部からの大豆・昆布・銅が交易された。昆布は輸出用であろうか。長州藩とは、安政六年からの交易関係は双方の政治的対立から中断し、再開されるのは慶応元年のことであった（上原兼善『鎖国と藩貿易』）。また、越前藩とも計画があったが、この時期には実現しなかった。

このような藩際交易は、収益を期待するというより、幕府に対抗する雄藩の間で不足物資を補充し合って友好関係を強める点に主眼があり、一面で長崎貿易を補完するという性格を持っていたと言えよう。

横浜生糸貿易

横浜鎖港論が強まるなか、横浜への生糸出荷規制は強化され、元治元年一月からは江戸の糸問屋経由で月五〇〇箇に制限されていた。ところが三月、薩摩藩が横浜で生糸を盛んに荷揚げしているという情報が糸問屋仲間から伝えられたとして、町奉行が神奈川奉行に問い合わせた。これに対する神奈川奉行の返答は、薩摩藩から、外国船購入料として生糸五〇〇「行李」を横浜に廻すと老中に申し立てがあり、承知済みだというものであった(『薩藩海軍史』中)。一箇は九貫、一梱は一六貫であるから、薩摩藩の売込高は出荷制限高の一・八ヵ月分にも上る規模である。当時の生糸相場は一梱(一担)五〇〇〜六〇〇ドルなので、五〇〇〇梱は二五〜三〇万ドル、約一五万両程度の巨額の規模である。また九月には、サッスーン商会が前金を払い、薩摩藩の代理人として中居屋が扱っていた生糸二三〇箇を積んだ船が、本牧沖で幕府役人に抑留され、これが国際問題になっている(『横浜市史』二)。

「琉球通宝」鋳銭利益

文久二年久光出府の際、琉球救助を名目に三年間を限って天保通宝と同型の琉球通宝を鋳造することを、八月十二日幕府から認められた。技術者として安田轍蔵《てつぞう》に鋳造を請負わせるべく十月職人とともに鹿児島に呼んだが、安田を幕府隠密容疑で屋久島に島流しとし、鋳銭局を設け鋳造掛市来四郎統括のもと、直営で年末から鋳造を開始した(『偽金づくりと明治維新』)。文久三年四月十八日には帯刀と大久保が鋳銭所を見分したという。

実際に鋳造した銭は、さきの安芸藩との交易に見たように、藩外に天保通宝として流通させたようで、薩英戦争後の長崎での大砲購入に際しても、市来の回顧では「代価は英商ガラバ〔グラバー〕なる者に命じ、通宝交換の策を施し」たと述べる。また鋳銭総高につき、約三年間に二九〇余万両を製造したと言っている（「市来四郎君自叙伝」）。その三分の二の利益を得たとすれば約二〇〇万両もの利益を得たことになる（『島津久光と明治維新』）。

史料としては、元治元年一年間の利益計算があり（鋳物方「御利潤　総」『玉里島津家史料』四）、「半朱」「大銭」「新銭」計四七万三三〇四両分を鋳造し、地金購入等諸経費を引き「御利潤」三九万九五八二両であった。

幕府特許の収益活動

以上、汽船購入等軍事力整備に要する巨額の資金をどのように調達したか、さまざまな試みがなされてきたことを見てきた。この元治元年については、鋳銭利益約四〇万両が断然巨額であり、横浜生糸貿易利益もかなりのものであったが、それ以外は利益としては数万両の域を出なかったと言えよう。また、鋳銭、生糸貿易ともに、名目をつけて幕府から特別扱いの許可を得ての収益活動の結果であることに留意しておきたい。

四　征長と対幕姿勢の変化

再上京した帯刀

鹿児島に落ち着く間もなく帯刀は、元治元年九月二十日に出立して翔鳳丸で二十八日着坂、十月二日に入京した。直接の用件は長州征討に際しての薩摩藩の攻め口の変更を上申することであった。京都からは再三、国元の大久保に京都情勢を伝えている。

十月八日には、西郷が側役に昇進したのを機に大島から復姓したこと、条約勅許を求める外国船の摂海進出が迫っていること、尾張徳川慶勝がやっと征長総督を引き受けるなど征長準備が進んでいることを伝えるが、「今少しは早く相運び候様なものに決定の上ながらも、因循に流れ込〔困〕り入り申し候」と、いらだちを表している。前日一橋邸に参上、幕府から慶喜が「矢張嫌疑を御受に相成り、御込りの由」と記している。なおこの日、藩からの進物である鮎・海老入箱、菓子箱各一つを、中川宮・山階宮・近衛家・貞君・一橋家に届けている（『玉里島津家史料』二）。

「是非出軍いたし度」

十二日には、自分の着坂以前に西郷の出陣が決まっており、「此節は是非出軍いたし度、相楽しみ居り候処、右の次第誠に残念至極に御座候」と言う。二十日には、西郷・吉井友実が下坂し今日あたり軍議のはずである、島津備後の御沙汰で京留守居を務めているが、「誠に残念至極に御座候」。一昨日、高崎五六が長州恭順を促す工作をしていた岩国から戻ったが、「此上は総督の御所置に依り、乱階の限も定まらざるの場に成立ち申すべく候、誠に大事の場合に御坐候」と和戦の岐路にあることを報じている。

西郷の転機

しかしながらこの頃を境に、長州に対して会津とともに最強硬派であった薩摩藩在京指導者なかでも西郷の方針は、長州が恭順の態度に出れば寛大な処置をとるという方向に変わっていった。

西郷の転機としてしばしば指摘されるのは、九月十一日、大坂で吉井や越前藩士らとともに勝海舟と初めて会った時の話である。海舟に、江戸に戻って征長のための将軍上洛を説得せよと要請するつもりだったが、逆に雄藩連合政権という意味での「共和政治」の重要性などを説かれ、「ひどくほれ申し候」と、十六日大久保に書き送った（『西郷隆盛全集』一、松浦玲『勝海舟』中公新書）。ただし「次第して申さば、長征の処第一の訳に御座候」順序から言えばまず征長だと記しているように、いきなり長州への姿勢を変えたのではない。ではどういう意味で転機になったのか。

幕府への見切り

それは、幕府の内情が「誠に手の附け様もこれなき形勢」にあり、協力できるような存在ではないと、ほかならぬ幕府の要人から思い知らされたからではなかろうか。海舟は、江戸の幕閣の救いがたい無能・無定見を包み隠すことなく語り、にもかかわらず、薩摩・会津の力で長州兵を追い払った禁門の変以後は、幕府の権威ゆえの勝利と「自信」を回復し、九月一日には参勤交代制度復旧を諸藩に命じたりする実情を知らせたのである。

そうだとすれば、長州征討で諸藩が協力すればますます幕府が増長するのは間違いなかろう。海舟の言によって幕府の前途に見切りをつけた、したがって「共和政治」実現のためにも雄藩としては「割拠の色を顕わし、国を富ますの策」を追求する覚悟も当然必要になる。それらのことに気づかされたからこそ、西郷は初対面の海舟に最大級の賛辞を書き連ねたのではないか。

このところ「長州憎し」で、ライバル長州藩の勢力を殺ぐ方向で突っ走ってきたが、その結果が薩摩藩の存在感を強めるよりも、幕府の権力再興に力を貸すことになっており、そのことの政治力学的マイナスを認識したとも言えよう。

「長人を以て長人を処置」

九月十九日大久保宛書状で西郷は、長州側の「内輪余程混雑の様子に御座候間、暴人の処置を長人に付けさせ候道も御座あるべきかと、相考え居り申し候」、なので攻撃開始期限が決まれば安芸藩に飛んで離間策を講じたい、そのうえで攻めかかれば容易に攻め落とせるだろうと言う。十月八日付大久保宛では、京都から高崎五六を岩国の長州藩末家吉川家に派遣した（二十四日）ことを伝え「是非、長人を以て長人を処置致し候様、致させたきもの」と記すが、その後の処置については、国替えして五、六万石程度に削減するべきだと、なお強硬である。

長州恭順

十月二十二日大坂城で征長軍議があり、西郷は参謀格として出席した。さらに二十四日徳川慶勝から呼ばれた西郷は、大坂から二十五日付帯刀宛書状で、岩国の吉川経幹（監物）から得た内部情報として「暴党正党」二派に分かれているのは「天の賜」であり、強攻策はかえって団結させるので、帰順策を進めるのが「御征伐の本旨」だと説き、慶勝から岩国に赴いて説得するよう脇差を拝領して依頼されたので、今日は芸州に向け出帆するつもりだと伝えている（『西郷隆盛全集』一）。

十一月六日国元の大久保・蓑田伝兵衛宛に帯刀は、藩兵は一日御所付近を行軍のうえ出陣し、三日大坂発と伝えた。ただし、吉川から大坂へ使者派遣という、「先々好き向きに相成御互に大慶」であるが、慶勝総督は処置を心得ているとはいえ、関東の幕閣は「三才の童子迄も命を絶と申す様な心得」だとのことで、そうだとすると「天下之大乱」になってしまう。ここでは帯刀も避戦の方向に傾いている。一方「一橋公の所、矢張り御引込にて、何事も関係これ無き向きに御座候」と記す（『忠義公史料』三）。この頃慶喜と幕閣との間には、主導権をめぐる争いが深刻になっていたのである。

二日広島に着いた西郷は、四日岩国で吉川と会談し、速やかに三家老の首を差し出し謝罪するよう申し入れた。翌日長州藩にその旨が伝えられ、十一日藩庁は三家老に自刃を命じた。

西郷の方針転換

この頃から西郷の方針は、明確に内戦回避、処分寛大に転じる。前述の対幕認識の変化という下地に加えての直接的理由は、長州では「激派」の勢力が強く（高橋秀直『幕末維新の政治と天皇』）、強圧すれば長期の戦争が不可避であること、将軍進発のないまま、幕府に動員された諸藩が、財政的・人的疲弊に悩んでおり（久住真也『長州戦争と徳川将軍』）、早期の解兵を望んでいる実情を知ったこと、などではなかろうか。

十一月十九日大久保宛で帯刀は、「長州表西郷等岩国へ差し越し、監物へ面会等に相成り、万事能き都合に成立ち、三大夫並参謀の人数の首を刎ね、御詫申し出に相成る筋に決し候談申し越し…御互に半ば安心に御坐候」と記した。

吉川との折衝と朝廷周旋

帯刀は、京都において事態収拾のための周旋に努めていた。高崎五六の指示で京都の薩摩藩邸に滞在していた吉川家用人境与一郎は、国元への十一月十三日付書状で、帯刀の言として次のように伝えている。中川宮・二条関白への工作により長州「恭順」の方向が天皇に伝えられ、幕府が「粗暴の所置」をとらないよう薩摩が周旋せよというのが天皇の意向であり、江戸幕閣に対しては「寛大の御処置」を申し入れ中であるが、さらに使者を派遣するつもりである（『吉川経幹周旋記』二）。

西郷は、現地での折衝の状況を再三帯刀に書状で伝えていた。西郷の現地での折衝に呼応して京都の帯刀は、「寛大」な措置のため朝廷周旋を進め、江戸幕閣に向けても工作をはかっていたのである。ただし、この時期における西郷らの「寛大」な措置は、一〇万石削減等を内容とするものであった。

帯刀は吉川に、十一月二十六日に高崎五六と連名で書を送り、恭順を喜ぶとともに周旋を続ける意向を伝えている。慶応元年三月二日には吉田清基（清右衛門）が、朝廷・幕府の近情を記した帯刀の二月二十一日付書状を吉川に届け、長州再征には同調しないことを伝えた（末松謙澄『防長回天史』）。これに対して吉川は、四月二日用人大草終吉を帯刀のもとに派遣し、諸隊の鎮静を報じ周旋を依頼している。

操練所閉鎖と薩摩藩

元治元年九月の西郷らと海舟との面談の直後から、池田屋事件との関係で、勝塾に脱藩浪人などがいることが幕閣によって問題視されるようになった。十月二十二日海舟に帰府命令が出され、十一月十日に軍艦奉行を免職となり、海軍操練所も閉鎖の運命となる。

一方薩摩藩は、軍事的意味だけではなく交易のためにも自前の「海軍力」強化を必要としていた。汽船増強に努めていたことは前述したが、長崎丸沈没による被害もあって乗組員の不足に悩んでいた。

十一月二十六日大久保（在鹿）宛の帯刀の書状は、海舟罷免をまだ知らないで書かれているが、すでに勝塾の人材を薩摩海軍に活用することを構想していた。「神戸勝方え罷り居り候土州人、異船借用いたし航海」を企て、現在「坂元竜馬と申人関東え罷り下り借入」交渉中だと伝える。帯刀の書状で、ここで初めて坂本龍馬の名が出てくる。

「航海の手先に」

さらに次のように記している。高松太郎（龍馬の甥）に帰藩命令が出たが、帰藩すると身の危険があるので、関東から船が来るまで「潜居」させてほしいとのことで、西郷とも相談のうえ、「右辺浪人躰の者を以て、航海の手先に召し仕い候法は宜しかるべしと…大坂御屋敷え内々潜め置き申し候」。また、一時幕府の翔鶴丸で機械方や火焚き水夫をしていたが、士官と争って兵庫に来ている者もいる。もし関東での借船がうまくいかない場合は、「此方の御船にても召し乗せられ然るべしと相考え」ている（『大久保利通関係文書』三）。この延長線上で、翌年の龍馬らの訪鹿が実現するのである。

万次郎への期待

中浜万次郎については、これより前十一月十九日大久保宛で、一昨日当地を発ち土佐経由で鹿児島に向かったと伝える。こういう時代になったので、上海に限らず「アメリカ英等へ直乗り相成り候方、却って宜しかるべき歟」と思うが、そうもいかないので、「一先ず航海の稽古として、士官より水夫まで御人撰の上一船へ召し乗せられ、琉球迄航海御試し相成」ってはどうか。航海稽古は帆前が大事で、蒸気は港の出入りだけに使う船の方がよいのだそうだ。当人は「余程外夷の情は相心得、其上航海方等も十分心得これ有り当時必要の人物」なので、よろしくお願いしたい。

十一月二十六日大久保宛で帯刀は、長州藩が三家老の首を実見に差し出したとのことなので、見込み通りに運ぶのではないかと記したうえで、先日慶喜に関東の形勢をどう見るのかを尋ねたとしている。

慶喜と幕閣の対立

慶喜が、いまの幕閣ではよくないので板倉勝静《かつきよ》あたりでなくばとも考えていると答えたのに対して、帯刀は次のように述べた。一会桑の江戸引き揚げの幕命が出されるだろうが、朝廷からは必ず引き留められるだろう。そこで、閣老を入れ替えるか、それとも諸侯を頼み自ら朝命を受けて天下の大政をとるか、どちらかしか道はない。それに対して慶喜はよく考えてみようと言った。薩摩の態度については適当に答えておいたが、征長の件が済めば西郷が帰鹿するので、そこで御相談ということになるだろう（『玉里島津家史料』三）。

慶喜の豚肉好き

なお別紙で、慶喜が豚肉を好み、自分の持ち合わせを三度も進上したが、またまた使いをよこして所望され、持ち合わせはもはやなく「琉球豚を過分に持越候人これ無」いので、大いに困っていると伝えている。これより一月ほど前の十月二十日お近へ書状を書き、「ぶたぎゅう肉玉子等給り」と豚肉等を受け取ったとし、お近の湯治行きにつき、

「湯治はとじまり〔戸締まり〕候わんとぞんじ参らせ候」と記している。

「面白き事」

十二月十三日大久保宛では、征長は西郷の周旋でうまく運び、「此の上無き天下の大幸」と記す。老中松前伊豆守崇広《たかひろ》・若年寄立花出雲守種恭《たねゆき》は兵二千を率いて今日大津を通行だが、長州出張は名目であって、慶喜の江戸召還が狙いらしい。薩摩が慶喜に組すると天下二分になると探りを入れる者もあるが、とんでもないことである。「橋公と幕との争いに、何ぞ此の方より関係の筋にもこれ無く、面白き事に御坐候、衰運の初めに御坐候」と冷ややかに見ている。江戸の幕閣に対してだけではなく、それとの対立を深める慶喜に対しても、極めて冷淡な姿勢をとるようになっているのである。

江戸幕閣の過信

慶応元年（一八六五）に入ると、長州藩「恭順」による「勝利」を過信して、幕府の権威復旧を急ぐ江戸幕閣の動きが強まる。征長総督徳川慶勝は、前年暮れの二十七日撤兵を命じ、幕閣に対して「寛典論」を上申していたが、一月初めに幕閣は慶勝に対して、毛利父子を江戸に差下すことを命じ、二月には前年九月の参勤交代復旧令の厳守を命じた。

二月九日、帯刀と大久保は中川宮に拝謁、毛利父子出府の中止、参勤交代復旧の幕命停止の朝命を乞い、十一日には前関白近衛忠熙・内大臣近衛忠房にも同様の依頼をしている。なおこの頃から薩摩は、中川宮には表裏があると、次第に不信感を持つようになった。

二十四日鹿児島の西郷・蓑田宛書状で帯刀は、諸侯と協議して長州処分を決するための将軍上洛を拒否し、一会桑を京都から引き離そうとして上京した阿部豊後守正外《まさとう》・本荘伯耆《ほうき》守宗秀両老中が、参内したあげくに二条関白から叱責された様子を報じている。三千人もの兵を連れ、「余計の人数度々の往来、財を費し候計りにて珍しき事に御座候」と述べ、長州処置も、こちらの考え通り将軍上洛のうえ仰せ出される予定となり、「誠に天下の大幸」と記している（『西郷隆盛全集』五）。

将軍上洛問題

三月二日には、これまでの周旋の結果、朝廷から所司代松平定敬に対して、長州藩主父子の江戸招致・参勤交代復活を止め、将軍が上洛するようにとの御沙汰書が内達された。しかしこれは薩摩藩の動きによるものだと、容保・定敬や一部朝臣が強く反発して一時保留されたが、結局江戸に戻る本荘に託された（『徳川慶喜公伝』三）。

政治情勢が不透明さを増すなかで、雄藩としての発言力の基礎でもある藩体制の整備強化が不可欠になりつつあった。三月二十二日に大久保がまず帰国に向かい、次いで京都詰めを拝命した諏訪伊勢広兼と交代に四月二十二日、帯刀は西郷とともに坂本龍馬らを伴って京都を発した。これよりさきの十九日、幕府は、長州藩が「容易ならざる企て」をしているので長州藩再征討のため、五月十六日を期して将軍が進発すると諸藩に布達したが、それを知らないままの離京であった。

第四　幕府との対峙

一　割拠体制づくりと長崎

「国根に尽力」

慶応元年（一八六五）四月二十二日、小松帯刀《たてわき》は西郷隆盛（吉之助）らとともに帰藩のため京を発つが、その日の出立前、江戸で逼塞中の勝海舟（義邦、安芳、安房守）に次のような書状を書いている。政治情勢は「救うべき道もこれ無く、実に歎かわしき次第に御座候」、「先生も当時御閑居の由、遺感（遺憾）千万御座候」、「下僕も今日発足帰国仕り、先ずは国根に尽力いたし候決芯（決心）に御座候」（『勝海舟全集』講談社、二十二巻）。「国根に尽力」とは藩の基盤整備に努めること、さきの西郷の書状にあった「割拠」体制構築と同様の意味だと解したい。

同じ日、在京の吉井友実《ともざね》（幸輔）も海舟に書状を書き、「坂元も無事同居仕候、新宮等の一列、大坂に於いて探索厳しく御座候」（松浦玲『坂本龍馬』）と記している。これまで龍馬は京都の吉井のところに滞在していて、この日一緒に下坂し、大坂薩摩藩邸に潜居していた新宮馬之助らと再会したようである。

帯刀・西郷は二十五日藩船胡蝶丸で大坂を発つが、龍馬らもこれに同行した。龍馬の手帳は、「五月朔、麑《がい》府に至る。五月十六日、鹿府を発す」（『龍馬の手紙』）と素っ気ないが、この半月間に帯刀や西郷と政治情勢や方針について話し合ったことは間違いない。

海軍拡充

以後、太宰府を経由して長州に入り、木戸孝允《たかよし》（桂小五郎）らに会っている。

帯刀らが帰藩する一ヵ月前の三月二十二日、大目付新納《にいろ》刑部《ぎようぶ》久脩（中三《なかぞう》）・開成所掛町田民部久成・船奉行寺島宗則（陶蔵、松木弘安）・同見習五代友厚（才助）、留学生一三人など一行一九人が、グラバーが調達した汽船で、密かに英国に向け串木野の羽島を出航していた。「割拠」に向けて、藩を挙げて動き始めていたのである。

帰藩した帯刀に対しては五月付で、「一往京都居付仰せ付けられ置き候処、御用向これ有り罷り下り居り候節は、表御勝手方并御軍役方月番御免仰せ付けらる、諸掛等是迄の通り相心得候様」と、川上式部を通じて仰せ付けられた（「正統系譜」）。

閏五月二日には砲術館が再興され、六月には、城下六組の藩士と水軍隊に日を定めて砲術訓練させる規則が制定されている（『薩藩海軍史』中）。前年に五隻もの汽船を購入したことは前述したが、この年にも、七月オランダ貿易会社駐日代表アルベルト・J・ボードインから開聞《かいもん》丸、九月グラバーから万年丸、十月にはグラバーから桜島丸、ボードイ

「徳川氏の衰運」

渡英薩藩留学生たち　前列左から町田清次郎，町田久成，後列左2人目町田申四郎，4人目寺島宗則（尚古集成館所蔵）

ンから三邦《みくに》丸と、立て続けに汽船を購入して「海軍力」の拡充に努めている（九六-九七頁表）。特に開聞丸購入は帯刀の長崎滞在中であり、直接関与した可能性が強い。

西郷は、甲突川《こうつきがわ》氾濫への帯刀の見舞い状に閏五月五日付で返信を送っているが、将軍の長州再征討進発について、「幕威を張るどころの事にては御座ある間敷《まじ》く、是より天下の動乱と罷り成り、徳川氏の衰運此の時と存じ奉り候。…此の節の進発、天下のため雀踊《じゃくよう》此の事と存じ奉り候」と、もはやまったく幕府を見限っている（『西郷隆盛全集』二）。

再上京した大久保利通（一蔵）からの西郷上京の要請に対して、同十五日付の帯刀書状は、国元は「御軍備は勿論、万事大変革も急になくて叶わん時機」なので痛手だが、京都情勢が重要なので岩下方平《みちひら》（佐次右衛門）の代わりということで、「天下国家の為に相成るべき」人物として西郷を上京させることになったと記す。追伸では、「返す〲も不肖の身、国事多忙実に閉口の至り」で、昼夜寸暇もなく和歌どころではないが、「夕べ涼しき加茂の川かぜの事共、遙に思いやり申し候」と京都を懐かしんでいる（『大久保利通関係文書』三）。

なお、大久保から依頼されていたのであろうが、鹿児島に戻ってから時計が長崎から到着したと送り状を出している。時計代が三五ポンドで一四二両三朱、鎖が一二ポンドで四八両三分と、かなり高価であった（八月四日、十日付）。

長崎出張

在京の吉井友実宛の六月六日付書状で帯刀は、「一日も早く海軍相開かず候ては相済まず」海軍整備が急務で近く長崎に出向くかもしれないと記すが、「蒸艦御取入の筈にて此の節は商内《あきない》等も人数乗込みの都合に相運び」と、汽船拡充が「商内」交易拡充のためでもあるとしており、「海軍」は交易のための「海運」をも意味していたのである（国立国会図書館憲政資料室蔵「吉井友実文書」）。

帯刀は六月二十三日出立し、二十六日長崎に到着した。七月末まで長崎に滞在したが、その主たる目的は、後述する外国商社と結んでの内外貿易計画の促進（後述）が一つ、いま一つが海軍力整備のための修船能力向上にあったようである。次々に購入しつつある汽船の運航が順調に行われるためには、汽船の機能維持のための能力、取りあえずは船舶修理の機能を自ら有することが、必要になってきていたのである。

長崎での修船所計画

長崎には、幕府建設の長崎製鉄所はあったが、薩摩藩のものでないばかりか、その趣旨に反してドックを持たず修造船能力は低かった。薩摩藩は、長崎西浜町の蔵屋敷を拠点に内外貿易の推進を企図していたが、それには汽船の補修に毎度上海に依存するような状況を改める必要があった。

この年七月、西浜町若野屋良助名義で、海防のためには船舶修理が必要であるが、大掛かりな修理の施設がまだなので、「水際より水底に至る迄自在に修覆出来候様、極々手軽の場所ドローヘドック取建度く」、できあがれば「御公義を始め奉り諸家共御弁理」、外国船も利用を希望するようになろう、と建設を願い出た（『玉里島津家史料』四）。

実質的には薩摩藩の計画であり、これは五代と帯刀の企画と言われるが、この時五代は渡欧中であり、提案者は五代であったとしても、建設の決断は当時長崎にいた帯刀によると見るべきであろう。八月十三日汾陽《かわみなみ》次郎右衛門（側役格長崎付人）から市来六左衛門（勝手方用人）宛書状は、「大浦石炭小屋の先の入湾」に内定したと伝える。翌二年四月に許可が出るが、これがのち「ソロバン・ドック」と呼ばれるようになる小菅修船所の始まりであり、後述するように帯刀が引き続いて関与することになる。

集成館復興

集成館復興の一環として、帯刀が汽船修理のための機械工場整備を決断したのも、この長崎滞在中ではなかったかと思われる。

この年十二月、岩下新之丞・竹下清右衛門の帯刀宛書状は次のように記している。長

慶応元年建設の集成館機械工場（現尚古集成館本館）

崎から蒸気鉄工機械職人を連れてきて蒸気機関の工場を建設することを、帯刀が決断する際には、勝手方用人の伊地知《いじち》壮之丞（貞馨《さだか》）や松岡十大夫は、蒸気船修理は長崎で行い、資金は船舶購入増加に当てるべきだとして反対した。しかし先般、この集成館で胡蝶丸を修理したのに続いて、豊瑞丸・開聞丸に損傷、三邦丸に錨巻器具不良が発生した際にも、集成館で「速に御修覆相成り、急速御用弁じ仕り候」。そのほかこれまで作れなかった品も大概は作れるようになり、両氏も早期完成を願うようになった。「尊公様の御先見、只今に相成り候て皆々感服成られ、御一言御座無く候」（「小松帯刀伝」）。

長崎で土佐脱藩者らの亀山社中が生まれるのは慶応元年閏五月とされているが、松浦玲氏は、高松太郎・新宮馬之助らは六月下旬に帯刀に伴われて鹿児島から長崎に来たのではないかと推測している（『坂本龍馬』）。

長州藩井上・伊藤からの接近

ところで、八月十八日政変、禁門の変において薩摩と長州は仇敵であったが、第一次征長の過程で薩摩の態度が変化し始めたことは前述した。長州においても、禁門の変後潜伏していた木戸孝允が四月末帰藩して藩指導部に加わると、薩摩との関係改善の模索が始まった。双方を仲介したのが龍馬と中岡慎太郎であった。

「武備恭順」を唱える長州藩指導部にとっては、現実問題として外国からの武器調達が急務であった。しかし交戦した英仏米蘭は長州への武器販売を禁じており、また「朝敵」の立場では幕府の掣肘を受けざるをえず、自藩名目では入手困難な状況にあった。

木戸の指示に基づき、長州藩から井上馨（聞多）・伊藤博文（俊輔）が、武器調達のために七月二十一日長崎に到着した。当時長崎詰めであった野村盛秀（宗七）はこの日の日記に、両人は五卿付土佐人西田某に付き添われ「潜み来り、長薩近年大矛盾に付種々申し述べの為、態々《わざわざ》小松家を慕い来りし也」と記す（「維新史料編纂会引継本」）。

彼らは途中太宰府で、薩摩藩士から帯刀宛の紹介状をもらっていたが、まず亀山社中の高松・千屋寅之助（菅野覚兵衛）と相談、その意向は新宮・上杉宗次郎（近藤長次郎）らを通じて帯刀に伝えられ、彼らと会った帯刀は、武器軍艦購入斡旋を承諾して彼らを薩摩藩邸に匿ったのである。

このことは長崎駐在イギリス領事アベル・ガワーの知るところであった。公使ハリー・パークス宛の七月二十七日（洋九月十六日）付報告で、「数日前、イギリスから帰国した二人の長州藩士が、薩摩藩士と称して当地に姿をあらわし、現在わたしのよく知っている薩摩藩家老小松の庇護の下に、当地の同藩邸に滞在している」と伝えており（『遠い崖』③）、ガワーが帯刀とはすでに旧知の関係であることもわかる。

「力の及び候丈は相助け申すべし」

七月二十六日付井上・伊藤連名の木戸ら国元宛書状は、帯刀らと会見したが、「案外に都合宜しく参り、薩州買入の名前を以て、周旋致し呉れ候との事に相決し」、すでに銃買入れはほとんどでき、艦の方も決着しそうであると記した。帯刀は、「唯吾藩の寸益にも相成り候事に候えば、幕府への嫌疑等の事に更に眼を注ぎ候訳にこれ無き故、いか様の事にても尽力仕るべし…後来の処も力の及び候丈は相助け申すべし」と述べた。

わが藩で艦購入如何の結論を早く出してほしい。薩摩は、「開国勤王にこれ無くては、皇威回復は出来申さず」と藩論一決したとのことである。また翌日の書状では、肥後藩などは長崎奉行に、長州を助けるため帯刀が当地に滞在していると言いつけているが、薩摩は一向に気にせず、「海軍を盛にして武備を充実させる」ことに専念していると伝えている（『伊藤博文伝』上）。

井上を伴って帰鹿

帯刀は八月一日、米を積んだ開聞丸で井上を連れて長崎を発ち、帰鹿した。井上は、十二日に市来六左衛門の実方別荘で、帯刀・桂久武（右衛門）・大久保・伊地知らと会談した。二十一日胡蝶丸で井上は出立して二十二日長崎に戻り、ゲベール銃三千挺、ミニエ銃四千三百挺を積み込んだ胡蝶丸・開聞丸とともに三田尻（現防府市）に戻った。

長州藩主父子からの親書

長崎での武器購入周旋に対して、長州藩主父子の九月八日付薩摩藩主父子宛親書が、上杉宗次郎によって薩摩藩に届けられた。「昨年中は、貴国と彼是不信の次第に立ち到」ったが、このたび貴国を訪れた家来から委細を聞いて、疑念は「万端氷解に及」んだ。「貴国に於いて勤王の御正義、殊更御確守の由、実に以て欣慕《きんぼ》の至り」貴国が勤王一筋でおられることは敬服の至りで、「皇国」のためまことに喜ばしく、今後もよろしくお願いしたい（『忠義公史料』三）。武器斡旋への礼状であるが、今後の連携を求めた趣旨のものであり、以後両藩の連携は強化されていったのである。

ユニオン号購入

十月八日、上杉は再度鹿児島に来て帯刀宅に逗留し、「君侯」にも拝謁し、「相かわらず帯印の大尽力にて万事成就」、汽船を受け取ったと十八日付で長崎から井上に伝えている。帯刀は上京の途次、十月十五日長崎に到着し、十七日桂宛に書状を出した。鉄砲積入れのため滞船している、平運丸・翔鳳丸修理は年末までかかりそうなので、ボードインから一隻（三邦丸か）買い入れ近日廻船するよう取りはからった、上杉らの「船壱条も都合能く相運び候」、着船したらよろしくと記している（憲政資料室蔵「石室秘稿」）。ユニオン号の薩摩藩名義でのグラバーからの購入日は十月十七日とされている。

上杉自決一件

上杉は十八日ユニオン号（薩摩藩は桜島丸、長州藩は乙丑《いっちゅう》丸と命名）を受け取った。これは所有権は長州であるが旗印などは薩摩とし、実際には土佐の社中で運航することになっていたが、長州との間で了解のずれが問題になった。

結局年末になって長州側の主張を容れて決着したが、立場をなくした上杉が、グラバーの斡旋でイギリスに密航しようとしたところ、社中に知れて難詰され、二年一月十四日自決する事件になった。そのイギリス行きは、実は帯刀が勧め資金を出し、グラバーに依頼したのだと、のちにグラバーは回顧している（『防長史談会雑誌』一七号）。

二　第二次征長と薩長盟約

征長勅許

改めて長州征討を唱えて江戸を進発した将軍家茂《いえもち》は、慶応元年閏五月二十二日上洛して参内《さんだい》、二十五日大坂城に入り、ここを征討の本営とした。将軍の出陣に恐れをなして、長州からの服罪使節が来着することを期待したのである。しかし、すでに三月十七日

「武備恭順」を藩論としていた長州藩が、幕府の期待に添うことはなかった。七月には、長州藩末家に大坂城へ出頭せよとの幕命を安芸藩経由で伝えたが、長州藩は病気等の理由でこれを拒否した。

九月十六日、将軍が上洛して長州再征討の勅許を求めた。朝議は二派に分かれて紛糾し、諸侯の意見聴取をとの声もあったが、すでに「朝敵」であり再議不要との一橋慶喜《よしのぶ》の言上もあって、二十一日征討が勅許された。大久保はこの日朝、中川宮（尹宮《いんのみや》、朝彦親王）と関白二条斉敬《なりゆき》とを訪れ、すでに服罪した者を討つのは「非議」であり、「非議の勅命」には従えないと言明した。しかし朝議で二条が慎重論を唱えたところ、慶喜が将軍ら一同の辞職を以て威嚇し、ついに勅許されたという（『続再夢紀事』四）。

兵庫開港問題と条約勅許

勅許を得た幕府は、九月二十七日限りに長州が応命せねば出兵すべしと各藩に達した。大久保らは四侯上京で朝議の挽回を企てていた。この間、九月十六日には四国公使が軍艦九隻で兵庫沖に来航し、通商条約の勅許と兵庫早期開港を求めた。これに対して応接した老中阿部豊後守正外《まさとう》が、独断で兵庫の先期開港を内約したことをめぐる紛糾から、十月三日には将軍家茂が、辞職し東帰の意思表示をするという一幕もあったが、慶喜の奔走で五日、ついに通商条約が勅許されるに至った。しかし兵庫の先期開港は不可とされた。

帯刀・西郷の上京

薩摩藩では十月六日、帯刀の名で、摂海緊張の折柄、両殿上京もありうるので準備するよう布達していたが、外国船の摂海引き揚げの報により両殿上京は取り止めになった。代わりに十四日、帯刀と西郷が兵を率いて出発、途中長崎で鉄砲を積み込み、前述のように長州藩の船舶購入を斡旋したうえで、胡蝶丸で二十一日兵庫に着き、二十五日入京した。

西郷は、十一月十一日国元の蓑田《みのだ》伝兵衛宛書状で、次のように伝えた。大坂では兵粮米も乏しく兵を西へ進めるどころではなく、将軍は逃げ帰る模様である。摂海での談判に不条理をなして朝廷を欺き、「長征にて兵勢の衰を示し条理を失い、且勢いを失」っては、もはや幕勢の挽回はできない。当分は「義を以て立ち、確乎として不動、諸藩を圧倒いたし候姿」でありたい(『玉里島津家史料』四)。

慶喜との対話

征長に協力の態度を見せないままに、兵を率いての上京であるので、薩摩藩の動静が上方では注目された。十二月五日、帯刀は慶喜に呼ばれて大坂で会っているが、その様子を桂久武宛六日付書状で伝えている。

昨日は一橋公より罷出候様との事に付き罷り出候処、御依頼の事共にて、至て御懇《ねんご》ろの御談に御座候、其節の御咄《はなし》に…夷人承知の場合には至る間敷く、多分再び摂海え来航に相成り候わん、容易ならざる大事にて、余程御心配に相成り居り、且つ長州御処置も差し迫り居り候間、兼て御両殿様御見込もこれ有るべく、野夫《やふ》見込の処十分申し立て候様、再三御懇意に仰せ聞かれる事に御座候間、自然申し上ぐべき場合もこれ有り候わば申し上ぐべしと、程能《ほどよ》く申し上げ置き候（「維新史料編纂会引継本」）。

丁重な態度で兵庫開港や長州処分についての薩摩藩の意見を聞かれたが、適当にはぐらかしておいたということであろう。江戸幕閣との関係悪化で「一会桑」勢力は行き詰まり、薩摩との協調を模索していたのである。

越前藩中根の訪問

一橋慶喜は、松平慶永《よしなが》の越前藩にも情報収集と周旋を期待していた。慶応二年（一八六六）元旦、慶永側近の中根雪江が帯刀を訪問して意見を求めたのに対して、帯刀は次のように語った。この頃周旋の動きをしないので不審を持たれるのであろうが、現状では動いても益がない。形勢が変われば久光上京もありうる。引率兵は百余人だが幕吏は探索しており、この間は新徴組が来て意見を問われた。そもそも長州征討の名目は曖昧である。

二月一日にも中根が帯刀を訪問している。長州への措置は、一昨年ならともかく、いまでは承伏すまい。その場合諸藩に出兵を命じても動かないだろう。幕府が公議会（諸侯会議）を唱える大久保一翁（越中守忠寛《ただひろ》）や勝海舟を起用すれば、天下は平安になる。このような帯刀の意見は、その日のうちに慶喜に伝えられた（『続再夢紀事』五）。

長州処分について幕府は、大目付永井尚志《なおゆき》（主水正《もんどのしょう》）を広島に派遣、慶応元年十一月二十日長州藩の宍戸備後助（山県半蔵）を尋問させた。その後、事なかれ的に寛大に傾く江戸の幕閣と、それに反発する慶喜との間に紆余曲折があったが、結局、藩主の蟄居《ちっきょ》隠居、世子の永蟄居、一〇万石削減という線で処分案がまとまった。慶応二年一月二十二日の朝議で、この幕府案が認められた。しかし、そもそも冤罪《えんざい》だとする態度を固めていた長州藩は、これを受け容れることはなかった。

薩長盟約

まさにこの二十二日、薩長盟約が結ばれたのである。二十一日との説もあるが、ここでは龍馬の手帳が「廿日二本松（薩摩藩邸）廿二日木圭（桂）、小（小松）、西（西郷）、三氏会」（『龍馬の手紙』）と記していることに従っておきたい。ここに大久保の名が見えないのは二十一日に帰鹿のため出京したからである。明文で取り交わされたものではなく、二十三日に木戸孝允（桂小五郎）が合意内容を六ヵ条にまとめ、それを龍馬が確認したものが薩長盟約である。

「冤罪」を雪ぐ

この盟約は、かつては倒幕軍事同盟とするのが通説であった。しかし近年には、その主眼は長州藩の「冤罪」を雪《すす》ぐために薩摩藩が尽力することを約した盟約だ、との評価が有力である（青山忠正『明治維新と国家形成』、芳即正『坂本龍馬と薩長同盟』、『幕末政治と薩摩藩』、三宅紹宣「薩長盟約の歴史的意義」、「薩長盟約の成立と展開」)。

第一条、幕府と戦争になった場合は、薩摩は二千の兵を上方に派遣する、つまり参戦するのではなく京坂で幕府側を牽制する。第二・三条、戦況が有利でも不利でも、朝廷に向かって必ず尽力する。第四条、幕兵が東帰した時は「冤罪」を「朝廷御免」になるよう尽力する。第五条、一会桑が朝廷を擁してあくまで「正義」を拒む時は「決戦」に及ぶ覚悟をする。第六条、冤罪が晴れた時は、双方「皇国」のため「皇威」が輝くよう尽力する。

盟約締結の場　小松邸

盟約締結の場を薩摩藩邸とする説もあるが、前後の関係から帯刀邸とするのが自然のように思われる。

薩摩藩家老の桂久武は、十二月十八日〜二年二月二十九日の在京中の日記(『桂久武日記(鹿児島県史料集二十六集)』)を残しているが、そこには、しばしば帯刀邸が登場する。例えば二月四日「小松家宿、御花園え参り候様承り候て参り候処、ゆる〳〵相咄《はな》され」とあるように、「花園」と記してはいるが花畑の誤記のようである。一月十四日「四つ時分より小松家え参り、ゆる〳〵相咄す、木戸某え初めて逢い致し挨拶候」。桂久武は、ここで初めて木戸孝允と会ったのである。

木戸に同行した品川弥二郎も「三四日西郷の邸に滞在して、我々は近衛公の小松別荘に移った」（中原邦平が伝える品川の述懐談、雑賀博愛『大西郷全伝』三）としている。そして桂日記十八日「此の日出勤致さず、八つ時分より小松家え、此の日長の木戸えゆる〳〵取会い度く申し入れ置き候に付き、参り候様にとの事故参り候処、皆々大かね時分参られ候、伊勢殿〔高崎正風〕・西郷・大久保・吉井・奈良原〔繁〕也、深更迄相咄し、国事段々咄し合い候事」。二十日「此晩長の木戸別盃致し候間、小松家より承り候得共、不気色故相断り候」。

この二十日に龍馬が二本松の薩摩藩邸に到着している。そのあと二十一・二十二日、桂は「不快」で出勤していない。そして二十三日には「小松家には能見物の由」と記す。この日の夜、龍馬は伏見の寺田屋で伏見奉行所の捕り手に襲われるのである。

近衛家花畑別荘

この近衛家花畑別荘のありかを突き止めたのが桐野作人氏である（「薩長同盟はどこで結ばれたのか」）。貞姫輿入れに広敷番《ひろしきばん》として随行し、そのまま近衛家に仕えた葛城彦一に注目、その日記に次のような記述を発見した。元治元年十月十四日に、「近衛家室町頭の御花畠御屋敷」に警固番を担当している岩元勇助を訪ね、二十日に再度訪問、「昼前より吉田清右衛門・相良〔藤次〕同伴にて、室町頭近衛様御花畠御屋しき岩元勇助殿へ餞別のため罷り越す、御座の間次にて終日語る、御庭之紅葉黄葉盛りなり、御二階へのぼるに、叡山間近くみえ、且つ目下より田畠にて、稲積みなどするさま殊によし」。室町頭とは現在の上京区室町頭町《かしらちょう》に当たり、二本松藩邸から北八〇〇㍍《メートル》ほどの距離にある。

帯刀は、貞姫輿入れに尽力したことで近衛家から家紋使用を認められているが、京都での周旋についても近衛家の信頼が篤く、帰国の際には早く上京させよと特に要請されたこともあった。そういういきさつから、京都での活動拠点として提供されたのであろう。

久光も訪問

島津久光の慶応三年「上京日録」四月二十四日条には「近衛家御花畑え遊歩として差し越し候事、尤も小松旅宿也」(『玉里島津家史料』五)とあり、帯刀も二十九日桂宛の書状で、「去る廿四日私住居御花畑え中将様御成り、誠に有り難き仕合せと存じ奉り候」と書き送っている(「石室秘稿」)。また「新納立夫《にいろたつお》〔嘉藤二《かとうじ》〕日記」(「維新史料編纂会引継本」)七月十六日には、「夕方より同道にて小松家二階へ行く、大焼火見物、夜よく更けて帰る、町田〔久成〕・西郷・大久保・内田〔政風〕也」。二階があって、そこから大文字の山焼きを見た、と記しているのである。

帯刀は、この屋敷に慶応二年頃茶室を作ったが、のち大久保が譲り受けて、石薬師の別邸に移築したのが「有待庵」であるとされる。

琴と安千代

この頃の帯刀には、京都に側室琴がいた。帯刀との間に慶応元年八月十八日安千代が誕生している。当時、京都にいる藩士が側室を持つことは珍しくないことであったようで、帯刀の大久保宛の書状にも、大久保の側室の名がたびたび記されている。「正統系譜」によれば、琴は西京府下石原村三木吉兵衛の六女である。琴は祇園の名妓であったと言われるが、多くの来客の接待に欠かせない存在になったようで、和歌もよくした女性であった。帯刀が、明治二年初めに帰鹿するに際して、「琴仙子」として、「うちいずる今日の名残りを思いつつ　さつまの海も浅しとやせん」と詠んだとされる（瀬野冨吉『幻の宰相　小松帯刀伝』）。

三　幕長戦争とパークス来鹿

龍馬を連れて帰鹿

慶応二年（一八六六）二月二十九日、帯刀・桂・西郷・吉井らは、再上京した大久保らを残して、京都を発って帰国の途についた。彼らの脳裏にあったのは、鹿児島において「割拠」体制を固めながら幕府の出方を見守ることであったろう。

三月四日、大坂から大久保に宛てた帯刀書状は、吉井が老中板倉勝静《かつきよ》から聞き出した話として、長州の領地削減は表向きのことで実際には寛大の扱いをするらしいと伝え、翌早朝出帆と告げている。船は三邦丸で、寺田屋で襲われた坂本龍馬とお龍らも同船、途中六日下関で中岡慎太郎と三吉慎蔵は下船、八日に長崎に寄り、十日夜に前之浜に到着した。

帯刀は在京中から、「亦々腫物大発起、立居六〔難〕か敷く」（二月十七日桂宛、「石室秘稿」）と体調不良に悩まされていた。四月一日、大久保宛書状で帰鹿後のことを記している。三月十一日は「御届」に出仕したが、十四日から霧島の栄々庵に滞在しており、入湯の結果「最早腫物は快く相成り、仕合せの至り」で、八日に帰鹿の予定である。

西郷、税所《さいしょ》〔篤〕も日当山《ひなたやま》え入湯、吉井、坂本も塩浸《しおひたし》え入湯にて、両日跡より拙方え参られ、賑々敷き事に御座候、谷村〔昌武〕も当所え入湯、其地段々湯治人もこれ有り、山奥にても随分にぎやかに御座候。

龍馬も入湯していて賑やかだと伝え、安芸での成り行きも気がかりだが、いまは「実に隠遁の心持」であると記している。なお追伸で、大久保の眼病について、ボードインに相談したところ、診察せねばわからないものの、取りあえず目薬をもらったので送ると記している（『大久保利通関係文書』三）。

オランダ人医師アントニウス・F・ボードインは、オランダ貿易会社駐日代表で駐長崎領事でもあったアルベルト・J・ボードインの兄で、ユトレヒト陸軍軍医学校教官から転じて、文久二年以降ポンペに代わり長崎養生所（精得館）医師兼医学校教頭を務め、眼科と生理学が特に専門であったという。帯刀がのちに世話になるのであるが、京都か

龍馬の帯刀評「海軍総大将」

らの帰途に長崎で会っていたのである。「野村盛秀日記」は、在崎中の帯刀とともに医師ボードインを訪ねたが午睡中だったので、領事のボードインと会談したと記している。

龍馬の手帳によれば、三月十六日に「日高山（日当山）」に至り、十七日から「しをひたし温泉」に滞在、二十八日霧島山に向かい、二十九日「霧島山山上に至る」とある。天の逆鉾を引き抜いたというのはこの時である。四月十二日鹿児島に戻り、六月一日来鹿していた乙丑丸（桜島丸）に乗り組んでいる。十七日龍馬はこの船で小倉城攻めに参加するのである（『坂本龍馬』）。

侍姿をしたボードイン兄（右）弟（左）
（長崎大学附属図書館所蔵）

この年十二月四日坂本権平宛の書状で龍馬は、「当時天下之人物」を挙げているが、薩摩では小松・西郷と記し、小松は「是ハ家老にて海軍総大将なり」としている。同日乙女宛では、事件で助かったのはお龍のおかげだとし、「京のやしきニ引取て後ハ、小松、西郷などにも申、私妻と為ㇾ知候」と記している。

また三年四月初旬の乙女宛で、「去年七千八百両でヒイ〳〵とこまりおりたれバ、薩州小松帯刀申人が出しくれ、神も仏もあるものニて御座候」と、謝意を記している（原文のまま、『龍馬の手紙』）。これは、プロシャ商人からの帆船購入に際して、薩摩藩の保証を得たことを指している。

帯刀は二年五月、かねて「頭寒」の煩いがあって額を剃り上げる月代《さかやき》をなし難いので、「総髪」を許してほしいと申し出、六月諏訪伊勢武盛から許可が伝えられている。幕末の志士の間では、総髪は流行のようであるが、家老の総髪は珍しいのではあるまいか。

実は家老の桂久武も、元年十二月京都において総髪を願い出、即日許可されていた（『上京日記』）。その桂の名で二年四月、天下の動乱に備え軍事第一の趣旨から、年頭八朔五節句などの場合以外は行動しやすい「御定の平服」でよい、と服制に関して布達している（『薩藩海軍史』中）。ここから類推すると、このような総髪は、あるいは当時藩が推進しつつあった軍事の洋式化に関連して、許容されたのかもしれない。

なお、帯刀の体調はいったんは回復したものの、その後も再三、在京の大久保に不調を訴えている。「両三日跡より腰脚痛甚だ敷く、出仕も出来申さず」、「床臥中」執筆している（五月二十四日）。「小瘡《そう》」で出仕できず八月十五日から硫黄谷温泉に来ている（八月十六日)。

二年一月二十二日の朝議で認められた長州処分案を携えて、老中小笠原壱岐守長行《ながみち》が安芸藩に赴き、長州藩父子の広島出頭を命じたが、長州側はこれに応じようとはしなかった。この間上方においては、四月十四日大久保が大坂城で老中板倉勝静に会って、出兵の要請があっても薩摩藩は「御断り申上げ候」との上申書を提出、以後再三論戦を展開した。

薩摩の出兵拒否と幕長戦争

ついに六月七日、幕府側は周防大島(上関口)を攻撃して幕長戦争が始まった。石州口、芸州口、下関口で戦闘が開始されたが、幕府側で参戦した藩は限られたうえ戦意に乏しく、これに対して長州側の戦意は旺盛で洋式小銃にも習熟しており、幕府側は大島を一時占領したほかには、長州藩内には攻め込めない状況になった。開戦すると薩摩藩は、盟約に応じて七月十日から八月四日までの六回に分けて、禁裏守衛の名目で戦兵約一一四〇人を上京させた(『幕末政治と薩摩藩』)。

将軍病死と休戦

島津忠義《ただよし》・久光は七月九日、連名で次のような建言を記し、それは二十日に朝廷に提出された。長州藩の件はすでに一昨年「悔悟謝罪の道相立」っていたのに、幕府は昨年来いたずらに兵を動かしている。そのため、兵庫・大坂では諸物価騰貴で民は苦しんでいる。このうえ戦いを起こしては、騒乱が長期化し混乱が広がるばかりである。「非常格外の朝議を以て、寛大の詔を下」してほしい（『忠義公史料』四）。

戦況振るわぬなか七月二十日、大坂城で将軍家茂が病死した。将軍職は固辞しつつも二十七日徳川宗家を相続した慶喜は、喪を伏して戦局挽回のため自らの出陣を唱え、八月八日には出陣の暇乞いに参内した。ところが小倉城陥落の報が十一日に伝わると、態度を一変させ松平容保《かたもり》の反対を振り切って出陣を中止し、朝廷工作の結果二十一日には家茂薨去を名目に休戦の勅命が発せられた。芸州には勝海舟が派遣されて交渉に当たり、厳島において九月二日、幕府側の撤兵を長州側が追撃しないとの約が成立した。

英公使へのグラバーの周旋

グラバーの回顧によれば、中国から長崎に戻ってきたら、「小松帯刀と其外二三人の人」が来て、英国と友好関係を結びたいので一度鹿児島に来てくれと言われた。これは慶応元年十月中旬、上京途上の帯刀が長崎に立ち寄った時であろう。暮れの十二月二十五日には野村盛秀が両殿に、イギリス領事ガワーおよびグラバーとの内談の内容を報告している（「野村盛秀日記」）。

グラバーは、二年二月オテントサマ号で鹿児島を訪問して数日滞在したが、公使パークス招待の周旋を依頼されたので、横浜に向かい三月十日到着して、江戸でパークスを説得した。その際、公使館書記アレキサンダー・シーボルトを連れて薩摩藩邸を訪問してみると、帯刀からあらかじめ通じてあったとみえて受け入れてくれたという。実はすでに二月に、江戸藩邸の岩下方平が内々に二度英国側に接触していた（『遠い崖』③）。

江戸での薩英交流

パークスは薩摩藩の者と会うことに幕府側の了解を取りつけたうえで、三月十四日江戸の公使館（大中寺）に岩下らを迎え入れ、返礼として翌日薩摩藩邸を訪問した。この動きを幕府側は、強い警戒心を持って見守っていたようである。『海舟日記』は三月二十〜二十一日に、「薩州邸へ此頃、英の都督往来。岩下へ逢接。その訳知らず。薩の御嫌忌、甚だしくと云う」と記している。

パークスから、招待状があればと言われたので、グラバーが長崎に帰ってから「小松に話したところが」、立派な招待状を寄こしたという。四月十三日大久保宛書状で帯刀は、温泉から戻って九日から出仕していることを伝えたうえで、「英船入港之事も一昨日崎陽（長崎）より申し越し、既にアトミラールも参り候由、来月初旬に相成るべくと存じ申し候」と、いささか早合点ではないかと思われるが、事態の進行を伝えている。

パークス来鹿

パークスは六月十四日、キング提督率いるプリンセス・ロイヤル号など三隻で、シーボルト、長崎領事館通訳官ラウダー、グラバーらを従えて長崎を発ち、十六日午後鹿児島に到着し、二十日まで滞在した。英国軍艦は三年前とは違って、今回は友好のために来航したのであった。

藩内には、今回のことは両殿の深い思し召しによることであるから、粗暴な振る舞い

パークス（“Twentieth Century Impressions of Hongkong, Shanhai and other Treaty Ports of China”より）

のないようにと布達されており、乗組員は上陸して町中を見物した。十七日には、藩主島津忠義が艦上にパークスを訪ねたうえで、磯別邸に案内して久光を紹介した。

英字紙の報道

そこで四十五品の珍味を用意して洋式の宴会が催されたが、横浜で発行された英字紙（洋八月二十七日付）記事は、当時次のように翻訳されていた。「英人は渾《すべ》て長き食卓の一方に座し、一側には薩侯・島津弁家老二名侍座す、卓頭には有名なる補佐の家老小松、卓尾に後見職一名対座せり」（『忠義公史料』四）。

十八日英艦上で、西郷が寺島宗則を通訳としてパークスと会談した。兵庫開港につき薩摩藩はそれ自体に反対しているのではなく、外交の主体は幕府ではなく朝廷であるべきだと考えているからだと説明、パークスは内政干渉はしないとしつつも理解を示したという（岩下宛七月上旬書状、『西郷隆盛全集』二）。

七月九日大久保宛に帯刀は、「此内は英ミニストル・アトミラル廻船、海陸の調練御望み相成り両日にこれ有り、一日磯御茶屋にて御両殿様御逢い、世界普通の会釈にて、英国人も余程有り難く存じ奉り候向にて、先々大慶の至り」と伝えていた。

通訳に当たった寺島は、英国でクラレンドン外相とも会見したうえで、五月二十五日鹿児島に帰着、六月船奉行兼開成所教授に任じられ、今回は接待役を命じられていた。寺島の回顧は、この時の重要な事実を記している。「小松帯刀より一藩士を江戸に送ることあるべしと云いしに、公使「パークス」一名刺を送り之を携え来る者に見《まみ》えんと云えり」。そこで命じられて七月末に江戸に着き、江戸と横浜でパークスを数回訪問したが、居合わせた幕吏を後回しにして面会してくれた（「寺島宗則自叙年譜」『寺島宗則関係資料集』下）。

薩英間のパイプ

通訳官アーネスト・サトウが、この年暮れ以後しばしば薩摩藩幹部を訪れて双方をつなぐ役割を果たしたことは、『一外交官の見た明治維新』などで広く知られているが、薩英間のパイプがこれに先駆けてもう一つ存在していたのである。

なお寺島は、英国から帰国の船中で建議を認《したた》め、帰国後帯刀に提出したが、それは「諸藩の人物を集めて国会を開き、其同論の多数に従い、之を以て我国行政の方向となす」という国政改革案であった。

四　軍制改革と財源模索

海軍力の実情

元治元年の五隻に続いて、慶応元年にも三隻二七万五千ドルの汽船を購入して海軍力拡充をはかったことは前述したが（九六・九七頁表）、その資金負担は巨額に達していた。購入した船を手放す動きは、資金繰り問題も絡まっていよう。慶応元年には安行丸をボードインに売ったが（のち大洲藩「いろは丸」）、二年（一八六六年五月）には平運丸・万年丸がグラバーの担保（運航権移動）になり、その万年丸は安芸藩に売却、また胡蝶丸もボードインに売却された。

二年には汽船の新規買入れはなく、おそらく資金的制約から、企図したほどには海軍力整備は進まなかったのである。二年末現在、問題なく所有・運航しているのは翔鳳丸・乾行丸・豊瑞丸・開聞丸・三邦丸の五隻であるが、三年には開聞丸をグラバーに売却している。

軍事と貿易と

汽船によって軍事用と貿易用とが截然と区別されていたのではなく、必要に応じて転用されていたのが実情であった。

慶応三年七月十九日国元の桂宛の書状で帯刀は、翔鳳丸は、長崎から上方へ米を積んで廻すというが、肝心の時の軍事輸送が大事なので鹿児島に戻すべきだとしている。これに対して八月十二日の桂の返信は、「大坂迄是非差し越さず候ては、長崎表御払い、且つ借用方も画餅に致し候ては如何敷く御座候に付き」、大坂に物資を運んで換金しないと長崎での資金繰りができないので、やむをえず上坂させるので了解してほしいと記していた。

三年の大政奉還直前における汽船の運用状況は次の通りであった。乾行丸は「軍艦」だが汽罐入換え修理中、三邦丸は「勝手方支配」（一時七月に土佐藩貸し）、翔鳳丸は「商法運送」、豊瑞丸は「大島白糖方」、平運丸は「修理の見込みなく支払塡補の為売却の筈の所、偶々修理の見込み立ち、急遽修理してこれを使用す」（『薩藩海軍史』中）。

大政奉還直後の十一月には、一千噸《トン》クラスで砲六門を搭載し、外輪船であるが一六ノットと高速の大型軍艦春日丸を一五万五千ドル（「野村盛秀日記」）で購入した。しかし、同年度の製艦予算三万八千両では内金六万両にも足りず、不足分は豪商浜崎太平次の長崎支店から借りて支払ったという（『薩藩海軍史』下）。残金支払いの見込みはどうだったか不明であるが、結局は新政府所有の軍艦になっている。

海軍掛帯刀

慶応二年四月、帯刀は家老川上式部久美《ひさよし》を通じて「海軍掛　集成館・開成所・他国修業等掛兼」を仰せ付けられた（「正統系譜」）。このことは五月、「軍政急務」として、家老

海軍掛辞令（国立歴史民俗博物館所蔵）

の掛分担が帯刀・式部連名で達せられた際に公示された。同五月に英国兵式採用が決定され、二十四日には島津元丸（久家、都城領主）屋敷跡に海軍方（所）が設けられた。この日帯刀は大久保に書状を出し、財政緊縮の取調べ中ではあるが「海陸軍方十分」にしたいと記している。

実は当時、船乗りなどは武士の役目ではないと蔑視する風潮が強かった。前年九月付黒田清隆（了介）の意見書は次のように指摘している。現在蒸気船は五隻になり、さらに三隻注文中であるが、「運用、航海、測量機関の学に達し候は僅か一船丈の人数」しかいない。一般に「海軍至極卑劣の者と存じ込み…御国許別して其気味合いに御座候」。「御先代様」の時代にも海軍兵士はなかなか集まらず、集まっても「皆窮士一時の寒餓凌ぐ迄の事」にすぎなかった。人心を興起するには、公子や門閥子弟が進んで海軍修業に努め、「海軍格を陸軍の上に」位置づけられるべきである（『薩藩海軍史』中）。軍艦・装備の充実のみならず、藩士の意識改革も重要課題だったのである。

英式の「海軍規則」

帯刀は海軍掛として二年六月七日、海軍局設置の達書を発するとともに、「海軍所・軍艦・大小砲操練英式たるべき事」など六項目の「海軍規則」を定めて達した。海軍所ではミニエ銃を用いて中隊訓練までを行い、小隊八〇人、役員とも一〇〇人の三小隊をもって中隊とした。

大久保宛七月九日付書状で帯刀は、「追々御変革等の御手も相付き、海軍方も吉井、奈良原其外十分尽力にて、随分振い立ち仕合せの至り、不肖野夫にも重職を蒙り恐れ入り申し候」と伝えている。七月二十七日付では、海軍方の調練として二十日には照国神社に行軍、川尻調練場で初調練を実施したことを記している。同日の大久保宛本田親雄書状は「小松大夫大抵海軍局へ御出席これ有り…海軍兵士英式調練も随分出精、折角練磨最中にて候」と報じている。

英式騎馬隊

二年五月「陸軍掛　造士館・演武館・銃薬方・甲冑方・台場掛兼」は岩下方平担当とされたが、三年五月三日、当時岩下が在欧不在中ということで「陸軍掛」等は帯刀への肩代わりが命じられている（「正統系譜」）。岩下は、パリ万国博覧会統括のため二年十一月十日鹿児島を発って渡欧しているので、遅まきの人事であるが、実はその前から、国元不在の岩下に代わる役割を帯刀が果たしていた。なおパリ行きが岩下に決まったことについて帯刀は、八月十六日大久保宛書状で、「野夫にも是非渡海の事申し立て候得共、願達の向きにこれ無く誠に残念の至り」と記していた。

二年七月二十七日大久保宛で帯刀は、陸軍所には英国陸軍士官を雇い、物主《ものぬし》らに伝習させたうえで領国中に普及をはかる予定であることを伝えている。三年四月二十七日桂宛では、騎馬隊伝習四人を予定しているので、在京の大山巌《いわお》（弥介）・鈴木武五郎のほか野津道貫《みちつら》（七次）ともう一人を江戸に差し向けてほしい、「伝習の儀は横浜に於いて英人指南方致すべき筈に御座候、騎兵は兎角早く御手召し付けられず候わでは相済まざる時勢と、細々吟味いたし候間、然るべく御取計い下さるべく候」と、横浜での英国軍人指導による伝習計画を京都から指示しているのである（「石室秘稿」）。

新式銃の訓練

二年四月十三日大久保宛の帯刀書状は、九日に帰鹿したことを伝え、「相替らず因循《いんじゅん》の模様」はあるが、ミニエ銃稽古を仰せ出されたところ「人気も相向き多人数の稽古人」であり、西郷が帰藩したら相談して「此節は充分の御変革」をなしたいと、施条《しじょう》銃の普及の様子を伝えている。

施条銃自弁

八月には陸軍操練所が寺社奉行文書方跡に設けられ、施条銃の訓練が実施された。さらに元込施条銃という当時世界最先端の小銃の導入をもはかっており、三年八月十二日帯刀宛桂の書状は、横浜入手の元込銃三〇〇挺は是非国元に置きたいと記している。

三年三月には藩の軍賦規定を改正し、高割を以て銃砲・軍馬の備えを義務づけた。例えば、城下士、外城士《とじょうし》（郷士）で持高五〇石以上の者は、施条銃一挺などを自弁で備えることとされた。当時藩買入れの施条銃は約一万挺であったが、軍賦規定を満たすようその購入が強制されたのである。同時に、高上り分限高（買得により持ち高を増やせる上限）を改正し、中下級藩士の高上がり制限を緩和、特に小隊長クラスの外城士五〇～一〇石層に対して緩やかにした。

十一月には郷士の組織を英式兵組織に変え、一小隊八〇人、六小隊で一大隊四八〇人、従卒ともで六四〇人と定めた。薩摩藩では二年秋から寺院の整理を進めたが、これも軍事的意味があり、梵鐘仏具の銅器は砲器や銅銭の材料とされた（原口泉「薩摩藩軍事力の基本的性格」）。

外資利用の貿易計画

軍備充実は多大の資金を要し、その調達が差し迫った問題であった。慶応元年（一八六五）は、幕末薩摩藩にとって財政の厳しさが痛感され始めた年であるが、その打開策として外国との提携による貿易拡大の夢が最も膨らんだ年でもあった。イギリスやオランダの商社から融資を受けて国内物産を買い集め、彼らの手を経て輸出して利益を折半する積極的な貿易策が計画され、また渡欧中の代表が、ベルギーとの「国交」と通商をはかる協定を結んだのである。

英・蘭商社との計画

この頃、武器購入などで薩摩藩が最も密接な関係にあった外国商社は、英国ジャーデイン・マセソン商会の長崎代理店であるグラバー商会であるが、グラバーはこの年、薩摩藩留学生訪英の手助けをするとともに、彼らに対するロンドンのマセソン商会からの融資を実現させていた。

外商前貸による産物買付け

元年五月薩摩藩は、グラバー商会、駐長崎領事でもあるオランダ貿易会社ボードインとの間で「一致の商法」計画を取り決めた。これらの商社から資金提供を受けて国内産物を集荷し、これを商社が輸出して利益を折半するというものであった。グラバーは一三万ドルを投じ、薩摩側は北国などで生糸(一〇万ドル)・米(三万ドル)を買い集め、主として新潟から積み出すことになっていた。

数点の史料のうちには、グラバーが米に一〇万ドル、昆布に二万ドル、ボードインが米に三万両と記すものもあるが、薩摩側の出金額は記されていない。また別のメモでは、グラバーには奄美大島で生糸・茶・昆布と若干の米を渡し、ボードインには口永良部島で主として米を渡すことになっていた(『玉里島津家史料』四)。

上記の計画がそのまま実行されたかはわからないが、次の事実は確認できる。長崎に帯刀が到着した六月二十六日の当日付で、伊地知壮之丞・汾陽《かわみなみ》次郎右衛門の代理として野村盛秀が、「ゴロウル〔グラバー〕商社」に対して、三万ドルを受け取ったので「日本諸国」で生糸を仕入れ、グラバーは上海その他で販売し、「一致の商法勘定」で損益を分割するとの一札を入れている（『玉里島津家史料』四）。実際に七月十五日（洋八月十六日）に産物買付けのため三万ドルを融資したのを含め、同年中にグラバーから薩摩藩への融資は六万ドルに上ったことが、資金源であるジャーディン・マセソン商会帳簿に記されている（杉山伸也「グラバー商会」『近代日本研究』三、石井寛治『近代日本とイギリス資本』）。

計画蹉跌と返済難渋

薩摩藩は元年冬、越前藩との間で、薩摩藩が資金を提供して越前藩が生糸や米を買い集め、薩摩が長崎に運んで販売するという計画をまとめたが（二年三月正式協定）、上記の計画を前提にしたものであるのは間違いなかろう。翌二年にかけて、おそらくは主として外国側の原資で一七万両もが薩摩から出金された。ただし同年中はそれに関する動きが知られるものの、三年になると動きは史料上確認できなくなっている（高木不二『日本近世社会と明治維新』）。おそらく、目論見通りに集荷が進まなかったのではないか。

二年六月二十五日、欧州帰国後二月から勝手方御用人席外国掛を務めていた五代友厚は、桂久武宛に長崎から書状を出し、グラバー、ボードイン、オールトなどの借金返済の催促が急で、「只々困窮相迫り、実に以て苦心罷り在り申し候」と悲鳴をあげている（『五代友厚伝記資料』一）。すでに平運丸・開聞丸の二隻は、グラバー商会の担保とされていた。武器等購入代金未済や融資による集荷の渋滞がもたらした事態であるが、それに加えて外国商社側の事情変化として、横浜の有力商社デント商会がこの年十一月に閉店するなど、一八六六年恐慌に見舞われたことによる資金繰りの悪化があった。

融資の回収が滞りがちなことから、ジャーディン・マセソン商会は、ついに一八六七年二月にグラバーとの取引停止の方針を定めた。慶応二年（一八六六）六月末現在、資金元のジャーディン・マセソン商会に対する薩摩藩の債務残高は、留学生関係を合わせて一六万五千ドルにも上っており、以後回収が進められるが、担保の船舶処理を含めた皆済は明治元年末（一八六九年一月）になった。

ベルギーとの経済提携計画

留学生を率いて渡欧した新納刑部・五代友厚は、ベルギー貴族シャルル・ド・モンブランとの間に、慶応元年八月から十二月にかけて三つの約定を締結した。モンブランを介して薩摩藩とベルギーとの間に「国交」を開き、合弁商社によって貿易を推進するほか、多様な経済提携を目論む内容であった（『日本近世社会と明治維新』）。

しかしこれは、二年六月にベルギーが幕府と条約を締結したことで前提が崩れた。その後パリ万博出品のため岩下らが渡欧し三年一月パリ到着、出品についてはモンブランの援助を得たものの、蚕種《さんだね》見本を約束に反して持参しなかったことから不信を持たれ、現地での融資を得ることも困難になってしまった。

資金繰りの逼迫

壮大な計画が蹉跌するなか、慶応三年半ばには資金繰りはいよいよ逼迫してきた。六月十七日上方の帯刀に宛てた桂の書状は、長崎でのグラバー、ボードインへの支払いが差し迫っている、やむなくこちらで「御宝蔵」から三万両、「御家老座御格護金」から二万両を出すので、大坂で五万両を繰り合わせてもらえないか、無理なら鴻池などから調達できないか、と記している（『玉里島津家史料』四）。

正確性に疑問はあるが「道島家記」（「島津家本」）は八月六日の項で、外国商社への債務は七二万両、うち二四万両は返済の見込みが立っているが、四八万両は見込みが立っておらず、返済期限は九月だと記している。ボードインへの返済も難渋していたようで、のち明治二年十一月六日付汾陽の桂宛書状は、伊地知壮之丞が鹿児島に戻って御宝蔵から持ち出した八万両を、ボードインに渡したと報告している（『忠義公史料』四）。

慶応二、三年の時点で新たな資金源として期待されていたのが、白砂糖と藩札、そして商社であった。

軍備予算

二年五月、帯刀の名で、軍備のため財政が厳しいゆえ予算制度を実施するので、各方面から二十日までに予算を提出せよと布達された。そのうえで七月に決定された予算は、軍関係の年間維持費を定めたもので、歳出計八万両の内訳は以下の通りであった。

海軍方（開成所とも）雑用一万三〇〇〇両、集成館雑用二万両、蒸気船五隻一万三〇〇〇両（石炭代を含め各二万両くらいずつだが、運賃料収入等で補填する）、陸軍所雑用六〇〇〇両、銃薬方硝石丘一万四〇〇〇両、精錬所一万四〇〇〇両。これに対して歳入は出来米七〇〇

○石を売り七万両を得、不足一万両は取りあえず勝手方から補う。注目されるのは別に「大島白糖方」を挙げていることで、これは他に向けず「軍艦取入、右雑用に宛行う」つまり海軍拡張のために白砂糖代を当てるとしているのである（『薩藩海軍史』中）。

奄美白糖製造

薩摩藩の財政を支えていた奄美の砂糖は黒糖であったが、この時期、洋式機械を導入して白砂糖に精製したうえで高価に販売する計画が進んでいた。五代らが在欧中に買い付けた白糖製造機械四基は、慶応元年三月から三年三月まで工場建設のため雇用された英人トーマス・J・ウォートルスにより、大島に設置された。ウォートルスは、のち造幣寮や銀座煉瓦街の建設に当たった技術者である。なお四年一月九日帯刀は、人を長崎に派遣する際、「ヲートルス」書状を岩下に差し送ったと日記に記しており、同人の雇用に関わっていた。

二年十二月七日帯刀宛の書状で桂は、「大島白糖方機械は交代の者一人」英人が来ていると記している（『桂久武書翰（鹿児島県史料集三十集）』）。三年二月十二日伊地知壮之丞（在大坂）の帯刀宛書状は、当春は三島砂糖は上出来で、大島白糖も、オランダの機械はすでに十月に完成、他の二基も四月までにはできるので、「来春よりは百万斤余の白糖当阪え差し出」せるだろうとしている（「島津家本」）。七月六日桂宛の帯刀書状は、万博関係であろう「使節方為替金…大坂えも申し越し置き候、八月迄には新砂糖等も御座候に付き随分出来候様に御座候、折角相運び候様尽力仕るべく候」（「石室秘稿」）と、白砂糖の大坂市場への出荷を期待していた。

精製工場の実情

砂糖精製機械一五万円（両）、建設費とも二五万円とされるが（樋口弘『日本糖業史』）、工場は名瀬金久《かねく》が二年冬、三年までに久慈・須古《すこ》・瀬留《せどめ》三工場が完成した。久慈では日産三二挺（一二〇斤として三八四〇斤＝二・三トン、月一一万五二〇〇斤。英国では通常一日二トン）、洗浄不足でやや黄色だったという（水田丞「旧薩摩藩奄美大島白糖製造工場の建設経緯とその復元的考察」『日本建築学会計画系論文集』五八五号）。

どうやら白砂糖は工場の製造能率はともかくとして、質の点で期待に添う出来ではなく、輸入精製糖に張り合えるものではなかった。奄美大島の白砂糖製造は明治初年に終わったようである。

白糖頼りの幻の借款計画

五代らが、モンブランの関係でフランスに注文した銃砲代も莫大であった。三年八月四日付帯刀の桂宛返信は、「仏にて御注文鉄砲代等拾八万両位の由、誠に莫大の事にて嘸《さぞ》御心配の筈と存じ奉り候、何とか御工夫下さるべく候、大坂も当分は余程金繰り六つか敷く」と、一八万両の大坂での調達は困難だと伝えている（「石室秘稿」）。この件に関しては、この月長崎で借款計画が進んでいた。

伊地知壮之丞の交渉により、ボードインがオランダ本国から三〇万ドルを引き出して貸与する計画が決まったが、返済は低利の五朱（分）利で「大島白糖代振向、壱か年十万枚ずつ利息相添え返金の筋、相談出来」たと伝える（三年八月十二日小松宛桂書状、『桂久武書翰』）。近く来日するモンブランが立替えてくれた前述の銃砲代二二万ドルを支払うためであった。伊地知は四年二月八日この実行をボードインに催促しているが、実際にはこの武器代は、戊辰戦争勃発により新政府に引き継がれることになった。白砂糖代が、実際に返済用に動員されることはなかったのである。

幕府隠密の疑いで島流しされていた安田轍蔵《てつぞう》は、慶応元年十二月鹿児島に召還されたが、藩札を含む新たな通貨製造計画を建白しており、改めて鋳造方に任じられた。二年五月二十四日付大久保宛の帯刀書状は、かねて問題の人物ではあるが、「安田自分働を以て紙札代三万両献金」するとも言うので、「御勝手方御用人」の肩書きを与えて、為替などの打合せのため上坂させたので、承知しておいてほしいと記している。

八月に南林寺大門口に鋳銭所が移動し、領内流通用金銀銭札が製造された。藩札で領内物産を買い集め、大坂などに販売して正貨を獲得するシステムが実行されたのである。安田は三年十月に罷免されたが、明治三年一月調べでの藩内の藩札通用高は八九万両に上っていた（『偽金づくりと明治維新』）。兌換ないし価格維持のために正貨が必要であるので、単純には言えないが、この間に年間一〇万両単位の資金調達源になっていたとは言えよう。慶応期後半の資金源としてもっとも重要だったのは、この藩札だったのではないか。

コンペニーの試み

すでに文久二年十月、石河正龍（石川確太郎）は帯刀の了解のもと、大坂百間町（現西区立売《いたち》堀付近）に蔵屋敷を入手し、ここを拠点として各地物産の交易を試み始めていた。慶応三年には、おそらく幕府の兵庫商社の計画にも刺激され、石河を中心にこの大和交易方を拡充し、広く出資者を募って会社組織の商社を立ち上げる計画が進み始めた。二月八日、伊地知壮之丞は大坂から京都の帯刀に書状を出し、先日京都でご馳走になった礼を述べたうえで、次のように記している。

コンペニー取り企て一条寺島え相談仕り、石川え託し手を付け申し候、随分泉州境〔堺〕・大和・河内・和泉は、出銀致すべく候都合相調う儀と存じ奉り候、追々出羽・近江辺迄も手を伸し申すべく、尤も御国許大家の商人共にも相応出銀仕らせ申すべく候、左候わば数十万の本手相備え候様罷り成るべく、兵庫開港商法一変仕り候わば、何れコンペニーに御座無く候ては、本朝の膏油を彼に吸われざる様の仕向きはこれ無しと寺島等の説に御座候、西洋一盤〔一般〕蒸気車・鉄道より諸機械・宿屋等に至る迄コンペニーの仕向に御座候由（「島津家本」）。

近づく兵庫開港に備え、各地物産の交易をはかるには、畿内各地いずれは出羽や近江にも出資者を募り、会社組織で当たる必要があると言うのである。会社（コンペニー）に関する知識が洋行帰りの寺島によっていることも明らかである。十二日付では出資者集めは進んでおり、自分も石河に言われて「頭取」にも会ったと伝えている。これに対する帯刀の返事は、「大和商法御問合せの趣」は「仰せ越し候通り」進めてほしいというものであった（三月十九日付、『忠義公史料』四）。

薩州商社の行方

六月には「薩州商社」の趣意書・規則ができ、八月には堺戎島を本拠とする設立出願書類が作成された（長谷川洋史「「薩州商社発端・薩州商社条書」の二つの版について」東亜大学『研究論叢』一二巻一号）。

戊辰戦争開始後にも計画は存続していたようで、慶応四年八月付の趣意書は、一株五千両の出資で「諸侯幷に諸人同志者と社を結び」、「諸品の高下を計る時を見て買売し、蒸気船にて隔地え運漕、彼我相利する事を企つ」、そうすれば「社金」も増し「終に外国の商権を我に取り、諸品値段も平均を得べし」とする（『忠義公史料』五）。しかし、政治情勢激変のためであろう、それ以上には具体化しなかったようであり、薩摩藩の財政を潤す存在にはならなかったのである。

五　新将軍と四侯会議

将軍空位

慶応二年八月、第二次征長が事実上幕府側の敗北に終わり、将軍職も空位であることから、政局の展望が不透明化するなか、さまざまな模索の動きが生じた。朝廷では八月三十日に、中御門経之《なかみかどつねゆき》ら二二公卿が列参して、諸藩召集、勅勘公卿赦免、朝政改革を訴えた。一会桑勢力と癒着してきた朝廷上層部中川宮・関白二条斉敬を弾劾する動きであったが、一時両名が出仕を差し控えたものの、十月二十七日には孝明天皇の意向で列参公卿が処分され、この動きは挫折した。

また、自らの招集での諸侯会議を構想していた徳川慶喜も、松平慶永らの意見を容れたので、九月七日には朝廷が二四藩諸侯に上京を命じた。大久保利通は翌八日付西郷隆盛宛の書状で、慶喜の将軍職辞退は諸侯上京までは変わらないであろうから、これを「共和の大策を施し征夷府の権を破」る絶好の機会とすべく、久光上京を実現するよう周旋してほしいと記し、一挙に将軍職を廃止するチャンスと見ていた(『大久保利通文書』一)。しかしこの召集の意図は、慶喜の将軍推戴のためだとかさまざまに解釈され、多くの藩は形勢観望の態度をとり、上京しなかった。

慶喜の将軍職就任と帯刀上京

十月十六日、天皇の強い意向により徳川慶喜の除服（喪服を脱ぐ）参内が実現し、慶喜は将軍同様の儀礼で迎えられたことから、慶喜の将軍職就任は決定的となり、十二月五日将軍に就任した。

慶喜の就任が決定的になった頃、小松帯刀が上京してきた。十月十五日、帯刀は西郷とともに三邦丸で鹿児島を発ち、二十六日入京した。この頃国元では、「小松ミニストルという場に当り候由」（「道島家記」）と噂されたという。英国提督来鹿と思い合わせ、龍馬のいう「海軍総大将」アドミラルと混同したのであろうか。

上京した帯刀には、幕府側から久光上京への催促がしきりである。十一月十二日付桂久武宛書状で帯刀は、幕府側との接触を報告している。先日来の要請を引き延ばしてきたが、今朝老中板倉勝静に会った。久光が上京しない理由を聞かれ、「腰肺痛」と答えたが、慶喜の強い希望であると、押して上京を要請された。

板倉が言うには、「此節は是非幕府の失礼を改正いたし、真に腹蔵を明し、天下の公論に従い御処置も成られ度し、実に上様にも深く思召に相成候」、慶喜が幕府の「失礼」を「改正」し「天下の公論」に従いたい意向であるという。そのうえで先方は、兵庫開港・長州処分への当方の本音を聞きたがり、こちらは、これまでも久光が上京して建白しても無駄だったことを指摘しつつ、今度は「天下の公論」に従うというが具体的にはどうかと、相互に探り合いであった。いますぐ久光公の上京がよいという見込みは立たない（『忠義公史料』四）。

慶喜側近との接触

慶喜がこれまでのやり方を改め、有力諸侯との連携を模索していると見た帯刀は、大久保流の対決路線からの方向転換をはかった。当面朝廷工作ではなく、幕府側との直接接触で、何らかの成果が得られないかを探る方針をとったのである。十二月一日桂宛書状でも、慶喜側近の原市之進の希望で面会したが、やはり腹の探り合いであり、帰鹿する奈良原繁（幸五郎）から聞き取ってほしいと伝えている（「石室秘稿」）。

十三日国元家老宛書状では、先日から慶喜側近の梅沢孫太郎から再三面会希望があり、十一日夜原・梅沢と会ったことを伝えている。上京については、「御快気次第御出」にもなろうとほどよく答えておいたが、五卿・長州処分・兵庫開港の議論は、帰国する伊地知正治から聞き取ってほしい。兵庫開港期限が迫っていることもあり「弥《いよいよ》幕も切迫の体」で、「此の節は是非御依頼と申す事に相見」え、久光に是非上京して助けてほしいようである。「幕役よりの引合い総て私え申し参り候事共…大事の場合故苦心仕り居り候」と、薩摩藩を代表して折衝する難しさをも述べている（『玉里島津家史料』五）。

践祚と幕薩接近

十二月二十五日孝明天皇が崩御、翌慶応三年（一八六七）一月九日若年の天皇が践祚《せんそ》（即位）した。強い政治的意志を持つ天皇が政局から姿を消したことは、朝廷に新たな動きを生む可能性をもたらした。

践祚を機に勅勘公卿の大赦が一月十五、二十五日に始められた。十八日に中御門経之が大久保に宛てた書状で、有栖川《ありすがわ》宮熾仁《たかひと》親王・徳大寺実則《さねつね》らの赦免について「全て貴藩御周旋之廉《かど》と深々忝《かたじけな》く存じ候」と記しているように、これは幕薩間の話し合いの結果であった（『大久保利通関係文書』五）。

また、京都守護職松平容保の反対を押し切り、慶喜は勅許を得て二十三日征長軍の解兵の命を発し、さらに太宰府にあった五卿の上洛を認めた。解兵の命について近衛忠熙《ただひろ》は、二月五日尾張藩留守居の尾崎忠征《ただゆき》に、「当今にては薩の小松など幕にて依頼の由、会〔会津〕を差し置き解兵の儀も薩の主張を、幕にて御採用かと存ずる」と語った（『尾崎忠征日記』二）。また二月四日大久保宛書状で帯刀は、この日原市之進に呼ばれて話し合い、「五卿壱条も先ず可也の都合に成り立ち申し候」と伝えている。五卿の京都での自由を束縛しない趣旨の説明を受けたようである。

このようにこの時期、帯刀と慶喜側近との間での話し合いに基づき、朝廷人事や長州問題処理について、薩摩から見てある程度の前進が見られたのである（家近良樹『幕末政治と倒幕運動』）。

四侯会議へ

慶喜側の薩摩への接近は、慶喜がこれまでのやり方を改め、薩摩など雄藩との協調のもとで、新将軍として政局運営をはかっていくのではないかとの期待を抱かせた。帯刀ら在京指導部は、四侯会議による政局打開の時期と判断し、久光上京を要請したのである。

一月二十四日付桂宛書状で帯刀は、「爰許《ここもと》の形勢段々変遷、其上兵庫開港の御治定も是非三月中には御取究めと申す場合、旁《かたがた》の事情もこれ有り…爰許評議の趣、野夫にも罷り下り相伺い候心得に御座候処、此の方の義もこれ有り候間、此の節は西郷等罷り下る」ことになったので、聞き取ってほしいと記している（「石室秘稿」）。西郷は二日前に出京、この日三邦丸で帰藩の途についていた。

アーネスト・サトウ
（1865－66年，横浜開港資料館所蔵）

英国公使館員と会う

新将軍が、天皇崩御の服喪明けを待って、大坂で各国公使に会見する意向を示したことから、公使滞在準備のため英国公使館二等書記官A・B・ミットフォードとアーネスト・サトウが上方に来たが、その際、帯刀との接触を求めた。

サトウが、前回慶応二年十二月の兵庫訪問の際に西郷に会い、薩摩の動きを打診したところ、西郷が三年間は様子を見ると言ったのに対して、それは長すぎると口走ったことは有名な話である。

帯刀は慶応三年一月十日下坂、十一日（洋一八六七年二月十五日）吉井友実とイギリス側旅宿本覚寺を訪ね、朝食をご馳走になった。帯刀は、「脂肪の多い肝のパテや、薄い色のビールをうまそうに、ぱくつき、飲みほし、しまいにはあまり上きげんになり過ぎたので、この宿舎には徳川の家臣も多勢いることとて、うっかり秘密をもらしはせぬかと、はらはらした」という（『一外交官の見た明治維新』上）。翌十二日、ミットフォードとサトウは大坂薩摩藩邸を訪ね、帯刀・吉井と会談した。

双方の記録

二十四日付桂宛の帯刀書状に同封された「大坂ニ而英人ミニストル付士官「メッホルス」サトウ両人承候大意」には、英国側は、公使が来坂した場合は兵庫開港の決着を見なければ戻れない、「日本帝王に条約結び度き趣、頻に申し出候」と記されている（「石室秘稿」）。

一方、ミットフォードのパークス宛報告では、帯刀が、「サー・ハリー（パークス）は、ただ天皇と条約を結びたいとだけいってくれればよいのである。そうすれば、大名のひとりひとりが、責任をもって、かれの希望の実現につとめるであろう」と言ったのに対して、当方は外国の内紛には干渉しないと述べたという。またサトウは、慶喜は兵庫開港を認めないだろうと帯刀は観測している、と記している（萩原延寿『遠い崖』④）。

城代家老、養子申四郎

帯刀は、この年一月十一日「御城代、御役料高千石、御家老勤、諸掛是迄通」と仰せ付けられた。藩主留守の際に名代《みょうだい》として城を守るという家老中でももっとも重い役、城代家老という藩政の頂点に、三十三歳にして立つに至ったのである。

なお、千賀（近）との間に子供がいないことから、町田申四郎《しんしろう》を養子にすることが、桂久武を介して「正月」付で認められていた。「正統系譜」の補筆は「慶応二年丙寅十五日」としているが、だとすると、この時には申四郎は英国におり、帯刀と桂は京都にいたので、あるいは申四郎出国前に当事者間の話は成立していたのかもしれない。

申四郎（実種、実積、右近、棟）は嘉永元年（一八四八）一月生まれで、千賀の姉汲《くみ》が嫁いだ町田家の四男であり、帯刀とは義理の叔父・甥の関係にある。開成所諸生として蘭学を学び、石河正龍が留学候補者として「篤志勉強仕り、性質も浮薄ならず候」と推薦した一人で、長兄民部久成率いる英国留学に、塩田権之丞と名乗って弟清次郎（清蔵、実行、変名清水兼次郎）とともに加わった（一二〇頁写真）。

慶応元年五月末ロンドン着、ロンドン大学ウィリアムソン（化学）の指導を受け、八月中旬同大ユニバーシティー・カレッジ法文学部に入学、海軍機械術を学んでいたが、二年六月半ば帰国の藩命で清次郎ら五人と出発、八月鹿児島に戻った。

「和漢の学文根軸」

その申四郎に宛てて帯刀は三年一月四日付で書状を書き、旧臘六日付の書状を二十九日に受け取り、「先々御堅勝の由大慶此の事に御座候、拙者にも異無く相勤め候」としたうえで、天皇崩御と儀式の予定を伝えている（「島津家本」）。

二十四日にも書状を書き、旧臘二十九日付、五日付書状を受け取ったとし、当地の情勢を伝えたあと、次のように記している。集成館に来ている英国人の通訳のため出張したのは、御用に役立って有難いことである。しかし「只今は内に十分出精、和漢の学文根軸に相立てず候ては、只英学通弁等迄通達候ても其詮これ無き義と相考え候」。英学の前に根本になるのは「和漢」の学である。自分は幼年の頃から「和漢の学」に乏しかったので、いまになって「天下の人」に交わるのに「頓と込〔困〕り入」っているので、いまのうちに修業が肝心である（『大久保利通関係文書』三）。

久光四度目の上京

二月一日鹿児島に戻った西郷は、拒否されたら「退身」の覚悟で久光を説得して、上京の決断を得た。藩内にその旨が布達されたが、目的としては新帝の「天機御伺」と朝廷のため「後年の御策」を建てることが伝えられた。西郷は十六日高知で山内豊信《とよしげ》（容《よう》堂《どう》）、二十四日宇和島で伊達宗城《むねなり》に会い、上京を促して二十七日に帰藩し、久光に報告した。

慶永については、二月九日に訪問した越前藩家老酒井十之丞に帯刀が、幼沖の天皇を補佐するため四侯が上京して相談すればとの議を在京の薩摩の三人が考え、手分けして働きかけているので、越前に赴く時は同行を頼むと伝えた（『続再夢紀事』六）。

三月二十五日、久光は三邦丸で海軍兵七百余人を率いて出発、四月二日大坂に着いた。

兵庫開港問題の切迫

文久二年のロンドン覚書により、修好通商条約で取り決めた兵庫・新潟の開港と大坂・江戸の開市の期限は、貿易条件緩和を代償に一八六八年一月一日に延期されていた。慶応三年二月六日、各国を代表して仏公使ロッシュは大坂城で慶喜に会見し、孝明天皇が拒否していた兵庫開港の早期実現を、武力行使をほのめかしながら要求した。

兵庫開港期日はこの年十二月七日に迫っており、しかもその六ヵ月前に布告することを約していた。慶喜は三月五日と二十二日に勅許を要請したが、朝議は、赦免により破約攘夷派が復帰したこともあって許可しなかった。この間、大久保は近衛に、久光上京前に聴許しないように働きかけていた。朝廷は二十四日二五藩に対して、慶喜の具申につき四月中に意見を出すか上京するかを命じた。

慶喜の広言

慶喜は、将軍代替わりを理由に、三月二十八日英仏公使・蘭総領事（米公使は四月一日）を大坂城で公式に引見し、「条約を全然履行すべし」と言明した。パークスが、兵庫開港を約したと新聞に発表してよいか念を押したところ、老中板倉は異議ないと答えたという。

四月二日から久光は在坂し、帯刀・西郷はこれに随従していた。帯刀は六日、藩邸を訪問したサトウから兵庫開港についての慶喜の広言を聞かされた。一方では諸侯との協議を言いながら、しかも勅許奏聞が諸藩の見込みを聞いたうえでと却下されたにもかかわらず、諸侯会議や勅許に先立って外国側に兵庫開港許可を言明したことは、帯刀らの見通しに反した慶喜の言動であり、大きなショックを感じたであろう。

パークスと会見

八日京都の大久保宛書状で帯刀は、「兵庫開港の義は何も条約通に致すべき段、幕府より申し居り候との事に御座候、別に左迄の事も御座無く候」と記しているが、これは強がりの言のように思われる。

十日、帯刀・西郷・吉井らは、大坂湾の英艦に赴きパークスを訪問した。パークスの本国宛報告によると、彼らは、近く開催予定の将軍と大名の会議では、外交に関しては大きな意見の相違は生じないだろうが、問題は将軍と天皇との関係であると述べたという(『遠い崖』⑤)。

四侯の上京

四月十二日、久光は帯刀・西郷らを随行させ、兵を率いて入京した。十五日には伊達宗城、十六日に松平慶永、遅れて五月一日に山内豊信が入京し、これで四侯が揃った。

入京の前、三月二十九日に勅勘公卿の第三次大赦が実施された。山階宮《やましな》(晃《あきら》親王)・

正親町《おおぎまち》三条実愛《さねなる》・中御門経之・大原重徳《しげとみ》ら昨年の列参関係者が赦免されたほか、岩倉具視《ともみ》らが入京を許された（ただし洛中宿泊は月一度一泊のみ）。この一件にも、帯刀・原の折衝があったようである。

パークス通行と朝廷の動揺

　四月十七日、松平慶永側近の中根雪江によれば、前日上京したばかりの慶永を、慶喜の意を受けた原市之進が訪問し、「朝廷御動揺」を伝えた。英公使パークスが伏見経由で陸路敦賀に旅行することは、あらかじめ幕府に通知されていたのであるが、京都に近い大津を通行したのは許した朝臣の落度であるとして、鳥取・備前・薩摩藩士のうちには議奏・伝奏を刺し殺すと攘夷にはやる者がいる、との一部公卿の申し入れがあった。そこで内大臣近衛忠房が摂政二条斉敬と急遽相談し、今日、議奏広橋胤保《たねやす》大納言・六条有容《ありおさ》中納言・久世通熙《みちさと》宰相中将、伝奏野宮定功《ののみやさだいさ》中納言の四人を免職に処した。原が言うには、これに対して慶喜が激怒しているので尽力願えないかということなのだが、慶永は、最近そちらは帯刀と親しいようなので相談してみればと答えた。

　そのすぐ後に、帯刀が訪ねて来た。慶永は、薩摩・幕府・朝廷いずれからも求められて上京したが、別に良策はない、久光はどうなのかと問うた。これに対して帯刀は、薩摩も同様だが、兵庫開港の下問があったのに、その結論に先立って朝廷に勅許を奏聞しているのは問題であり、会合のうえ相談をしてはどうかと述べた。

帯刀はまた、いま門前で原に会ったが、昨夜のことは意外で、藩士中には「暴論」の者もいるので「説得」しておいた、と言ったという。実はこの頃、議奏・伝奏糾弾の動きは薩摩の謀略であるとの噂が広がりつつあった（『徳川慶喜公伝』三）。

帯刀の方針転換

さらに中根の記すところでは、ここで帯刀は、幕府との協調の方針を転換する旨を述べたようである。その契機は、慶喜の兵庫開港言明であったろう。

これまで薩摩は、まず朝廷に周旋した後で幕府に周旋したために幕府の疑惑を受けたので、今回十月上京以来二月までは近衛はじめ公家方へは参上せず、原などと相談してきた。「今度は第一に廷臣の御人撰等、朝廷の方を匡正」すべきである。朝廷で敬服できるのは前関白鷹司輔煕《たかつかさすけひろ》であり、免職された面々は幕府にのみ阿諛《あゆ》していた。このように帯刀は述べた。幕府側との取引に見切りをつけ、朝廷工作を強化して幕府に対抗する方針を示唆したと言えよう。

四月二十一日、慶永は久光を訪問し、宗城も同席した。久光が言うには、将軍は六条を含む四卿復帰を働きかけている。また四公使に兵庫開港を約し、そのことを新聞に書いてもよいと言った。これは帯刀がサトウから聞いたことであるが、朝廷に伺い中、諸藩にも意見を聞くと言いながら不都合である。これには同席の人たちも同意したという。その後の酒席には中根、帯刀・西郷・大久保も出席した（『続再夢紀事』六）。

朝廷人事問題

英国公使通行をめぐる議奏・伝奏四公卿罷免を機に、慶喜が二条摂政に抗議するなど、朝廷人事が四侯とりわけ薩摩との間で大きな問題になった。西郷は人事改革を久光に建言しており、また議奏・伝奏補欠につき、「丁卯五月小松見込」（『玉里島津家史料』五）と記されたメモがある。議奏に中山忠能《ただやす》・正親町三条実愛・中御門経之・徳大寺実則・大原重徳、伝奏に万里小路《までのこうじ》博房・烏丸光徳《からすまるみつえ》と記している。こうなれば薩摩としては大満足だろうが、幕府側も介入するからそうはいかないであろう。

五月六日久光と宗城が二条摂政と面談して議奏補充についての折衝が始まり、十日にも慶永を加えて行われた。結局、二条摂政は経験者を基準に人選して、十四日の朝議で決したが、その結果につき帯刀は、三条実愛が容れられたことで四侯の意見は半ば通ったと評した（『続再夢紀事』六）。

四侯の意見

久光上京に際して大久保は、会議を通じて次の事柄を実現すべきだとの意見を提出していた。条約締結権の朝廷吸収、長州処分寛大、「征夷大将軍職を奪い、削封の上諸侯の列に召加えられ度し」（『大久保利通文書』一）。西郷は会議の進め方につき、長州問題先議、兵庫開港はあととの意見を提出していた（『大久保利通関係文書』三）。

四侯は五月十四日、慶喜の求めにより二条城に登営して、長州問題と兵庫開港との二案件について若干の意見交換を行い、その後晩餐の宴が行われ、また慶喜の希望で城前庭でそれぞれの写真を撮った。

十七日土佐藩邸に四侯が集まり、長州藩処分問題で話し合いの結果、毛利父子の官位復旧、敬親《たかちか》（慶親《よしちか》）隠居・元徳《もとのり》（定広、広封《ひろあつ》）家督相続、削地取消という、勅命による「寛典」処分案で一致した。また兵庫開港はよいが、幕府の措置を聴許するのではなく、天皇が勅命を下して幕府に執行させる形式とし、外交権が朝廷にあることを幕府に認めさせる、という案になった（『幕末政治と薩摩藩』）。両案の審議順については、薩摩としては幕府の「反正〔反省〕」が第一ということで長州先議との方針を決め、十九日朝帯刀は慶永を、大久保は宗城を説いて同意を得た。

四侯対慶喜

慶喜と四侯の折衝は、十九日と二十一日に行われたが（豊信は病欠）、慶喜は期日切迫を理由に兵庫先議を主張、長州処分がうやむやにされることを恐れる四侯側は長州先議を主張して対立した。結局二十三日朝、四侯連名の建議書（宗城が執筆し、帯刀の意見で改訂、『伊達宗城在京日記』）を、慶永から老中板倉に提出した。

朝議は、四侯のうち慶永だけが列席し、二十三日夜五つ（八時）から翌二十四日夜亥の中刻（十時）まで、断続的に行われた。慶喜と慶永とがそれぞれの考えを述べたが、公卿側はなかなか結論を出せなかった。二十四日朝、公卿方の要請で帯刀が召され久光の参内が求められたが、午後帯刀が参内して久光は病中で参内できないと伝え、そのまま宮中に留まった。

一時は公家の総参内が命じられ、収拾困難な事態にもなった。しかし慶喜が、勅命が出るまで退朝しないという強硬な態度をとったことから、ついに朝議は兵庫開港勅許と長州処分「寛大の処置」の結論を出し、聴許を得た（『続再夢紀事』六）。

「寛大の処置」をめぐって

二十五日老中板倉を通じて四藩に沙汰書が渡された。しかし、長州藩については「寛大」とのみで具体的内容がないなど、四侯の意見が容れられていないと、帯刀と大久保が各侯に働きかけ、二十六日、四侯連名の抗議の意味を込めた伺いが提出された。寛大な措置の内容自体には実は大差はなかったが、長州の謝罪を前提として幕府の威信を保ちたい慶喜側と、幕府の「反正」を求める四侯側とでは、方向が逆であった。

朝廷は「一大戯場」

二十五日の豊信宛書状で、朝議の様子を慶永は、「一昨日参内、同夜不眠、昨日四ツ半時〔午後十一時〕過退、朝一大戯場の観、随分疲労仕候」（原文のまま、『続再夢紀事』六）、朝廷は「戯場」のようだと記した。途中から列席した宗城は、「大樹〔将軍〕公、今日の挙動、実に朝廷を軽蔑の甚だ敷き、言語に絶し候」と日記に記した。

慶喜の強烈な権力意思が発揮されるとともに、朝議の無力さが否応なしに露呈されたのであった。久光は六月六日付忠義宛書状で、「幕府のところ、とても十分反正に相成りかね、…切歯嘆息の至り」で、摂政らは「幕の賄賂に眼くらみ、御失態の義」と怒りをぶちまけている（『玉里島津家史料　補遺』二）。

この時点では対立の中心は慶喜と久光であり、この場は慶喜が強引に乗り切ったが、ただしこれまでに比べて、朝廷に対しても有力藩に対しても、慶喜が孤立の姿を強めたことも事実であった。

生彩を欠く久光

五月十日三侯の打合せの時、久光は、慶永・宗城両人は経験があるが、自分は初登城でどう振る舞えばよいかと両侯に質問している。しかし実際には、元治元年一月十九日登城し将軍家茂《いえもち》から饗応を受けていた。十二日の土佐藩邸での打合せでも、登城時の進退と口上をどうするかを聞き、慶永から、自分が上席に着くので、諸事自分を見習えばよいと言われている。またこの時、翌日登城でまとまりかけたのに、今日このように窮屈な思いをしているのに、明日また将軍の前で両手をついているのは苦痛だと反対した。

その一方で、いつ登城すべきかについて、帯刀・大久保を呼び出して意見を言わせるなど、久光の存在が他侯の前でも頼りなく見えつつあったことを、中根は『続再夢紀事』に書き記している。あるいは、その後悩む脚気の症状が現われ始めていたのかもしれない。理由はいずれにせよ、この頃から薩摩の方針決定は、久光ではなく帯刀・大久保らが主導していることは、他藩の目にも明らかになってきたのである。

第五　挙兵論と大政奉還

一　出兵準備と藩内異論

在京首脳部の決意

四侯会議の挫折で、薩摩藩在京首脳部は将軍慶喜《よしのぶ》に対する強烈な憤りを燃え上がらせた。

慶応三年（一八六七）五月二十九日、小松帯刀《たてわき》が藩邸御座の間に在京幹部を招集して、これからの方策を相談した。集まったのは、大目付関山糺《ただす》、側役の西郷隆盛（吉之助）・大久保利通（一蔵）・田尻務・蓑田《みのだ》伝兵衛・吉井友実《ともざね》（幸輔）、留守居の内田政風（仲之助）・新納《にい》立夫《ろたつお》（嘉藤二《かとうじ》）であった。

協議の結果、「長と共挙事の議粗《あらあら》定る」、長州とともに事を挙げることにおおよそ定まったので、さらに伊地知《いじち》正治の意見を聞いたうえで、帯刀から島津久光に決裁を仰ぐことになった、と「新納立夫日記」は記している。合意の内容は必ずしも明らかではないが、少なくとも国元からの出兵を含んでいたことは確かである。

将軍徳川慶喜
（福井市立郷土歴史博物館所蔵）

長州藩士に短銃

この日ののち帯刀は体調不良で休んでおり、伊地知の意見を聞いて久光に言上したのは六月四日かそれ以後であったが、久光はそれに大いに賛成して決断したようである。

六月十六日、久光は、薩摩藩邸に潜んで情報収集に当たっていた長州藩士品川弥二郎・山県有朋《ありとも》（狂介）を呼び、「幕府反正（反省）の目途」も立たないので「今一際尽力覚悟」であり、近く西郷を長州に相談に遣わすと述べたうえで、六連発の短銃を自ら与えた。その後両名は帯刀邸に招かれ、西郷・大久保・伊地知と会談した。そこで「見込み」を尋ねたところ、「朝廷御守衛を専一に致し天勅を奏請し幕府年来の罪逆を正」すとの返答であった（『防長回天史』）。

当時の朝廷は、どちらかと言えば慶喜に抵抗できないでいたから、これは、武力により、少なくとも軍事的圧力のもとで、朝廷から将軍慶喜排除の勅を引き出そうとの計画であろう。この時点での在京幹部がおおむね了解した公約数的な内容は、会津・薩摩藩兵包囲下で敢行された八月十八日政変のイメージだったかもしれない。一方、帰国した山県は軍略案を提出したが、そこでは、「時日を刻し暫時《ざんじ》に〔すばやく〕浪華城を落し、山崎八幡天保山砲台を奪い…奸賊一橋を殺戮《さつりく》し、朝廷の鴻基《こうき》相立て度き事歟《か》と存じ奉り候」と、挙兵奇襲を主張していた（「懐旧記事」『山県公遺稿・こしのやまかぜ』）。

「決策の色を顕し」

　六月十八日久光は、忠義《ただよし》宛書状の別紙で兵士上京準備を求めたが、忠義自身は取りあえずは「出張」しないようにと記している（『玉里島津家史料　補遺』二）。その別紙は、『大久保利通文書』にも蓑田宛書簡として同文が収録されており、在京首脳部の意向と見てよいものである。将軍は四藩の「公論」を押し切って「私権を張り暴威」を振るう「皇国未曾有」の事態で、これでは「幕府、朝廷を掌握にし、邪を以正を撃」つことになるに違いない。そこで「非常の尽力にて兵備を盛にし、声援を張り、決策の色を顕し、朝廷を奉護」せねばならない。まずは軍艦四隻で、島津備後珍彦《うずひこ》（重富領主、久光三男）を総督として、一大隊くらいを差し出す準備をしてほしい。出発時期は、長州と相談して決めるとしている。

　帯刀も同日桂久武（右衛門）宛書状で、現在の状況では「御尽力の道他にこれ無く非常の御決策」に踏み切られたのであり、上京に際して島津備後を補佐する参謀は、黒田清綱（嘉右衛門）・奈良原繁（幸五郎）が適任であると記している（「石室秘稿」）。

薩土盟約

それから間もない二十日、長崎から数日前に上京して来た土佐藩執政後藤象二郎が、帯刀を訪問した。幕府は政権を返上すべきである、との書付を提示したところ、帯刀はそれに同意した。二十二日夕方、薩摩の帯刀・西郷・大久保、土佐の後藤・福岡孝弟《たかちか》（藤次）・寺村左膳（道成）ら四人が、坂本龍馬・中岡慎太郎の同席で、三本木において会談して基本的な合意が成立した。その後文章の摺り合わせを経て七月二日薩土盟約が確定、この間在京の安芸藩家老辻将曹（維岳）もこれに賛同した。

盟約の前提は、将軍に辞職するよう建白することである。趣旨は、大政奉還によって王政復古を実現し、朝廷が条約締結など「天下の大政」の全権を掌握、「万機」は上下の「議事院」により、上院には諸侯が加わるが、将軍は辞職して「諸侯の列に帰順」するというものであった。

それを実現する方策は明示されていないが、武力を背景にするという認識はこの時点では共有されており、後藤は西郷らに、いったん帰藩し山内豊信《とよしげ》（容堂《ようどう》）の承認を得たうえで十日後には兵を率いて再度上京すると言って、七月四日京都を発って高知に向かった。

薩摩側の理解

久光は六月二十七日付の忠義宛書状で、「此の策断然相行われ候得ば、実に皇国挽回の基本とも」なるだろうと賛意を示しつつ、はたして豊信が採用するかどうかを危惧していた。

西郷は七月七日、薩土盟約文を同封した品川・山県への書状で、土佐の提案は「実に渡りに船を得候心地致し、直様《すぐさま》同意」したと記しているが、慶喜の自発的辞職に期待する方策に、西郷が同意したのはいささか奇妙に感じられる。しかし西郷は、この建白は受け容れられるはずがなく、その結果は早々にはっきりするだろうから、その時には土佐も薩摩に味方するだろう、と考えていたようである。

奇襲「奪玉」の計画

西郷が来訪せぬまま薩土盟約が伝えられたことから、長州側は薩摩の意向を再確認するため、柏村《かしわむら》信（数馬）・御堀《みほり》耕助を密かに上京させた。八月十四日、両人と薩摩藩三人との密議が帯刀邸で行われた。

薩摩側の「秘策」はとの立ち入った質問に答え、西郷は次のように具体的計画を打ち明けた。京都藩邸には兵一千人がいるのでこれを三手に分け、一手は御所を「守衛」し「玉（天皇）」を確保し、場合により山崎男山に移動、一手は会津邸を急襲、一手は堀川辺の幕兵屯所を焼き払う。国元から三千人を上坂させて、大坂城を落とし大坂湾の軍艦を破砕する。江戸には一千人がいるので、水戸浪士らの協力を得て甲府城に立て籠って幕府軍の上京を阻止する、というのがその内容である（『防長回天史』）。また西郷は建白につき、「幕府に採用これ無きは必然に付き、右を塩〔汐〕に幕と手切の策」と述べている。挙兵して奇襲により「奪玉」するというのである。六月段階に比べて国元からの動員の規模も拡大しており、京都での計画も八月十八日政変の域を明らかに越えた奇襲作戦であり、しかも三都にまたがる挙兵計画であった。

この挙兵計画、今日の目から見ていかにも劇画的な奇襲作戦で、関東に関しては特にそうである。また「奪玉」前には特段の名分も準備がないようで、自らの正当化は天皇の身柄確保後のことになる。このような点から見て、この計画は相当にずさんであり、軍事的・政治的リスクが大きく、強行すると自爆に終わる可能性が大きかったと思われる。

なおこの時、西郷は「当藩に於て討幕は仕らず」と言ったことが、さまざまに解釈されているが、素直に解すれば、薩摩一藩でできることには限界があり、幕府との全面戦争は他藩の応援がないと無理だ、と言っているのであろう。またこの時、長州側は久光拝謁を希望したが、薩摩側は病気を理由に断り、帯刀の願いで久光は翌日脚気療養のため大坂に向かった。久光の体調不良は事実であったが、久光は奇襲計画を知らされていなかった可能性のあること（家近良樹『西郷隆盛と幕末維新の政局』）は、あとで触れる。

十五日夜御堀は、幕府から七月二十三日に発せられた長州末家の大坂への呼び出しを利用しての長州藩出兵を提案し、薩摩の合意を得て両名は十七日出京、二十四日山口に戻り復命した。

外国不干渉の見込み

西郷らが挙兵計画を具体化していった背景には、内戦を起こした場合、幕府を支援してフランスが軍事介入するのではないか、という不安が払拭されたことがあった。

新将軍慶喜に大坂城で謁見して以来、パークスが慶喜に好意的になったのではないかという危惧を、薩摩側は抱いていた。西郷は、七月二十七・八両日大坂でサトウに会い、イギリスが尽力した兵庫開港であるが、幕府はフランスの支援のもと大坂商人に商社を作らせ、貿易を独占させようとしていると告げ、フランス・幕府に対する英国の姿勢を質した。これに対してサトウは、幕府が諸侯を攻撃して権力を強化するのをフランスが援助するようなことがあれば、イギリスはそれを阻止すべく動き、攘夷を捨てた天皇中心の政治体制ができることを期待することを伝えた（『遠い崖』⑤）。

この会談について西郷は、大久保（二十七日付）・桂（八月四日付）に報告しているが、会談の結果、倒幕行動にフランスが介入しようとしても、イギリスがそれを掣肘するであろうことを、西郷は確信できたのである。

薩摩藩内の異論

さきにも引用したが、道島正亮という薩摩藩士が薩摩における風聞を記した「道島家記」と呼ばれる写本が残されており（「島津家本」）、当人は保守的な人物であるが、藩内のさまざまな動きを鹿児島において書き留めている。その八月六日付の記述において、京都と国元との双方で、挙兵についての異論が出ていることを伝えている（徳富猪一郎『大政返上篇（近世日本国民史六十四）』）。

京都では、大目付の関山が帯刀と大議論を展開し、西郷や吉井が二条城攻めを計画しているが、七百余年に及ぶ島津家の「目出度き御国家」を危険にさらしてまで長州に肩入れするとは何事か、上様が不可と言われたらお手討ちにもなりかねない、と主張したと記す。「小松を討て討て」という声が挙がったとも伝えている。

国元での異論

一方国元でも、家老になって間もない公子島津図書《ずしょ》久治《ひさはる》（宮之城領主、久光次男）に向かい、どういうわけで「京都合戦」をされるつもりかと直言した者がいたのは頼もしい。奈良原繁は、上京して説得し、西郷らが聞き入れない場合は刺し殺す考えだと言ったので、上京差し止めになった、と伝えている。

諫言が効いたのか、図書久治は出兵慎重の立場になったようである。図書は、現場の責任者という立場で禁門の変を経験しており、今回は薩摩が逆に当時の長州の立場になって朝敵とされてしまうことを恐れた、とも言われている（『島津久光と明治維新』）。そのことは久光にも伝わったようで、八月三日付忠義宛書状で、「出兵手当の義に付き、図書存慮これ有り」と聞くが、「兄弟中不和合相成らざる」ことが大事だと記している。

反長州、財政難

また藩内においては、前年の薩長盟約は上層部以外には知らされていなかったこともあって、依然として長州に対する反感が強かっただけに、長州と手を結んでの出兵には抵抗感が強かったようである。

さらに財政に通じた幹部は、藩財政逼迫の折柄、名分の明確でない出兵には疑問を抱いた。八月十日大久保宛の本田親雄書状は、「府庫全く空虚、非常の御預儲は勿論、今日の御用途も日々と窮迫」している状態なのに、なぜ出兵なのか、京都で紛争が起こっているとも聞かず、国元では士気はまったく振るわない、と記している（『大久保利通関係文書』五）。

「総じて、重臣は出兵の理由が分からず、城下士層は出兵への反対が多く、外城の郷士層のみは出兵支持が多かった」という指摘は当たっていよう（高橋裕文「武力倒幕方針をめぐる薩摩藩内反対派の動向」）。

土佐との物別れ

土佐に戻った後藤は、大政奉還建白への山内豊信の同意を得ることに成功した。ただし徳川家に深く恩顧を感じていた豊信は、あくまで言論によるという注文をつけ、藩兵の上京は認めなかった。また、長崎で起こったイカルス号英人水夫殺傷事件の犯人が土佐藩関係者ではないか（のち福岡藩関係者と判明）との疑惑で、パークスが詰問のために土佐の須崎港に来るという予期せぬ事態に対応を迫られたこともあって、後藤の再上京は大幅に遅れ九月四日になった。

しかも兵を率いて来なかったことに、西郷は失望した。すでに幕府側に情報は漏れており対応策を準備しているであろうから、挙兵直前ならともかくとして、建白提出はかえって先方の動きにきっかけを与えてしまうというのが、この時点での西郷の判断であった。結局九月七日と九日、薩摩側と後藤とが協議したが、挙兵計画と言論による建白とは相容れず、それぞれが互いの路線を歩むことに双方不干渉とし、ただし連絡は取り合うということになった。

大久保利通（幕末頃，大久保利泰氏所蔵）

島津備後の率兵上京

実は国元からは、八月中旬の二小隊派出のあと、ようやく九月三日に備後珍彦が「朝廷護衛」を名目に二小隊を率いて出発、六日大坂着、十七日に入京し、在京兵力は千五百人になった（『幕末政治と薩摩藩』）。薩兵上京中という情報は西郷らに伝わっていたであろうから、この強硬な物別れの背後には、このことも当然あったと思われる。

三藩出兵約定

土佐と物別れに終わった直後の九月十日、帯刀が安芸藩の辻将曹と話し合いを進め、「出兵」につき合意が成立したと伝えられた。これを前提に西郷・大久保は、薩長芸三藩共同出兵計画に突き進んでいくことになる。

十八日、大久保は大山綱良（格之助）とともに長州で藩主父子に拝謁した。幕府からの上坂命令を理由としての出兵計画を説明、藩主父子は賛同の意を示すが、「玉を奪われ候ては実に致方無き事と甚だ御懸念」、返す返すも入念にと述べた。翌十九日薩長共同出兵約定が結ばれた。二十五、六日頃大山率いる薩摩兵が三田尻に到着するので、両藩兵はここで待ち合わせたうえ出発して大坂に月末に集結、京都での「一挙」が済んだ頃を見計らって大坂城を攻撃するという計画であった（『防長回天史』）。

京都での帯刀と辻との「出兵」合意の報を受けて、安芸藩の植田乙次郎が長州藩を訪れて二十日藩主父子に拝謁したのち、長州藩家老上坂を護衛する名目で、御手洗で長州兵と待ち合わせのうえ出兵し、大坂と西宮に上陸するという長芸出兵約定を結び、ここに三藩共同出兵約定が成立した。ただし長芸約定は「出兵」約定ではあるが文面上は「挙兵」計画を含んでいない点に注意しておきたい。

二　「威力」奉還の模索と転機

芸藩との「出兵」合意

安芸藩「出兵」合意と聞いて楽観的に「挙兵」合意だと思っていた西郷は、九月二十三日に辻将曹を訪れて挙兵の相談をしようとしたところ、辻に「討幕等の儀は存じ掛けもこれ無く」と言われ愕然としたという（「寺村左膳手記」『維新日乗纂輯』三）。また長芸約定後の安芸藩国元からも、出兵延期を求める動きが出てきた。

「干戈」は避けたい

十日に帯刀と辻の間で合意された「出兵」とは、いかなる意味のものかが問題である。帯刀は、「言論」のみによる建白は成果を期待できないことを説き、挙兵に同意するように求めたであろう。辻は、いきなりの挙兵は冒険に過ぎると反対し、まずは建白を行ってその結果を見るべきだと説いたであろう。双方の議論のなか、「出兵」については合意が成立したということになる。

目良誠二郎氏は、それは「擁兵還政」と言うべきものではないかとする（「幕末維新政治史研究覚え書」）。言論にとどまらず、武力を背景にすることで大政奉還を実現しようという考えである。あるいは「言論」奉還論ならぬ「威力」奉還論とも言えよう。帯刀にとってそれは、この時点では辻を説得する過程での発言にすぎなかったのかもしれない。しかし、挙兵論に対して、京都でも鹿児島でも藩内の抵抗が強いことは承知していた。

実はそれに先立って、おそらく八月末頃に届いたと思われる国元の家老桂久武からの書状が、心にかかっていたのではないか。出兵準備を中心になって進めていた桂であるが、八月十二日付帯刀宛書状で、「成るべくは皇国の為、干戈《かんか》に及ばず、一新の御処置これ有れかしと掛けて祈り奉り候、一戦は難くして易く、後の御処置において甚だ六つか敷くと深く心痛仕り候」（『桂久武書翰』）、戦いを始めるのは難しそうで実は易しいが、あとの処置が大変なので、なるべく戦闘は避けて変革を実現したい、と言ってきていたのである。桂でさえ挙兵に慎重であってほしいと言うのは、容易ならぬ国元の事態と言うべきであろう。

また、挙兵論を押し通すことで土佐や安芸との連携も困難になってきているという情勢のなかで、薩摩藩の命運を背負う責任者の立場にある帯刀としては、ひたすら挙兵論で突っ走ることには、大いに躊躇せざるをえなくなってきていたのではないか。

久光帰藩

帯刀は九月十一日に、久光に報告のため下坂した。在京の土佐藩執政寺村左膳の観測では、これまで久光には挙兵計画は知らせておらず、挙兵計画に許可を得るための下坂であろうとする（「寺村左膳手記」）。辻ときわどい合意をした直後であり、はたして威勢のよい挙兵論を久光に伝えたのか疑問がある。

久光は、京都のことは自分の名代である備後と重臣に任せると言い置いて、十五日に鹿児島に向けて出帆したと、十八日に帰京した帯刀から、寺村は当日直接聞いている。どうやら久光は、具体的な方針を指示しないで帰藩したようである。それだけに実質的な最高責任者として、帯刀にかかる精神的負担はいっそう重いものになったであろう。

単純な奇襲による挙兵は、内外の支持を得ないで不発かもしくは自爆に終わりかねない。かといって、多数に妥協して姑息な事なかれに済ますわけにはいかない。藩内の広い同意を引き出し他藩の協力も得つつ、なおかつ本来の目標である王政復古にたどり着く現実的な道はないか、この頃帯刀は、必死に思いをめぐらせ模索していたのではなかろうか。そこで辻との対話のうちに手がかりを見出したのではないか。出兵はするが、それは戦闘を当然のように目指すのではなく、「威力」として用いて、直接武力を発動することなく変革を達成する、「威力」を通じての大政奉還、王政復古である。

「小松を説得せん」

　この頃から土佐側は、西郷・大久保と帯刀とを区別しつつ、帯刀への働きかけを強めていった。『寺村左膳道成日記』は、十六日「辻将曹に三条通にて逢う、同意に付き小松を説得せんと言う」、二十四日「今朝後藤〔が〕、辻将曹方へ行く、辻は初より同意、薩の論児戯にひとし、是非暴挙を留め候様尽力すとの事」と記しており、帯刀を説得して挙兵を抑えようとしていた。

「西郷の挙動は児戯に等し」

　八月十九日三邦《みくに》丸で帰藩の途についた大監察町田民部久成は、西郷から出兵催促を頼まれたが「挙兵不同意」の意見を変えず、国元には「西郷の挙動は児戯に等し」と伝えたという（「寺村左膳手記」）。久光は、九月二十日山川《やまがわ》に上陸したが、脚気の症状悪化で歩行もできない状態で二十一日鹿児島に戻った。久光を待っていたのは、おそらくは予想を越える強い出兵反対論、慎重論であった（『西郷隆盛と幕末維新の政局』）。

諭告「無名の干戈」は誤解

そこで久光の意思を体して二十八日、藩主忠義は家老宛に次のような諭達を発した。京都において「無名の干戈を以て、討幕の挙動相催」すと思い違いをし、末々では何かと議論する者がいるようであるが、「今度出兵相達」したのは、長州末家の者が大坂に召し出されるにつき、「如何様変動」が生じるかしれないので、「禁闕《きんけつ》御警衛」のためである。このことは広く藩内に布達せよ（『忠義公史料』四）。その結果、長州に約束しながら遅れていた本格的な出兵が、やっと十月三日から始められた。

しかし十月一日には図書久治が諫言を行い、それに対して十八日、京都ではすでに大政奉還が聴許されていたものの、当地にはまだ伝わっていなかったのであるが、再度藩主の訓諭が発せられた。それは、反対論、慎重論が多いことを認めつつも、もし禁裏で何かあった場合、あらかじめ近くに兵力を配置しておいて指示を仰ぐようにしなければ「不義」ではないか、「此の方より無謀に事を起し候儀決してこれ無し」というものであった（『忠義公史料』四）。

京都藩邸での対立

九月下旬から十月初めにかけての京都でも、反対論が渦巻いていた。寺村手記は、二十六日情報として、「此の頃鹿児島表国論二端に分れ、京師の論と表裏せりと、依って京師邸も亦二た派に成りと聞えり、高崎左京輩四五人一派の巨魁也と聞けり」。『寺村左膳道成日記』の同日項は次のように記している。「西郷・大久保の論は、土州建白出たらば即日兵を開くの見込みなれば、高崎は大に之を憂え、薩の備後公子及小松を説くと云う、今日も高崎氏、後藤へ来り、長談有り、御建白書清書出来せるを見る」。

寺村手記は二十七日付で以下のように記している。「備後公子と小松とは大に高崎輩に説かれたりと、既に小松は大に窮して妾宅へ逃込、人に対面せずと聞こゆ」。「薩の二大隊計《ばかり》は既に西郷に背き、若し西郷事を発せば却って吾内を討んとするの勢也と聞けり、西郷・大久保は決して撓《たゆ》まず、是非事を発するの勢あり」。

高崎正風（左太郎、伊勢、左京）は当時山階宮《やましな》・仁和寺宮《にんなじ》用人をも務め、後藤の説に賛同していた。「二大隊」などどこまで正確かはともかく、相当深刻な対立があり、そのなかでも西郷・大久保は断固たる決意を維持していることがうかがえる。

「障子を踏み破り」

「道島家記」も記す。十月初め、中年者の多い諸座隊の兵士らが、「西郷が所に御趣意承りに多人数差し越し…障子を踏み破り一統列席して何様の訳にて干戈を動かされ候や、名義正敷くして数ならねども粉骨を尽くすべし、無名の事ならばたとえ勅命なりとも肯んずべからざる旨、再三問い掛け候えども一言も返答これ無く候由」。

さらに五日付で大久保の義兄新納立夫は次のような意見書を記し、七日大久保に直接申し述べている。久光公御帰国後、土佐は異論を生じ、安芸は「変約」し「我国孤立の姿」にあり、しかも「邸中人気紛乱」の状況で、幕府がすでに備えているところに仕掛けても成功は覚束ない。後藤の建言が受け容れられなければ、天下の人心が幕府からいっそう離反するので、その時こそ率兵上京の時期ではないか。いま一度久光公にお伺いすべきではないか（『大久保利通関係文書』五）。

九月上旬以来模索を重ねてきた帯刀であるが、高崎に責められて引き籠ったとされる月末時点で、ついに決断をしたようである。それは武力を背景に、近く出兵するとの風聞をも含めて武力を「威力」として利用しつつ、後藤・辻と連携して大政奉還・王政復古を実現することであったと思われる。

二十八日後藤は、ともに病中の大久保と帯刀を歴訪し、建白提出への合意を取りつけることに成功した。西郷もそれを了承し、二十九日帯刀の名で承知の書状が後藤に出された。西郷は、二十三日土佐の福岡孝弟に会った時には、いま土佐が建白を提出すると幕府に先手を打たれる恐れがあると反対し、自分たちの挙兵直前にしてほしいと言っていたが、この時には、大坂への兵士到着近しと考えて（実は長州で滞留していたのであるが）、許容したのであろう。西郷・大久保の了承は挙兵間近と認識してのものであるが、これに対して帯刀の同意は実質的なものであった。

二十九日付帯刀宛の後藤書状は、建白提出の「御評議」に感謝しつつ、「御病中を顧みず昨夜は長座御邪魔仕り候、殊に御高話拝承、近年の愉快別して有り難く存じ奉り候」と記している（「維新史料引継本」）。長話をした結果、後藤としてはその内容が「近年の愉快」大満足であったというのである。

「必死の尽力」

西郷を刺すと言って一度は上京を止められていた奈良原繁は、八月十九日着坂して上京を果たしていたが、帰藩させられる。十月五日後藤宛に書状を書き、これから帰藩するが、「其後帯刀方え御光臨下され候由、其折の御公論も承り、天下の為拝悦仕り候、当人も此の節御尾末に従い、必死の尽力仕る含みに御座候」、後藤と会ったあと帯刀は必死に尽力のつもりだ、と記している（「維新史料編纂会引継本」）。この日奈良原に持たせた帯刀の桂宛書状は、内容のあるものではないが、しかし、当地の形勢は奈良原から聞き取ってほしいと記していることは、意味深長である。

「言論」を通じての後藤、出兵を前提に「威力」として用いようとする帯刀、そもそも「威力」発案者でありながら複雑な藩内情勢でその間を揺れる辻、三者は微妙な差を含みながらも、挙兵によらないで大政奉還、さらには王政復古を実現しようと足並みを揃えたのである。

再度の三藩出兵確認と帯刀

薩摩側が建白書提出を容認したことから、十月三日には土佐藩、六日には安芸藩が大政奉還の建白書を提出、幕府の反応を待った。一方、八日に薩摩の帯刀・西郷・大久保、長州の広沢真臣《さねおみ》・品川、安芸の辻らが会合、辻が藩内情勢から一時出兵延期を言い出したことに対して引締めがはかられ、三藩出兵の再確認がなされた。

その八日の夕方、新納立夫は内田政風と連名の趣意書を持参して帯刀を訪ね、夜遅くまで三人で「閑話」し、「主人本意の咄《はなし》」も詳しく聞いたという。帯刀が、「威力」奉還論を話したのではなかろうか。翌九日帯刀は、「今日は少々相企み候儀これ有り、他出いたし申し候」と大久保に伝える。三時頃から帯刀の招きで「葛軒」で「酒宴」が開かれ、新納は内田とともに参加したが、「書役共抔《など》多人数」が集まり、「夜入過」ぎになって海江田信義と一緒に帰った（「新納立夫日記」）。帯刀は挙兵反対の面々と会い、藩の分裂回避に努力していたのである。この九日夜、事態は大きな転機を迎える。

三藩出兵計画の頓挫

十月九日、薩摩側と幕府側の双方に、期せずして転機が訪れた。

三藩出兵が確認された翌日夜、広沢が下坂したのと入れ違いに長州から福田侠平が上京、国元で二日に「失機改図」、つまり機を失したので、挙兵計画を中止することに決したと伝えた。薩摩藩からの船と兵士が予定を過ぎても三田尻に到着せず、時が経つに伴って挙兵の風聞が流れ、幕府においても迎え撃つ用意を調えているであろうから、もはや奇襲作戦による「一挙奪玉」は時機を失したので、いずれ大軍を擁して攻め上るしか道がなくなったから、挙兵計画は中止するということであった。三藩出兵計画は頓挫したのである。

三田尻滞留

遅ればせながら十月三日に、大山綱良率いる薩兵四〇〇人が豊瑞丸で鹿児島を発して六日に三田尻に到着、七日に若年寄島津久寿《ひさとし》率いる八六〇人が翔鳳丸・平運丸で発して九日に周防小田浦に到着したが、長州藩の「失機改図」の通告で現地に滞留することになった。したがって上方には、九月十七日備後珍彦到着後は増兵されておらず、在京薩兵は前述のように一五〇〇人程度であったことになる。

薩摩藩国元での出兵反対論が原因で出兵が遅れて計画が停滞し、長州藩の不信を買うという事態に立ち至って、京都の首脳部は衝撃を受けた。計画は抜本的に見直さざるをえなくなったのである。

十一日の新方針

在京の帯刀・西郷・大久保の三人は、十一日早朝から熟議を凝らした。この時点では、慶喜の大政奉還の意向はまだ伝わっていなかった模様である。協議の結果は、この際いったん三人揃って帰国して国元の説得に努め、久光か忠義を押し立てて大挙出兵、つまり率兵上京をはかろうという結論である。このことは、大坂から引き返した広沢に伝えられた（『大久保利通日記』）。

現在の状況では、率兵上京の結果如何は藩の命運に関わることが避けられない。その重大な決断を促すため、近年は三人の誰かが在京していたのに対して異例ではあるが、京都を留守にして三人揃って帰藩して、必死の覚悟で説得しようというのである。説得のための強力な武器として考えられたのが「討幕の密勅」であり、後述のようにこの日から、そのための工作が始まったのである。

「薩挙兵然るべからず」

新方針を決した十一日、帯刀は後藤象二郎に会い、次のように伝えたと、九月二十七日から在京していた土佐の大監察神山郡廉《こうやまくにきよ》（左多衛）は日記に記している。「一、薩挙兵然るべからず、土州建白の幕に採用これ無き時は、勿論本国より挙兵すべし、其時は土兵も勿論出る訳云々と、小松より今夕象二へ内談、即ち出兵を引取らせるとの事に決し候よし」（「維新史料編纂会引継本」）。

奇襲計画は妥当でないので中止し、上京途中の兵はいったん引き揚げさせる。まずは大政奉還如何を注目し、もし駄目なら国元を挙げて出兵する運びとするので、その際は土佐も同調してもらいたい。土佐にも出兵を求めたとも受け取れるが、それは山内豊信の容易に認めないことであるのは知っていたはずである。むしろ、そこに至らないよう、是非とも大政奉還を実現するよう、後藤にいっそうの尽力を要請したのが趣旨ではなかったか。

「闕下暴動の兆」

不穏な噂が飛び交うなか、徳川慶喜は九月二十一日から二条城に入城していたが、十月九日には慶喜側にも変化があった。建白に応じて慶喜が奉還の意志を固めたのである。

この日近藤勇が、長州兵の上坂を機に、薩摩藩士が二条城を、土佐浪士・十津川浪士が会津屋敷を、浮浪の徒が新選組下宿を、一斉に攻撃する計画があると伝えている（「会津藩文書」『史籍雑纂』二）。また同日、老中板倉勝静《かつきよ》・所司代松平定敬《さだあき》連名の在府老中稲葉美濃守正邦・老中格稲葉兵部大輔《ひょうぶたゆう》正巳宛の書状は、大政奉還建白提出を伝えるとともに、京都の情勢は「甚だ以て切迫、闕下《けっか》暴動の兆これ有り」、暴動が起こりそうな不穏な状況で、それは浪士だけではなく「其本は大藩の鼓動もこれ有り、長州人も尤《もっとも》関係いたし居り」、大藩が動かしており長州も関係していると伝えている（『淀稲葉家文書』）。

実際には薩摩兵は、遅れて三田尻に到着してそこで足止めされていたのであるが、内戦が迫っているとの情勢認識のもとで、徳川慶喜は大政奉還を決断したのである。このことは若年寄格永井尚志《なおゆき》（主水正《もんどのしょう》）から後藤に、九日夕方、書状で伝えられた（「寺村左膳手記」、「神山郡廉日記」）。

慶喜は、十一日には在京一〇万石以上各藩に対して、十三日に重臣を二条城に出頭させるように指示し、十二日には老中以下有司を集めて大政奉還の決意を披瀝した。席上、特段の意見は出なかったというが、賛成者はほとんどおらず、多くの者は茫然自失か、どうせ朝議が受け容れないと思っていたのであろう。このことは十二日永井から後藤に通知されたが、後藤側は慶喜の意思表明の内容について半信半疑の思いであったようである。

三　大政奉還の三日間

十月十三日二条城

十三日、招集に応じて在京の四〇藩重臣が二条城大広間二の間に参集した。薩摩藩からは帯刀が新納立夫を伴って登城した。後藤が出かける前、坂本龍馬が一書を寄せ、もし建白が容れられず後藤が下城しない時は、海援隊が慶喜の参内《さんだい》を待ち受けて復讐すると告げ（『龍馬の手紙』）、後藤自身も後年の回想で、会津などに反対論が強いので、暗殺や禁獄の危険を覚悟して登城したと述べている（『史談会速記録』一七〇輯）。

しかし慶喜はすでに大政奉還を決断済みであり、この日は、それを各藩重役に公然と表明するパフォーマンスの日であったと言える。

居残り六人

八つ（二時）頃大広間に慶喜が臨席、老中板倉勝静・大目付戸川安愛《やすなる》らが列席して諮問案（上奏文と同文）が回覧されて、意見のある者は申し上げるようにと伝えられた。その場では、列席の会津・桑名藩主からも特段の発言はなかった。

意見のあるものは居残るようにとのことで残ったのは、薩摩の帯刀、安芸の辻、土佐の後藤・福岡、宇和島の都筑荘蔵、備前の牧野権六郎の六人であった。大広間本間にお

大政奉還諮問（明治神宮聖徳記念絵画館所蔵）

いて、慶喜にすぐ向かい合って右に帯刀、左に辻、二列目右に後藤、左に福岡が座した。すでに慶喜の意思が明確なので、慶喜に対する各自の発言は賛意を述べる短いものであった。

帯刀、即時上奏を求める

そのうえで老中板倉が帯刀に、考えがあるなら腹蔵なく将軍に申し上げるように言ったところ、慶喜の記憶では、帯刀は次のように述べたという。

帯刀が向かい直って言うのには、将軍職御返上については、朝廷で御内議遊ばされただけでは、とても天下のことを遊ばすというわけにまいらぬから、衆職を召されて、とくと存意をお尋ねがよろしゅうござろう、それまでのところは、外国の事、ならびに国家の大事件、この二つは朝廷で御評議を遊ばすがよい、その他のものは、まずこれは前どおりお任せになっている方がよろしゅうござろう、こう言ったのだ。……〔慶喜退席後控えの間で〕それから板倉に小松が逢って言うのには、今日は誠にどうも非常な御英断で有難い、ただ今からすぐに御参内、その事を申し上げられるようにしたい、こう言うのだね（『昔夢会筆記』）。

後藤はこの時のやりとりに関して、「小松氏は貴人に対する談論は極《ごく》上手なり、爾他《じた》の人は只一二言せるのみ」と述べている。後藤の近くに座って横から見ていた松平定敬によれば、後藤は小松と違って高貴の者の周旋に不慣れなせいか、甚だしく汗をかいており、「後藤の汗咄」は噂話になったという（『晩香堂雑纂』）。

「後藤の汗咄」

慶喜の意思は明白であっても、スムースに上奏されなかったり、上奏されても朝議が停滞したりこれを却下したりすると、事態は逆戻りしてしまう。帯刀は、大政奉還勅許後の事態処理の展望をも具体的に提示しつつ、奉還の早期上奏・早期勅許を実現しようとしたのである。多くの出席者は、慶喜が真剣に大政奉還を決意したことに驚くばかりであって、その後のことをここまで心準備をして臨んだ者は、おそらく帯刀のほかにはいなかったのではないか。

帯刀の狙い

帯刀の即時上奏要請に対しては、板倉が、明日上奏し明後日に勅答を求める予定に運ぶので、朝廷方の対応についてあらかじめ周旋しておくように告げた。帯刀の発言が、奉還の早期勅許への段取りを強力に推し進めたのである。

即時上奏要請につき後年の慶喜は、密勅の存在を知った後での解釈であるが、次のよ

「王政覆古之義十分ニ相立」

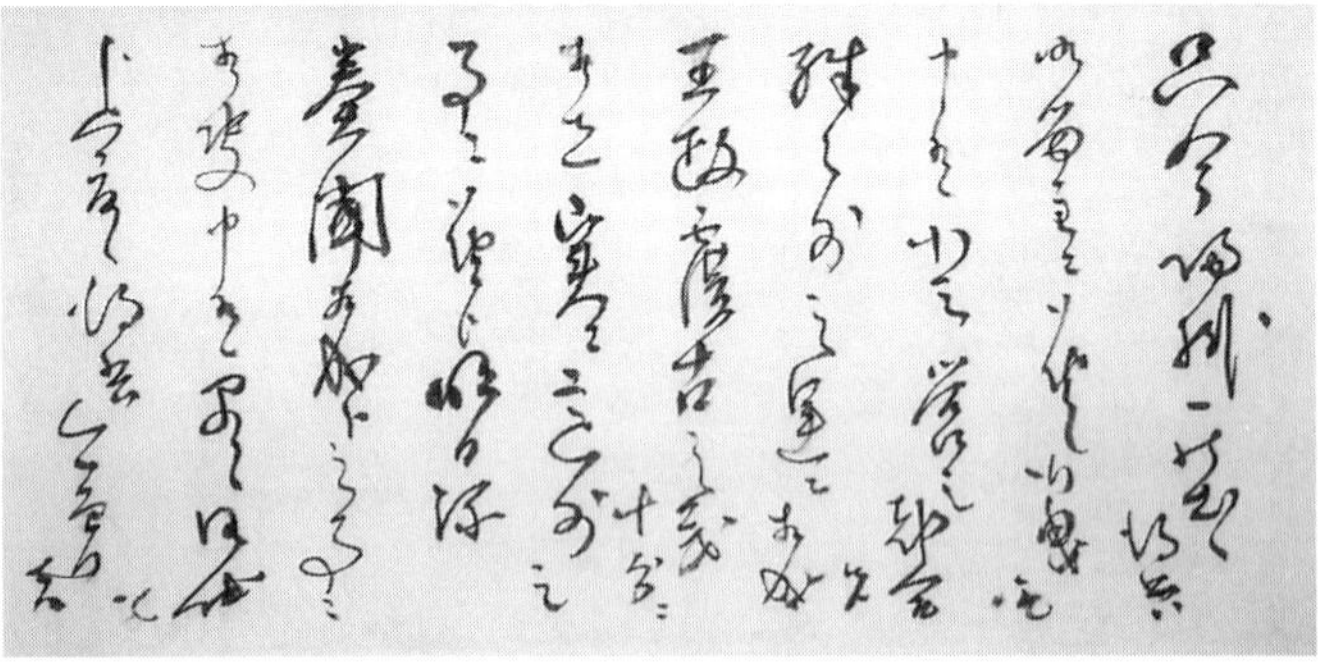

(慶応3年10月13日，鹿児島県歴史資料センター黎明館所蔵)

うに評している。

討幕の密勅は、これより先、既に内定ありしが、政権奉還の後にては妙ならざれば、その以前に発すべしとて、予の上表とほとんど同時に発せられたりという。けだし小松はこの間の消息に通ぜるをもって、ただ今直ちに奉還を奏聞せよと勧めたるものなるべし。

薩摩側は奉還の前に討幕の密勅をと工作していたが、薩摩のなかでも帯刀は密勅の効果を無にしようと意図していた、という穿った見方であるが、帯刀自身の当時の狙いを言い当てているように思われる。

夕方までの二条城でのやりとりを終えて下城した帯刀は、結果を伝えるべく大久保を訪ねた。しかし留守だったので、次のような置き手紙を残した。これまでの研究では全文が紹介されたことがないので、原文のまま示そう。

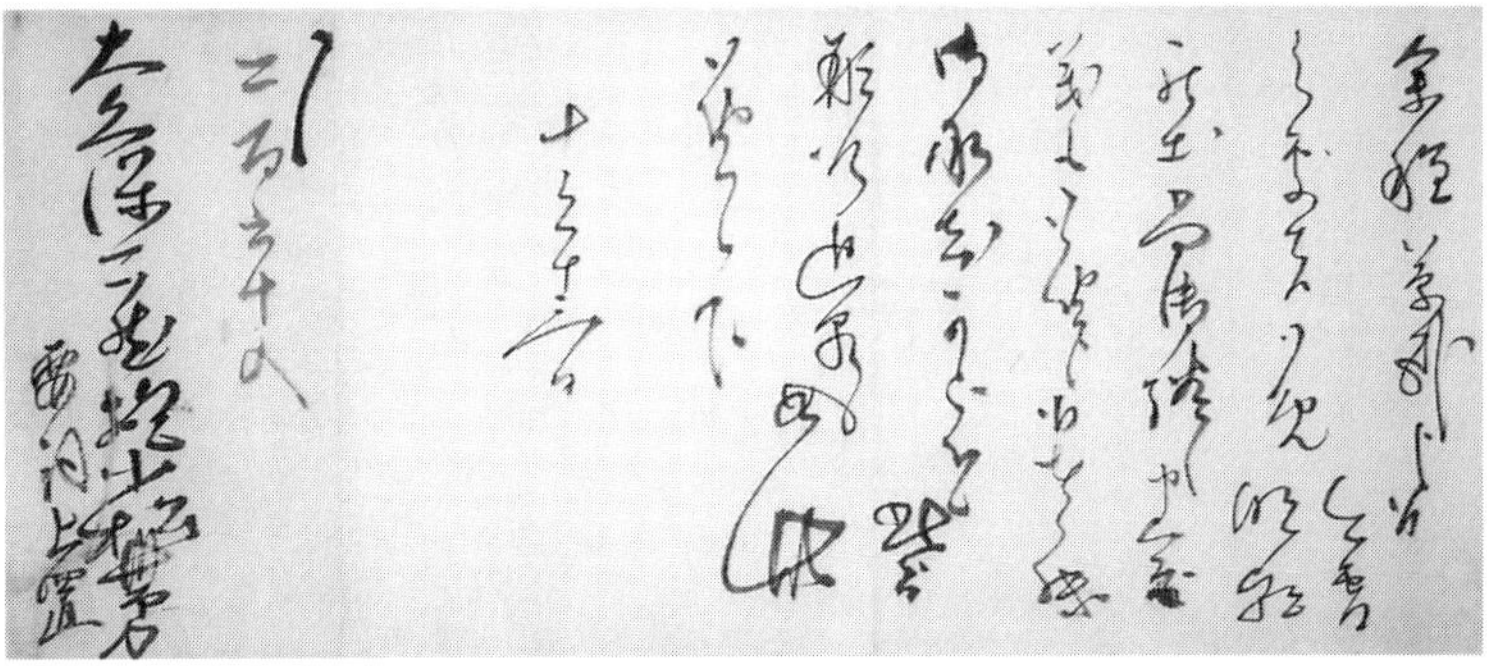

大久保利通宛小松帯刀書状

只今帰掛罷出候得共、御留主ニ御座候間曳取申候、
登営之都合者殊之外之運ニ相成、王政覆古之義十
分ニ相立、実ニ意外之事ニ御座候、明日弥奏聞相
成ト之事ニ相決申候、早々御咄も申上度候得共、
今宵者余程草臥申候間、今宵之処者御免明朝罷出
尚御談し申上度義も御座候間、左様御承知可レ被レ
下候、此旨形行迄　早々如レ此御座候　以上
十月十三日
大久保一蔵様　小松帯刀
要詞上置
（黎明館蔵「大久保利通関係資料」）

二条城においては予想以上にうまく運び、王政復古への道筋が立ったと言い、その成行きに心から喜び達成感を滲ませている。帯刀としても、渾身の力を込めて慶喜や板倉を説いたため、この日は力を使い果たしたという気分も伝わってくる。末尾の「要詞上置」と

は、諮問案の写しかメモを書状に添えるという意味であろう。

後藤も、安否を気遣う坂本のもとへ「実に千載の一遇、天下万姓の為、大慶これに過ぎず」との書を発している。また同藩の中島信行に、このうえは慶喜に一命を捧げても惜しくないと語ったという（『伯爵後藤象二郎』）。

問題は、朝廷側の対応であり、奉還をめぐって結論を出さないまま時を空費すれば、状況がどう変化するかわからず、もし改めて大政委任の勅命が出るようなら、まさに逆効果である。会津・桑名や幕閣には、そういう見通しで沈黙を守っている者が多かったであろう。

十四日上奏と朝議

十四日、慶喜の上奏文は使いの者の手で、途中桑名藩の者が妨害を試みたものの、無事朝廷に提出された。

前日居残った薩土芸の帯刀ら四人は、木屋町（現中京区）の料亭松力で待ち合わせ昼食ののち（「神山郡廉日記」）、朝議のため参内する前の摂政二条斉敬《なりゆき》邸を訪い、断られたにもかかわらず、途中で待ち受けてでもと押して面会、本日提出の上奏文がただちに聴許されるように尽力されたいと申し入れた。

二条摂政を恫喝

これに対して二条が、国事掛とも相談しなければならず一両日は待ってほしいと答えたところ、「唯今にもいか様の変事」が生じるかわからない、またこれから二条が参内する途中にも「如何様の不敬不礼」を働く者が出ないとも限らない、即答してもらうまでは退去できないと強硬に迫ったので、二条はやむなく承知した（鳥取藩「慶応丁卯筆記」）。最後に二条が、約束を違えた場合に武士なら切腹だが自分は公家だと言ったところ、帯刀は、それではこちらにも考えがあると言い放った。同道した福岡は、帰路その考えとはと聞いたが、「何の考えもなしと云いて笑いたり」と回顧している（『旧幕府』二巻一号）。

薩摩藩の武力の存在を背景に、まさに恫喝によって上奏の早期勅許を迫ったのであるが、ここまで強く出られたのも、慶喜の奉還の意思が強固であることに、確信が持てていたからこそであろう。

帯刀、慶喜に拝謁

結局、二条の参内は未の刻（二時）の予定が夜になってしまい、それから開かれた朝議は紛糾し、諸卿退出は真夜中になったが、事前の恫喝が功を奏して勅許という方針が決定された。まさに「言論」奉還ならぬ「威力」奉還の実現である。なお薩摩藩はこの日、近衛忠熙《ただひろ》（前関白）に井上大和、忠房（左大臣）に村山斉助（薩摩藩邸作事奉行で近衛家奥用人）を差し向け、早期勅許を要請させていた（『改訂肥後藩国事史料』七）。

二条邸に押しかけたあと、帯刀は登城して慶喜に会っている。この日の『大久保利通日記』は、「小大夫登城内府公拝謁、尚亦委曲言上これ有り」と、帯刀が登城し内大臣慶喜に拝謁して、さまざまなことを述べたと記している。会津藩在京者が国元に送った報告では、それは二条に会った後である（「会津藩文書」、「神山郡廉日記」）。

その内容は、翌日午後帯刀が参内した際、議奏の正親町《おおぎまち》三条実愛《さねなる》が聞き取って書き留めている。「小松談　一、大樹〔将軍〕虚心のこと、一、辞職所存の処、麾下《きか》服さず、先ず見合せのこと、一、長のことも同上のこと」（「嵯峨実愛手記」『史籍雑纂』二、原口清『王政復古への道』）。慶喜の上奏は裏がない「虚心」のものである、将軍職を辞す意思はあるが幕臣たちが同意しないので文面には記さなかった、長州処置も同様であると言った、というのである。

当面の方針

大久保日記は、帯刀が慶喜に拝謁した記事にすぐ続けて「左之五ヵ条を決す」として、「政権返上の儀早々朝廷に於いて聞こし召され候事」、「長防御処置御初政に御沙汰の事」、「賢侯御召し」、「征夷将軍職返上の事」、「五卿一条」の五項目を記し、「右の外諸藩来会の上万事御決定在らせられ候様」としている。慶喜の奉還勅許を含めて当面の方針を、この日の夜に会合した京都首脳部が決定したのであろう。なお同夜岩倉具視《ともみ》も密勅関係の三卿と会って、五卿の件を除きほぼ同じ四項目を、三卿から二条摂政に進言するよう伝えている（『岩倉公実記』中）。

十五日沙汰書

十五日も帯刀の動きは活発である。朝、帯刀は後藤に書状を送り、前日の労をねぎらうとともに、正午に辻を誘って自宅に来てほしいと伝えた（「維新史料編纂会引継本」）。その後大久保に、「只今後藤も参り決定の趣相談申し候処、同意と申す事にて一同えも其処に落着相成り候間、御安心下さるべく候」と伝えている（『大久保利通関係文書』三）。前夜の五項目の方針が土佐・安芸にも了解されたということであろう。

帯刀参内、沙汰書の作成

一方、正午には慶喜が参内、二条摂政から上奏文について慶喜に確認を求めた。そのうえで、勅許とそれに伴う当面の方針を慶喜に伝えるべきなのだが、朝廷では当面どうすべきか、朝臣首脳部には確たる思案が立たなかったようで、そのため帯刀が呼び出されるのである。

三条実愛は、この日参内中に、「小松へ改正迄の手つづき打合せ、諸藩召し同上」と記し（「嵯峨実愛手記」）、『尾崎忠征《ただゆき》日記』は、翌日の項に「大樹公御参内の節の御始末、臨期小松帯刀も大樹公より御頼にて、議奏衆より俄に召され参内仕り候次第」と記している。また後日中川宮（賀陽宮、朝彦親王）は、「朝廷より幕府え仰せ出され候御沙汰書は、二通共案文は小松帯刀取扱い候由」と述べたという（『改訂肥後藩国事史料』七）。

神山日記は、十五日夕方帯刀邸で後藤・福岡・辻らと参会していたところ、

一、今夕小松宮（宅）にて辻曹将（将曹）・象二郎・藤次（福岡孝弟）参会の処、御所より何れにても罷り出候様御申越に相成り、小松帯刀参内、王政復古の事に御当惑の

赴《おもむき》、夫《それ》に付小松より何も別に相更《かわ》る事これ無し、是より各諸侯早く出京の上、議事官も備り申すべし、夫迄は幕より政を返し奉り候故、伝議〔伝奏・議奏〕の内より万事御取計りに相成り申すべし云々申し上げ、夫にて漸《ようやく》御運びに相成り、大樹公にも漸夫にて御退出に相成り候赴

と記している。「野村盛秀日記」は、「松大夫等も夜来公卿より御召しこれ有り、今晩大樹公以下三字〔時〕に退殿、縉紳公卿は夫より遅刻也」と記す。

勅許の沙汰書は、大政奉還を勅許するとの一通と、当面の措置を指示した別紙一通からなっていたが、当面の措置の内容について帯刀が深く関わったことは間違いない。朝議は遅くまでかかったようで、二通の御沙汰書を受け取って慶喜が退出したのは、日付の替わった二時とも四時とも言われる。

御沙汰書別紙では、大事件と外交とは朝廷で「衆議」を尽くし、それ以外は「諸侯上京の上御決定」、それまではこれまで通り幕府の扱いとする、という指示である。慶喜は後の回顧で、「御書附が出た。それは小松帯刀が言ったとおりのものが出たというわけだ」（『昔夢会筆記』）と語っている。

また重要なのは、この時沙汰書の指示に即応して、伝奏から、一〇万石以上大名の上京、特に薩摩など有力八大名に対しては早々の上京が要請されたことである。

大政奉還勅許の演出

勅許は、大方の予想を裏切るものであり、会津藩・桑名藩や江戸の幕閣に衝撃を与えた。この三日間、帯刀は連日大いに奮闘して、大政奉還の早期勅許、事後の当面の方針決定、今後の方針決定のための有力諸侯召集を、中心になって推進し実現させたのである。まさに「威力」奉還の実現を演出したと言ってよい。

大政奉還の建白を推進したのは土佐の後藤象二郎らであり、決断したのは将軍慶喜であるが、それを早急な勅許につなげて大政奉還を実現させ、王政復古への具体的な道筋をつけた演出者は、小松帯刀だったのである。

「王政」とは「小松政」

維新関係の史料を集成した東京大学史料編纂所蔵「大日本維新史料稿本」十月十四日分に、「京巷説」として収録されている十七日付京都情報は、次のように伝えている。

奉還建白書の提出は「全く薩の主謀にて、土藩を先立に使い候事に候」。帯刀らの摂政脅迫で「関白〔摂政〕殿も御恐怖の余り前意を廃し、最初幕を召し候時は御差止めの積りにて召され候処、命を達する際に臨んで一変し、十五日辞職聞こし食され候云々の命下り、誰も意外の事と驚き候由」。「名は王政すれども、実は薩政、土政、又は小松政、浪士政とも申すべき歟、是迄同輩の薩土の号令を奉するよりは、矢張り幕命を受け候方少しは宜敷」。

これとほぼ同じものが鳥取藩の「慶応丁卯筆記」にも筆写されており、明確に反幕とは言えない諸藩の大政奉還勅許に対する受け取り方が、示されているように思われる。

四　密勅と三人の帰藩

「討幕の密勅」

大政奉還をめぐる動きの裏で「討幕の密勅」の作成が進められていた。十一日、いったん帰国して「率兵上京」をはかるという新方針決定に伴って、「討幕の密勅」降下工作が進められた（『幕末政治と薩摩藩』）。

討幕の密勅を起草したのは岩倉具視側近の玉松操《みさお》であり、薩摩藩父子宛（十三日付）は三条実愛が、長州藩父子宛（十四日付）は中御門経之《なかみかどつねゆき》が、三卿の署名を含む全文を筆記した。この作成に関与したのは岩倉と三卿だけであった。岩倉は京都への出入りは許されたもののまだ正式復帰は認められておらず、中山忠能《ただやす》は幼帝の外祖父、中御門経之は権中納言であったが、当時正規に朝議に参加できるのは議奏の三条実愛だけであった。

密勅下付

密勅下付の時間的経過は、『大久保利通日記』に即せば次の通りである。二条城から戻った帯刀が興奮して大久保を訪問した頃であろうか、十三日夜、大久保と広沢は岩倉を訪ね、中山忠能の代わりということで岩倉から広沢に「秘物」（毛利父子の朝敵赦免・官位復旧沙汰書）が、大久保にも「一品の秘物」が渡され「両人感涙」にむせんだ。後者こそ島津父子宛の討幕の密勅であった（井上勲編『開国と幕末の動乱』）。

翌十四日朝八時三条実愛邸へ両人で参上、「秘物」（毛利父子宛密勅）を「拝戴」、その後岩倉を訪ねている。そのうえで薩長の六人（薩摩は帯刀・西郷・大久保）連名の請書（大久保筆）を差し出し、中御門から岩倉、そして三条・中山へと伝達された。なお当時、公卿たちの動きは会津藩関係者に警戒されており、密勅の受け渡しは、警戒をかいくぐってのものであった。

漏洩問題

この直後に密勅漏洩の恐れが生じた。十六日岩倉は大久保に書状を送り、左大臣近衛忠房に村山斉助から密勅のことが洩れたようだが、詳しく伝わったのではないようなので、帯刀から村山の聞き違いという程度に言いつくろってもらえれば、三卿も安心する、と伝えている（『岩倉具視関係文書』三）。それを受けてか、この日帯刀は忠房を訪ねている。

翌十七日、前日帯刀に会った忠房の談として、三条実愛は次のように記している。「両士（西郷・大久保）激故、つれ帰るのこと」、「小松帰上迄は、無事のこと」、「辻将曹、小松同論のこと」（『嵯峨実愛手記』）。

「威力」路線の確認、龍馬と最後の出会い

奉還勅許の翌十六日、帯刀は夕方から土佐関係者に招かれて、辻とともに打合せを行い、そのあと坂本龍馬も加わって宴会が催された。神山日記は次のように記している。

「一、小松帯刀・辻将曹を松力へ招きこれ有り、日暮より小松・辻来る、象二・藤次・自分三人出会、談合終り梅太郎も来る、但酒肴且つ膳も出させ、妓も呼ぶ」。才谷梅太郎は龍馬の変名である。

「一、小松明十七日の夕爰元《ここもと》出足、明後十八日下坂の筈…来月五日より十日迄の間に御国〔土佐〕へ来り、本〔来か〕月廿日迄に隅公〔大隅守久光〕且つ我老公〔豊信〕とも着藩〔京か〕に致すべき筈…一、御上京の時、相応御人数御率の筈に約す、議事官備わり候わば直ちに兵を解くべし、兵三分の二大阪に置とすべしと約す」。

ここでは、威力奉還に次いで、率兵上京による威力王政復古路線が確認されていたのである。この夜帯刀は龍馬と再会したが、龍馬は一ヵ月後に暗殺されるので、これが最後の出会いになった。

密勅の性格

徳川慶喜を「殄戮《てんりく》」せよという強烈な表現を含む討幕の密勅は、形式的にも手続き的にも詔書の要件を満たしておらず、綸旨でもない。その意味では井上勲『王政復古』が指摘するように偽勅であった。したがって、これを正規の天皇の意思だとして公表することはできない代物であった。

漏洩の問題もあり、大政奉還をめぐる動きもあったためか、二十一日付でこの密勅の実施を見合わせる内勅が発せられ、京都薩摩藩邸の吉井友実に、藩主には上京時に伝えよということで通知されたという（『岩倉公実記』中）。大久保が、このことを岩倉から知らされたのは、土佐経由で上京した十一月十五日の翌日であった(『大久保利通日記』)。そういう経緯もあって、この密勅は一般には明治に入ってもしばらくは、世に知られることはなかったのである。

密勅と沙汰書の効用

では、表に出ると偽勅と発覚するような密勅には、どのような意義があったのか。公表することのできない密勅は、薩摩・長州双方の上層部にある出兵慎重論を押さえ込み、「率兵上京」を実現するための決め手として、そしてそのためにのみ有効だったのである。また副次的には、これに関わった関係者を、王政復古に至るまで、共通の秘密を有することで相互に縛る意味をも持ったと言えよう。

一方、大政奉還の上奏に対して十五日に下された沙汰書と、それに基づく有力大名への上京要請は、朝廷警衛というだけの名目では納得させられなかった率兵上京に、大義名分を与えることになったのである。

帯刀は二重人格か

高崎正風は、八月十八日政変の裏の立役者であり、元治元年以来乞われて山階宮・仁和寺宮用人を兼務していた。帯刀とは、同僚・同世代であるとともに、和歌の縁でもつながりがあった。この時期には七月末に上京しており、土佐の寺村左膳は、在京薩摩藩士のうち反挙兵論の中心は高崎であると見ていた。

高崎の日記によると、九月二十六日から二十九日にかけて頻繁に帯刀と後藤に会っている。十月一日近衛邸に参上し、十一日に「小松ぬしを訪う」、そして十四日、前夜来三島通庸《みちつね》（弥兵衛）・井上石見（長秋）らと万谷楼で「快楽」（「野村盛秀日記」）したが、「朝かえりて小松ぬしを訪う、きのうのこと詳に聞く。よろこびにたえず」。このように、正風は密勅のことは知らずに、大政奉還を単純に喜んでいるが、帯刀は一方では密勅に関わっていた。高崎日記を引用した『高崎正風先生伝記』の著者北里蘭はこの点を指摘し、帯刀は「二重人格を疑わしむる」と述べているが、どうであろうか。

確かに双方に直接関わったのは帯刀だけであり、これをどう評価すべきか。

「妥協」か「奇怪」か

現在でも教科書レベルの通説においては、土佐藩は幕府延命のための「公武合体」の立場、薩摩藩は「討幕」の立場で対抗し、まず前者が大政奉還で先行するが、後者が巻き返して討幕に成功する、というのが幕末維新の筋書きであろう。だとすると、大政奉還と討幕の密勅の双方に唯一関わった帯刀の行動をどう評価すべきか。もっともこのような二項対立を前提にすると、薩長「軍事同盟」をお膳立てする一方、大政奉還を唱えたとされる坂本龍馬についても、同様の問題が生じることを指摘しておこう。

このことは、かつて明治維新の古典を著した著名な研究者をも悩ませたようである。井上清『日本現代史1　明治維新』は、討幕派薩摩の首脳部でありながら帯刀が大政奉還に関わった理由を、「上士層の妥協主義」と評し、遠山茂樹『明治維新』はこの時の帯刀の行動を「奇怪」と表現している。

帯刀の方針

しかし、上記のような単純な二分法で現実を裁断するのではなく、当時の複雑な政治過程を素直にたどってみる時、事態は「奇怪」ではなくなる。自爆に終わりそうな冒険主義的挙兵計画を棚上げして、「威力」による大政奉還・王政復古を目指す帯刀にとって、大政奉還とそれを受けての諸侯召集は是非とも実現すべきことであった。

また、討幕の密勅が「率兵上京」実現のためにのみ利用されるのであれば、「威力」のためその実現を望む帯刀にとって異論はなかった、少なくとも許容できるものであったろう。挙兵計画を威力奉還・威力復古論で包み込み封じ込むという帯刀の方針からは、必ずしも否定すべきものではなかったのである。

出兵の先に武力討幕を見据えていた西郷・大久保と、武力の威圧のなかでの新政権樹立という無血革命を目論んでいた小松との差はあったとしても、西郷・大久保も藩内情勢が声を大に「討幕」を唱えられる状況でないことがわかっていた以上、「同床異夢」ならぬ「異夢同床」と言おうか、この時点で両者が対立し合うことはなかったのである。

三人の離京

十月十七日、帯刀・西郷・大久保の三人は揃って京都を発って下坂した。ここ数年、三人の誰かが在京するのが常態であっただけに、緊迫した情勢のなかでの揃っての離京は、疑惑の目で見られたであろう。大坂まで会津藩の佐々木某が後を追ったが、帯刀が密勅を懐に入れて乗船したあとであったという（『大久保利通文書』二）。

三人不在中の朝廷工作について、彼らはどう考えていたのか。すべては有力諸侯上京後のことと考えていたのであろうか。それにしてもこの重大な時期に、三人が揃って離京したということは、この時点では、密勅を手段に藩主父子いずれかの率兵上京を実現することが第一義的に重要視されていたこと、また長州との連携を再確認することが重視されていたことを示している。十四日の五項目方針は再度の上京のうえで工作すべき課題ということなのであろう。

幕府側の歯ぎしり

彼ら三人の出京直後の京都では、大政奉還勅許をめぐって会津藩や幕府側は騒然とした雰囲気のうちにあった。その一端は三条実愛の手記に伝聞として記されている。十八日若年寄戸田忠至《ただゆき》談として、「支配地のこと」、「幕沸のこと」、「同上小松所為とのこと」、「小松をきる説のこと」、「小松帰国は虚、山科潜伏のこと」とある。徳川の支配地はどうなるのかなど幕府関係者内でも議論が沸騰、これも小松のせいだと小松斬るべしの声があるかと思うと、帰国というのは嘘で近くに潜伏しているとの説もあるという。大政奉還は帯刀にしてやられた、という幕府側の感情が吐露されている。

また翌十九日、大垣藩市川元之助の談として、「幕中大沸のこと」、「近頃薩の奸を、人皆しるのこと」、「幕人朝を怨望のこと」とある（『嵯峨実愛手記』）。

十八日には、ある大垣藩士が老中に、薩摩藩邸に放火し、その混乱に紛れ「玉」を大坂城へ移すことを建言したという情報が、岩倉から薩摩藩邸吉井友実・伊地知正治に伝えられる。吉井は、挑発には乗らないが暴発があれば、今は八百人余しかいないが決死で戦う、と述べたという（『岩倉公実記』中）。

五　鹿児島残留と王政復古

率兵上京の決定

十月十九日、帯刀・西郷・大久保の三人は、安芸藩の万年丸で長州の広沢らと大坂を出発、二十三日帯刀・西郷は山口で毛利父子に拝謁した。三田尻に滞留していた薩摩藩兵一千余人は長州藩の船で上坂させ、島津備後の兵と交代させた。豊瑞丸・翔鳳丸・平運丸三隻を率いて二十六日に帰藩した三人は、即日久光・忠義父子に京都での経緯を報告した。

二十七日、出兵慎重論の島津図書久治の屋敷で重臣たちが集まって協議し、翌二十八日、帯刀と桂久武が両殿に拝謁して「衆議一定」（『大久保利通日記』）したことを言上した。その結果二十九日には、病中の久光ではなく藩主忠義の十一月八日出発上京が決まった。

密勅は、錦の御旗のように内外に誇示することはできないものであったが、首脳部の慎重論を封じ込め率兵上京を決断させるには、絶大な効果を発揮したのであった。

藩主上京の布達

藩内に対しては、島津図書・桂久武・帯刀ら家老六人の連署で、沙汰書の文面を引用し八侯召出しを伝え、これを受けて近く藩主が上京することを布達した。もちろん密勅には触れていない。藩内外に対して、これまで出兵の名分説明に苦しんでいたが、沙汰書と八侯召出しによって、初めて率兵上京の大義名分を得たのである。

十一月八日出発の予定は、新軍艦春日丸到着が遅延したため延期されたが、十三日忠義は西郷らを従えて三邦丸で、約一千の兵士は平運丸・翔鳳丸・春日丸で鹿児島を発した。足痛の帯刀の代役は春日丸で帰鹿した家老岩下方平《みちひら》（佐次右衛門）が務め、春日丸で出発した。忠義らは十八日、三田尻において長州藩世子毛利元徳《もとのり》らと会見したうえで、二十三日入京した。

春　日　丸（尚古集成館所蔵）

帯刀、足痛で残留

帯刀が鹿児島に残留したことについては、慶喜の処遇をめぐる帯刀の将軍温存論と西

郷の列侯格下げ論が対立して、足痛を口実に上京を差し止められたとの風評が生じた（「道島家記」）。しかし帯刀が将軍温存論であったとは考えられず、足痛は残留の本当の理由であったことは、当時の帯刀の書状から明らかであろう。

当初の出発予定前日である七日付で、積極出兵派だが国元まとめ役の任に当たる家老桂久武宛に、帯刀は次のような書状を出していた。「小拙も昨日は上京仰せ付けられ、有難く存じ奉り候」、しかし一昨日に内話したように、明日早朝から温泉に出かけて治療のつもりで、「昨今の塩梅《あんばい》にては、五六日中快方に相成り候処覚束《おぼつか》無く、か様の御時節、病身にては十分の御奉公も出来兼申すべしと、実々残念の至に御座候」。そのうえで軍艦乗組員の配分案を記し、松方正義を新軍艦の「船将」とするよう提案している（『玉里島津家史料』五）。十一日付桂宛では、もはや上京は断念するが、召し連れを予定していた堀直太郎（平右衛門）は、是非参加させてやってほしいと頼んでいる（「維新史料編纂会引継本」）。「失脚」などではないことは、明らかであろう。

土佐・安芸への配慮要請

帰藩前帯刀は、上京の際には土佐に立ち寄って方針を協議する約束を後藤としていたが、残留のため果たせなくなり、代わりに大久保が十日豊瑞丸で先発して土佐に後藤を訪ね、薩藩率兵上京を伝えたうえで上京した。帯刀は十二日付で後藤宛に書状を送り、足痛のため約束を果たせず代わりに大久保が訪問するが、自身は保養に努め早々に上京のつもりであり、それまでには「外国議事院の条も、取調」べて自分の案を持参したい、と記している（『忠義公史料』四）。この時点に至っても、薩摩藩指導部に明確な新政体構想がなかったことをうかがわせる。

同じく大挙出発前日の十二日、帯刀は西郷に次のような書状を出している。八日以来桜島の古里温泉で入湯に努めているが、「進退起居も六つか敷く臥床いたし、漸々入湯の節丈両杖にて一寸やりにて可成り入湯出来」という状態で、「千載の遺憾」であるが昨日桂にお供できないことを伝えた。少しでも快方に向かえば速やかに上京したいが、「皇国の為、御手抜きなく御尽力の処一心に祈り奉り候。芸土両藩の処も御親睦相成り少々にてもお助け相成り候様これありたく存じ奉り候」（『西郷隆盛全集』五）と、帯刀が大政奉還・王政復古のためにともに尽力を約束した、土佐と安芸への配慮を求めている。

京都での帯刀の風評

越前藩の中根雪江が十一月十五日、永井尚志と談話した際、帯刀・後藤について人物評を尋ねたのに対して、永井は次のように答えたという。両人とも「過激浮浪の制御」には苦心しており、今頃は討幕論を唱えているのではないか。自分も幕軍が怠惰にならないよう、心ならずも「不逞の徒」は討たねばならぬと述べたことがある。

島津忠義は二十三日に入京した。翌日、老中板倉から松平慶永（春嶽《しゅんがく》）に、帯刀が来ないのはなぜかとの問合せがあり、越前藩士青山忠三郎が薩摩藩邸に尋ねたところ、吉井から病気でやむなく不参だとの返答があり、慶永から板倉に伝えている。二十五日には後藤が慶永を訪ね、「今後の議は、小松帯刀と深く申し合わせ候議」があったのに、国元において「帯刀の説相立たざる事と相成」ったので、面目を失って来ないのであろうと、「失望」の意を伝えている。大政奉還の推進者たちから、帯刀がいかに期待されていたかがうかがえよう（『再夢紀事・丁卯日記』）。

慶永も十二月六日、在国の藩主松平茂昭《もちあき》への書状で京都戦乱の危機を伝えるとともに、薩摩で「国議」が分裂して少数派の帯刀が多数派の大久保・西郷に敗れ、「帯刀は桜島へ流刑と申す事、哀れむべき惜しむべきの至に御ざ候」と記し、さらに「帯刀は公方様御反正疑無く有難狩《が》り、御輔《たす》け申上げ度き心底の由、分明に御座候」と付記している（『松平春嶽未公刊書簡集』）。

慶喜の人物評

またこれは、後年の回顧ではなく当時のものなので注目されるが、慶喜が見た人物評が書き残されている。若年寄・海軍奉行大関肥後守増裕は、親しい勝海舟宛の十一月二十八日付書状で、江戸に戻ってきた閣老（おそらく海軍総裁稲葉兵部）から聞いた慶喜の談話として、次のように記している。

鎮西の小松・大久保、土の後藤、わが勝は「非凡の士」である。凡人はその言うことを信じず、自分に不利だと言ったりするが、それは「蛙見」浅い見方で、これらのものは国の「柱梁」柱たるものである。さすがに「英明」な人の見るところは違う、との閣老の感想を聞いた（松浦玲『勝海舟』筑摩書房）。

出兵約定と在京兵力

上京途中の十一月十八日、西郷らは長州藩毛利内匠（親信）らと協議して、出兵の約定を結んだ。長州藩兵は西宮で待機、薩摩藩は京都で挙兵し、それに乗じて待機の長州兵が入京する。京都を征しえなかった場合は「〇之義は山崎路より西ノ宮へ脱詰り芸州迄之事」（『防長回天史』）、つまりやはり挙兵「奪玉」計画である。

忠義入京に伴って薩摩藩在京兵力は増強されて約二八八〇人に達した（『幕末政治と薩摩藩』）。これを四二〇〇余人、同調する藩を合わせて五千余とする説もある（高橋秀直『幕末維新の政治と天皇』）。これに対して十二月上旬の幕府側は、幕兵五千、会津三千、桑名千五百、計一万近くで（「丁卯日記」）、数的には圧倒していた。

一方慶喜は、大政再委任を求める動きを抑制しつつ、沙汰書に基づく動きを見守る態度をとっていた。密勅も事実上取り消された状況では、軍事的にも政治的にも「挙兵奪玉」を実行に移すことは、まったく無謀なことであった。

二つの路線

そこで京都においては、沙汰書の趣旨に則り、諸侯の上京を待って列侯会議で大方針を決定するのか、諸侯が出揃うのを待たず朝廷が天皇の意思として新方針を打ち出すのか、それが争点になっていった。

根っからの挙兵派にとって、そのような状況ははなはだ不本意なものであった。在京の品川弥二郎は十一月二十七日付の藩庁宛書状で、次のように述べている。「先の手都合通り奪玉等の事、出来ぬ故、致し方これ無し、此策に相成り申し候、…朝廷の処、火急に一発と申す訳に参らず、大〔大久保〕氏其外色々尽力なれども明晩頃一発には兎角参らず、…幾回にも時機を失い候事、実に遺憾に堪え申さず候」（毛利文庫蔵『年度別書簡集』三十三冊）。

さきの二つの路線のせめぎ合いは、形勢観望を決め込んだ諸侯の上京の動きが鈍いことで現実性を弱めた。十二月二日に至って、大久保らの宮廷クーデター方針に後藤も合意、ぎりぎり山内豊信の入京を待って九日、五藩兵が御所を包囲するなかで、王政復古の大号令が発せられた。この計画は、六日には慶喜にも伝わっていたようであるが、慶喜は武力発動を抑制して事態の推移を見守る姿勢を貫いた（家近良樹『徳川慶喜』）。

王政復古

帯刀不在のなかで十二月九日には王政復古が宣言された。武力で御所を封鎖したうえで、「神武創業」に立ち返り、従来の朝議を構成した役職そのものを廃止して、まったく新たに総裁・議定・参与の三職を設置する、との天皇の宣言が発せられたのである。

武力を背景とした「威力」による政変であったが、薩摩藩兵が主力とはいえ、曲がりなりにも土芸尾越の協力のもとで実現したのである。さきの西郷宛書簡にも示されているように、間接的ながらも帯刀は、西郷・大久保らの挙兵への突出を広い勢力で包み込み、挙兵ではなく「威力」による流血無き政変を導く役割を果たしたと言えよう。

辞官納地をめぐって

王政復古の宣言に次いで最初の三職会議（小御所《こごしょ》会議）が開かれ、その結果慶喜に、反省の証として辞官納地、内大臣を辞し所領を返納することが求められた。

京都の情勢は、この辞官納地をめぐって揺れ動いた。十二日慶喜は、反攻を主張する幕臣や会津・桑名藩兵を抑え、彼らとともに大坂に下った。このような動きは慶喜に対する評価を反転させることになった。土佐藩を中心に融和論が強まって、薩摩藩首脳部も、孤立を避けるには越前松平慶永・尾張徳川慶勝による周旋を認めざるをえなかった。

帯刀再登場への期待

この間十九日には、朝廷から帯刀に、備前藩主池田茂政《もちまさ》・前肥前藩主鍋島直正（閑叟《かんそう》）らとともに上京命令が発せられたが、ただちに応じうる体調ではなかった。

帯刀に代わって上京していた岩下方平から、帯刀・桂に宛てた十二月二十七日付の書状は、薩摩にとって面白くない情勢を伝えている。慶喜と会津・桑名は下坂したが「恭順の姿一向相見得申さず」、尾越芸とも土の「因循説」に同調しており「薩は孤立の勢い」であり、公卿も「下」は薩論だが「上」は「因循」で埒が明かない。「土等より外藩を取込み候勢い、薩を孤立せしめ」ようとしているので、「小松君、一日も早く御上京下され度く、懇願奉り候」（『忠義公史料』四）。他藩や公卿への説得役として、帯刀の再登場が切望されていたのである。

岩下だけではなく、大久保・西郷も同じであった。復古準備中の五日、国元の蓑田伝兵衛宛大久保の書状は、準備状況を伝えたうえで、最後に「小大夫〔小松〕には、少々御快方に候わば、御勉強にて御上京相成り候様御尽力成し下され度く、万々願い奉り候」と述べていた。二十八日桂に情勢を伝える書状の末尾に、帯刀上京期待はさきに蓑田に伝えたが、「定めて御承得為し下され候わん、何卒御尽力成し下され候様、万々祈り奉り候、最早御発足相成り候かとも相考え、頻に待ち奉り候事に御座候」と記している（『大久保利通文書』二）。同じ二十八日付蓑田宛西郷の書状も、桂・帯刀両人ともに上京してては国元が困るだろうから、「小松家早々御登り相成り、桂家には御見合せ相成り候方、宜敷は御座ある間敷《まじ》きや」と記している（『西郷隆盛全集』二）。

伊達宗城も

一方、西郷・大久保による武力発動を恐れる側からも、帯刀の登場が待たれていた。伊達宗城《むねなり》は十二月二十三日着京したが、この日元薩摩藩士の中井弘（田中幸助）が来て、「薩は是非〳〵兵力を用い候見込み」で土佐と合わず、他の一〇藩は「土論同意」だと伝えた。二十八日には山内豊信が宗城に、帯刀は西郷とは異論だが、しかし「説破」してしまうと藩が分裂し衰微するので黙っているのだろう、だが外部の我々には迷惑なことだと語り、宗城は、西郷・大久保の「討徳」は、「大芋〔久光〕」は知らぬことであろう、と返している（『伊達宗城在京日記』）。

十二月下旬、松平慶永・徳川慶勝の周旋は実を結ぼうとしており、辞官納地を条件付きで受け容れる代わりに、再上京する慶喜を議定に任じるという政治決着がつきかけていた。ただし政治的交渉が煮詰まる一方で、双方の軍事的緊張は極度に高まっていた。

二十八日、江戸から大坂城に急報が届いた。江戸・関東で種々治安を破壊する事件が相次いでおり、それは薩摩藩の企みだと見られていたが、江戸の治安維持に当たる庄内藩が薩摩藩邸を焼き討ちしたとの報である。幕府側は激昂、ついに堪忍袋の緒が切れた慶喜は、薩摩藩を糾弾する上奏文を作成、慶応四年一月二日兵を大挙上京させた。

戦闘は、薩摩側の挙兵計画に即してではなく、たび重なる挑発に幕府側が反発することで、一月三日鳥羽・伏見において始まり、新政府側はこれに「反撃」し、天皇を攻撃したゆえに「朝敵」討伐の大義名分を手に入れたのであった。

第六　維新外交を担う

一　参与・外国事務掛拝命

戦況伝わる

慶応四年（明治元年、一八六八）一月六日、春日丸が午後四時鹿児島に着船、「江戸表兵庫表」のことを報じた。慶応二年四月から途絶えていた小松帯刀《たてわき》の日記は、この日からは残されている。ただし日記らしい記述は二月十九日までで、以後六月にかけては時々のメモ書きになって終わっている。

春日丸は四日未明兵庫港を発して土佐沖に向かう途中、幕府の軍艦開陽に阿波沖で砲撃され、砲撃自体の被害はなかったが、機関が損傷したまま帰鹿したのである。十日には三邦《みくに》丸が着船するなど、上方の戦況が伝えられるなか、十一日帯刀に上京が命じられ、十四日になって鳥羽・伏見の戦いで「大きに官軍勝利」の報が入っている（『小松帯刀日記』）。

帯刀上京

帯刀は一月十八日、島津久光名代《みようだい》として天機を伺うとの名目で、三邦丸で城下一小隊、与力一小隊、大砲隊城下半座、海軍隊少々を引き連れ鹿児島前之浜を発したが、兵士を直接引率したのは奈良原繁（幸五郎）であった。二十三日大坂着、二十五日着京して薩摩藩二本松邸に入った（旅宿は平孫別荘）。この年の日記では「夜一字（時）十分佐賀関え碇泊」など、時刻表記は洋式によっている。

二十九日にはお近（千賀）宛書状を書き、道中のことを詳しく記している。大坂に着いたところ「御屋敷は焼居り候て、誠に不自由の事に御座候、御城は焼け町は焼け申さず候」という状況であった。二十六日朝から出勤したが、二十七日は「足の痛み宜しからず引入」、足の薬を「毎晩夕張替」えて寝るようにしていると、足痛が快癒していないことを記している（「島津家本」）。

参与・外国事務掛、総裁局顧問

しかし帯刀の上京を待っていた新政府は、二十八日徴士・参与で外国事務掛に任じた。新政府の三職発足に際して、薩摩藩からは参与に西郷隆盛（吉之助）・大久保利通（一蔵）・岩下方平《みちひら》（佐次右衛門）が任じられていたが、これに帯刀も加えられたのである。二十九日付桂久武（右衛門）宛書状で、外国事務担当に当惑していると述べる一方、京都の薩兵は「無用の人数」なので一部を帰らせるが、東征のためにも軍艦は重要で甲鉄艦入手に努めているが、春日丸の修理を急がせてほしいと記している。

二月一日には久光名代として「天気（天機）御伺」に二条城の太政官代に参上したが、

翌二日総裁局顧問に任じられている（閏四月二十一日廃官）。当時有栖川《ありすがわ》宮熾仁《たるひと》親王総裁のもと三条実美《さねとみ》・岩倉具視《ともみ》が副総裁、顧問任命は一月二十五日木戸孝允《たかよし》に次ぐもので、二月二十日後藤象二郎が任じられている。

京都でのサトウと小松

帯刀は上京の際、たまたまアーネスト・サトウと出会った。薩摩藩は、英国公使パークスに、傷兵治療のため医師の京都への派遣を要請していたが、パークスはこれを了承し、一月二十四日医師ウィリアム・ウィリスと書記官サトウが大坂を発った。護衛に当たった大山巌《いわお》（弥介）は、攘夷意識濃厚な自藩士たちの様子に非常に気をつかったという。サトウらは、翌二十五日伏見から入京したが、町に入ってまもなく上京途上の小松に出会い、御所裏薩摩藩邸脇の藩兵が駐屯する相国寺に到着し、島津忠義《ただよし》や西郷の挨拶を受けた。寺内の養源院に藩の病院が置かれていたのである（『一外交官の見た明治維新』下）。

翌日サトウは、西郷と面談、神戸事件と条約の問題点につき意見を交換し、二十八日にサトウは初めて大久保と会っている。大久保は、大君は屈服すれば命を救われるかもしれないが、会津・桑名両侯は首を失うことを免れまいと述べ、その質問に答えてサトウは、イギリス政治制度を詳しく説明した。

「薩道」への書状

一月二十九日、パークスから二人とも二日後までに兵庫に戻れとの指示が届き、ウィリスの二週間滞在予定は狂った。二月一日、午後に出発するサトウに、帯刀は書状を届

大坂裁判所勤務

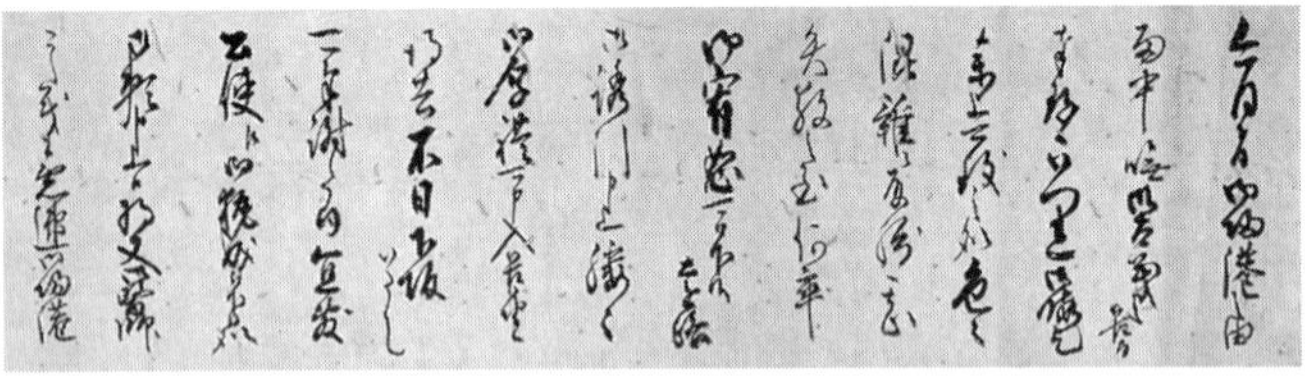

（慶応4年2月1日付，早稲田大学図書館所蔵）

けている。宛名はサトウが日本語で署名する際の「薩道」である。近く下坂の際に挨拶すると記したうえで、医師ウィリスについて、いま帰られては「病人の苦情黙止し難く御座候間、今日より日数五日の間滞留の処、御周旋下さるべく」と懇願している（早稲田大学図書館蔵「英国公使館文書」）。

その甲斐あってか、ウィリスはその後約一週間留まり、西郷従《つぐ》道《みち》（信吾）ら主として銃創者の治療に当たり、うち一二人に手足切断手術を施した（『遠い崖』⑥）。

二月三日に三職七科の官制が三職八局に改められ、外国事務局が設置された（人事未決）。帯刀は即日その命により下坂し、翌日から、元西町奉行所（現中央区内本町橋詰町）に置かれた内政・外政の役所である大坂裁判所に出勤した。

当面の課題は、伊達宗城《むねなり》・東久世通禧《みちとみ》とともに、神戸事件や各国公使の天皇謁見の予備交渉など対外案件の処理、三日に親征を宣言した天皇行幸に備えての大坂行在所《あんざいしょ》選定、一月二十三日決定の会計基立金《もとだてきん》として商人から借り入れる三百万両の調達、などで

神戸事件の解決

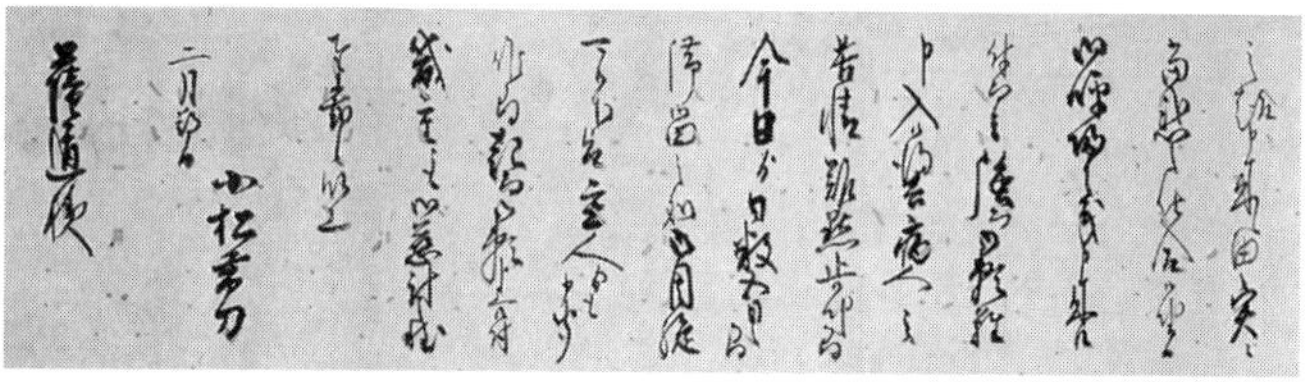

アーネスト・サトウ（薩道）宛小松帯刀書状

あった。

前年十二月七日、神戸（兵庫）開港と大坂開市が実現したが、神戸事件とは、一月十一日、新政府の命で西宮警備のため神戸居留地を行進中の備前藩兵が、前方を横断した外国人を攻撃したことから、各国公使館衛兵と銃火を交えた事件である。新政府の参与・外国事務掛東久世通禧は、十五日神戸運上所で六国外交官と会見、「王政復古を告げる国書」を伝達するとともに、事件を陳謝した。六国外交団は二十五日、内戦中の双方に対して局外中立を宣言した。

神戸事件は新政府最初の外交上の難問であったが、二月九日議定・外国事務総督伊達宗城が陳謝するとともに、発砲を命じた瀧善三郎に切腹を命じた旨を伝え、瀧が同夜外国士官立ち会いのもとで切腹して解決した。

その三日後の十二日、英仏米蘭孛〔プロシャ〕伊の六国公使は伊達同行で大坂に戻った。帯刀が、淀川の船着き場である八軒家に出迎え、天王寺の中寺町寺院を公使館とするパークスはじめ各国公使に挨拶回りをした（『遠い崖』⑥）。

大坂での対外折衝

十四日、西本願寺で各国外交官に、伊達宗城・東久世通禧と帯刀らから外国事務局設置を通告し、天皇謁見のための各国公使の上京を求めた。天皇謁見は、天皇を押し立てて旧幕府側と戦っている新政府への各国の認知を高めるうえで、極めて重要な案件であった。会談では、大坂と神戸の居留地の土地問題や内外通貨の両替問題が話し合われたが、帯刀は洋銀一ドルを銀三分として国内流通を認める政府案を検討中と述べたという。

行在所について、十一日大久保宛の帯刀書状では、調べているが、西本願寺がよいと記している。在坂での用件の一つである三百万両調達につき、七日付大久保宛では、「両替屋等閉店」の状況での無理強いは「朝廷の御為に相成らず候」と再検討を求めるとともに、現地での懸案が「市中其外方々より申出申渡等沢山にて、人少く誠に込〔困〕り入」と述べている（『大久保利通関係文書』三）。

なお外国事務局人事は二月二十日になって決まり、督《とく》は山階宮《やましな》（晃親王《あきら》）、輔《ほ》は伊達・東久世となった。この時、総裁局顧問の帯刀・木戸・後藤は「外国掛」兼勤を命じられたが、その辞令は重大なので通常の「半切」ではなく「全紙」が用いられたという（国立公文書館蔵「太政類典草稿　官規文書」）。なお帯刀は、三月二十四日外国事務局判事兼勤とされた。

堺事件発生

二月十五日、仏国公使レオン・ロッシュ招待の宴席に出席する前、帯刀は大久保宛に書状を書き、各国公使の京都謁見についての尽力を謝しつつ、「中々六つか敷き事には飽迄承知の事には御座候得共、世界万国の御交際には普通の礼を御用いこれ無くては相済まず」と、謁見の際に洋風の儀礼を認めるよう京都での説得を依頼している。

その仏公使館での日本外交官たちとの宴席の最中、堺事件の発生が伝えられた。仏水兵が堺で海岸測量中の軍艦から上陸したところ、新政府の命で警備中の土佐藩兵に銃撃され、即死四人、行方不明・負傷各七人を出した事件である。

宴席は紛糾の場となり、帯刀は同日の日記に「泉州堺にて、仏人へ土州兵隊より砲発に及び候云々の事、未明暫時帰宿」したものの、すぐ「七字比〔頃〕より出勤」し、対処に当たったと記している。十四日に外国側が京都での謁見を了承した直後でもあり、政府の衝撃は大きかった。十六日、伊達・東久世の仏公使訪問も先方に拒絶されるという状況のなか、帯刀は大久保に参与四、五人は派遣してほしいと要請している。

「外国交際モ夫限」

十七日、行方不明であった七人の遺体が前日発見されたことから、伊達・東久世・帯刀・五代友厚（才助）は、大坂を未明五時に発って仏公使乗船のベニース号にロッシュを訪ね、重ねて遺憾の意を表明、断固たる処罰を約束し、また遺体を送り届けた。十九日に同号上で伊達らは折衝したが、この時の仏公使の言として、帯刀は日記に次のように書き留めている。

「若《も》し此の上不都合の儀これ有り候ては、外国交際も夫限《それきり》の事にて、戦争にも相成り候わん、以後の御所置第一の事と存じ候…土佐公も一緒に御出に相成り度く候」。この時のフランスの五項目要求を同日、伊達と帯刀は、アドベンチャー号にパークスを訪ねて伝え、助言を求めている。

「昼夜の周旋」

二十二日兵庫で、伊達と帯刀は仏・英に、仏の五項目要求に従うとの政府決定を伝えた。同日寺島宗則（陶蔵）宛の五代友厚（双方とも二日前に外国事務局判事）の書状は、堺事件問題では「既に戦端相開かんとする勢にて、小大夫（小松）両人昼夜の周旋にて、漸く乍ら相治る」と伝えている（『寺島宗則関係資料集』下）。

二十三日堺の妙国寺で、発砲人として選ばれた土佐藩士二〇人の切腹が、内外人立ち会いのもとで執行されたが、切腹一一人を数えたところで、仏艦長が中止を求めたという。さらに二日後、藩主山内豊範《とよのり》が仏国公使を仏艦に訪問して陳謝した。また政府は、賠償金一五万ドルを三回に分けて支払うことを約し、ここに一件は落着した。この日京都では外国公使上京が布告された。萩原延寿『遠い崖』⑥は、この問題の処理により、ロッシュの新政府への認識は好転したと指摘している。

天皇謁見

二月十四日以来、各国公使との天皇謁見の予備交渉が進められていたが、二十五日夜三時発木戸孝允ら宛の帯刀・中根雪江（内国事務局判事）連名の書状は、英公使・蘭総領事と面談したこと、仏公使が二十九日入京することを伝えている。

二十七日、パークス一行は馬で大坂を発ち伏見に向かったが、帯刀と二人の肥前藩士が警護に同行し、翌日パークスは第九連隊の歩兵護衛隊を従えて入京、宿舎知恩院に達した。三十日仏公使・蘭総領事が謁見した。しかしパークスは、途中で暴漢二人に襲われて引き返し、改めて三月三日に謁見した。両度とも帯刀はこれに陪席している。

天皇親征

新政府軍の東征に際して、二月三日天皇親征の詔が発せられ、三月二十一日には京都を発って、二十三日大坂西本願寺別院（現中央区本町）の行在所に到着、閏四月初めまで大坂に滞在した。

大坂では、天保山での海軍親閲、大坂城での諸藩兵の調練や大砲発射の天覧などが行われた。この間、帯刀は基本的に大坂にいたが、四月二日には、帯刀・後藤下坂中とのことで、大久保が総裁局顧問担当を命じられている。天皇は、閏四月七日大坂発八日還幸、帯刀も八日帰京した。

閏四月二十九日養子申四郎《しんしろう》宛書状で、大坂行幸が無事終わったことを告げるとともに、二十日皇居に参内《さんだい》して晒一疋を下賜されるとともに、小御所《こごしょ》に出御があり、「天盃迄拝領」したことを伝えている。申四郎は隔日に陸軍所に出席とのことだが、自分が「天下万機に当るの重職を蒙」ることになって、「一身の無学を悔悟」しているので、「学文第一」と心得てほしいと記している。

パークスの大坂来訪とキリスト教徒問題

さきの謁見後、各国公使は英仏軍が駐屯している横浜に引き揚げ、戦況を見守る態度をとっていた。新政府を支持するパークスは、この間女王の信任状を持参して軍艦サラミス号で四月二十六日大坂を訪れ、閏四月一日太政官代東本願寺別院（現中央区久太郎町）において、信任状を天皇に提出した。この前後の数日、外交関係者との間でキリスト教徒問題が談判された。

前年六月、幕府長崎奉行所が浦上村切支丹六八人を捕縛して以来、その処置が外交問題化しており、新政府の態度が注目されていたのである。一方、ただちにキリスト教を解禁すると、強硬な攘夷論者にとどまらず、神仏信仰者の側から政府非難を蒙ることは避けられず、信者に対するテロ行為も予想される状況にあった。

四月十九日、総裁局顧問木戸は副総裁三条とはかり、説諭により神前に誓約する者は許し、応じない者は「厳刑」に処すべしと上奏した。天皇は在坂の公卿・藩主に意見を下問したが、二十三～四日提出の答申は「皆厳刑を主とす」るものであった（『明治天皇紀』一）。

浦上教徒処置意見書

その時に帯刀が提出した浦上教徒処置意見書がある。浦上から「伝染」が広がると、

配流実施

「数万の人民をしてかの天草騒乱に陥らしむるは、実に以て天下の大重事」であり、「決して遠慮なく御処置これ有るべし」。反復説得を加えそれでも悔悟せぬ者は「巨魁数人を厳刑」に処し、その他は「各処え移住」させるべきである（「島津家本」）。

その後、パークス大坂来訪前夜、木戸宛の後藤書状は次のように記している。今日貴殿から浦上処置の御意見を聞いたが、小松の「一考」があり、大同小異ながら「甚だ良策」かと思われるので、三条公に差し出しておいた。それは、「巨魁も分配、国々へ御預の策」で、他は貴意見と同じである。どうやら、帯刀の意見はまだしも穏やかな方で、外国側の反発の比較的少ない案と受け取られていたようである。

閏四月十七日、外国側の抗議を押し切って政府は、浦上教徒約四〇一〇人を三四藩に預けることを命じ、その第一次として五月二十二日、中心人物一一四人を長崎から長州・津和野・福山三藩に向けて送り出した。

キリスト教徒問題は、双方の意見の対立が続くが、七月四日（洋八月二十一日）サトウの日記には、「中井〔弘〕はキリスト教徒の問題について、小松が京都におくった書状の草稿も見せてくれたが、そこにはサー・ハリー〔パークス〕の意見が紹介されてあって、小松もおなじような穏健な措置を支持していた」とある（『遠い崖』⑦）。帯刀の案は、あるいはさらに緩和されたのかもしれず、その柔軟性をうかがわせる。

京都に戻った帯刀であるが、五月末までは大阪（五月二日大阪府設置、以後は大阪と記す）と京都を行き来していた。京都では一般政務にも関与しており、閏四月十七日帰藩中の木戸宛書状では、徳川処置や制度改革についての議論を伝えているが、「他に申上度き事件は山海御座候得共、寸暇これ無し」と記している（『木戸孝允関係文書』四）。

太政官制の採用

閏四月二十一日政体書が公布され、太政官制が採用され二局七官が置かれた。参与は次々に追加されて一時非常に多数に上っていたが、ここで少数に絞られ、薩摩からは大久保と帯刀の二人となった。またこの日、帯刀は大久保とともに従四位下が授与されることになったが、帯刀は辞退しており、結局は十月十五日にこれを受けている。なお参与には五月に西郷と岩下が追加された。

参与・外国事務取扱

総裁局は廃止され、外国事務局に代わって外国官が置かれ、知事に伊達、副知事に東久世が任じられた。外国官は大坂（旧西町奉行所、旧東町奉行所）に置かれたが、六月三日に京都二条城の太政官代に移転し、他の官に合流した。

帯刀については、五月九日、大阪派遣の官命が発せられるが、その際特に外国官宛に下阪を伝え、小松参与は各官へ出張の際には副知事よりも上席にあって「議政全権御委任」されていることを、念のため伝えていた（国立公文書館蔵「公文類聚一編草稿　官制文官職制総則」）。二十八日、各国公使宛に制度変更による職名変更が通告されたが、伊達が外国官知事、東久世が副知事、参与帯刀が外国事務取扱とされている。いずれにせよ、この時期外交の主たる場の一つは大阪であり、そこで帯刀が重要な役割を果たしていたのである。

「外国御用此の人に非ざれば」

依然として足痛を抱えての勤務であり、四月十日大久保宛書状で帯刀は、「今一層之療治を受、進退も六か敷誠に閉口」と記していた。しかし、各方面で対外折衝が迫られるなか、帯刀には引く手あまたの期待が錯綜、人事自体が混乱することもあった。

閏四月二十四日、在京の帯刀・後藤宛五代友厚・西園寺雪江（在大坂）の書状は、大坂開港の件を伝えているが、二十六日の岩倉宛伊達外国官知事（在大坂）の書状は、「当局多端緊要事件も候故、小松は早々差し帰され度く候」と下坂を求めていた。

五月十二日には、帯刀に対して弁事から「当官を以て関東表え下向」の命が出された。しかしその前日岩倉輔相宛議定松平慶永《よしなが》（春嶽《しゅんがく》）の書状は、「小松下向の儀異存これ無く候得共、外国御用此の人に非ざれば参らずとの事にて、先日下阪命ぜられ候。今後大阪府帯刀在住これ無く候得ば、外国人応接の不都合を生ずべし。帯刀東行命ぜられ候ても、外国御用差支え無しと御見据え在らせられ候わば、別存これ無く候事」（『岩倉具視関係文書』三）と記している。実際には帯刀は、当分大阪にあって懸案処理に当たっていた。

幻の大阪府知事

懸案の一つは、フランスに対する堺事件賠償金を調達して支払うことであった。五月二十日付会計官判事陸奥宗光（陽之助）・池辺藤左衛門（永益）宛書状で帯刀は、賠償金初回五万ドルと香港から入手する造幣機械代三分の一支払いのため、銅入札払下げで調達することを指示しており、五万ドルは三十日に仏公使に支払われた。

なおこの間、五月二十三日には後藤とともに、この月二日に設置された大阪府（内外政担当の大坂裁判所を改称）の知事を命じられたが、これを返上した。結局、帯刀は大阪府在勤とされ、大久保は江戸府在勤、広沢真臣《さねおみ》は京都府在勤とされた。

二　江戸・横浜での対外折衝

帯刀横浜へ

帯刀は六月一日、神奈川裁判所判事助勤中井弘（弘蔵）・山口尚芳（範蔵）らと大阪を発ち、三日夕方神戸で米国「飛脚船」コスタリカ号に乗船、「四日晴、十一字過出船、海上静か也、五日晴、海上静か也、六字横浜着、直に寺嶋氏へ参り十字旅宿へ着也」と記している（『小松帯刀日記』）。神戸から横浜まで三一時間での到着であった。寺島宗則は、東久世外国官副知事・神奈川裁判所総督のもとで、神奈川裁判所判事として横浜での対外実務の中心を担っていた。

帯刀の横浜での中心任務は、当面処理すべき重要対外問題であり、横浜に滞在する各国外交官と折衝することであった。当時の案件として、六月二十日帯刀・井上石見(箱館府判事)らと英国公使館を訪問した東久世は、日記に、大阪居留地・スペイン条約・キリシタン寛典・箱館外国人取扱振りと記している(『東久世通禧日記』上)。ここには出ていないが、当時において特に重要なのは、旧幕府が関係した以下の二件の対外債務を処理することであった。それらは、対外主権に関わる問題であるとともに、後者は緊要な軍事案件でもあった。

旧幕府長崎製鉄所貸付代前借

長崎製鉄所は、旧幕府が巨額を投じて建設したわが国初の近代的造船所であったが、幕末には経営は不振を極め、オランダから購入した機械代も未払いのままであった。慶応三年二月、オランダ総領事ポルスブルックから外国奉行に、「飽《あく》ノ浦」製鉄所を外国人に貸し渡す噂につき照会があった。これに対して、外国奉行はそれを否定し、「立神《たてがみ》御軍艦打建場」を借りたいとの英人(ボイド商会か)の申し入れは断ったと答えた(楠本寿一『長崎製鉄所』)。しかしその後、大政奉還後に、オランダ貿易会社に一〇年間貸出しを認める条件で貸付代を前払いさせ、これで未払い機械代や諸負債を整理していたのである。

三年十一月二十二日、老中板倉勝静《かつきよ》は、同僚の松平康直・小笠原長行《ながみち》宛に、次のように伝えている。長崎奉行からの上申を勘定奉行が審議した結果に基づき、横須賀製鉄所ができると僻遠の長崎を維持する必要は薄れるので、機械買上代等五万七二〇〇両ほか諸負債を整理するため、同所を一〇年間一八万五千ドル前払いで「和蘭商社」に貸し出すことを承認した（国立公文書館蔵「多聞櫓文書」）。

新政府は、この契約関係の確認をオランダ貿易会社から求められ、長崎製鉄所を政府管轄下に確保するため、前払いの借金を返済して貸出関係を解消する必要が生じたのである。

月賦返済の約書

六月八日の東久世日記には、「長崎泡〔飽の〕浦入用金、旧政府にて和蘭商社へ借受の残金十三万五千弗これ有る処、此の節約束を改め」とある。具体的には、残金一三万五千ドルを六月から翌年二月までの月賦で、「大坂より横浜え参り候金を以相払い申すべく候」という約書を、「辰六月付神奈川奉行所小松帯刀」名義で、オランダ領事ファン・デア・タック宛に差し入れている（『小松帯刀日記』）。

旧幕府横須賀製鉄所抵当五〇万ドル負債

明治政府の第一期（慶応三年十二月～明治元年十二月）財政支出のうちに、「旧幕府嘗《かつ》て仏国商社及び和蘭商社より兵器其他を購入せし債金を弁償する所のもの」五四万五九三六円がある（『明治前期財政経済史料集成』四）。このうち約四〇万円は下記のフランス向けの支払いであろうが、残りの十余万円が上記の返済分に当たるのであろう。

横浜の寺島・井関盛艮《もりとめ》（斎右衛門）から閏四月六日付で、帯刀・後藤宛に重要な問合せがあった。フランス商社のピケなる者が、幕府に「銃、戎《じゅう》服〔軍服〕類」買入代に当てるための五〇万ドルを貸しており、すでに一部の武器は引き渡したが、もし近々に五〇万ドルが支払われなければ、幕府が抵当として差し出している横須賀・横浜製鉄所を差し押さえる、と言っている。もし五〇万ドルを払えば、たんに幕府の尻拭いをするのではなく、未引渡しの原価三六万ドル分の武器を入手できるが、どのように返答すべきか（『寺島宗則関係資料集』下）。

　フランス商社は、幕府の注文で七二万ドル分の武器・軍需品を発送、前年十月以降到着しつつあったが、三〇万ドル分は代金を受け取って引き渡したものの、幕府崩壊で運上所倉庫にある約四二万ドル分の受取りと支払いが滞っていたのである（石井孝『明治維新の舞台裏』）。旧幕府の外国奉行川勝近江守広道らが、この年二月八日に、七ヵ月を期限とし、両製鉄所を抵当とする五〇万ドル支払い約書を、パリの有力銀行ソシエテ・ジェネラールの代理人ピゲーとワッソールに差し入れていたが、代金支払いと武器引渡しは未済だったのである。

　幕府が二四〇万ドルという巨額の予算で建設しつつある最新の近代的大造船所が、差し押さえられてしまうのは一大事であるばかりか、内戦勝利のためにも、武器特に最新式兵器の入手は緊急に必要であった。当時北越方面からは苦戦が伝えられており、七月十六日付岩下方平宛大久保（在江戸）の書状では、吉井友実《ともざね》（幸輔）が元込銃二五〇挺、戎服一千枚の補充を求めていた。寺島の書状には「別紙目録」が付されていたようで、帯刀日記には「仏ピッケー方残り鉄砲」リストがメモされており、そこには元込銃在庫が五八〇八挺と記されている。

資金調達の困難

六月九日、東久世と帯刀は仏公使館を訪ね、製鉄所の件を確認している。二十日には帯刀と寺島が横須賀の現地を視察した。そのうえで資金調達に乗り出したようであるが、二十六日付大久保（在江戸）宛書状で帯刀は、「当地に於いて甚だ御金繰六つか敷く…毎日其為奔走仕り候、英仏両国え相談相成り居り、実に込〔困〕入り申し候」と書き送っている。

オリエンタル・バンクから五〇万ドル借入れ

七月十八日、仏公使から上記の借金につき、九月一日までに返済されない場合には、両製鉄所を引き渡すという約定になっているとの通告があったので、東久世は前夜江戸から戻った帯刀とともに、英公使館を訪れて金策を相談した。

その際、パークスが紹介してくれたので、帯刀は翌十九日横浜居留地十一番オリエンタル・バンクを訪ね、その結果五〇万ドル借入れの約束ができた。「拾壱番バンク五〇万弗、小松承知の事」と東久世日記は記している。

二十三日大久保宛書状で帯刀は、「帰港以来各国の談判にて昼夜寸暇これ無し」だが、五〇万借入れはほぼまとまった、できればさらに五〇万くらい借り入れて京坂に三〇万余を持参する必要がある、と記している。実際に借りる段になって、先方が輔相三条実美の委任状を要求したことから、江戸との往復が必要になったが、二十六日ドルを現金で借り入れることができた。

武器・軍服入手

帯刀は、七月二十七日夜十一時と記した大久保宛書状で、「外国御借用金委任状」が届き、「漸々昨日ドルも請取の運に相成り、横須賀・横浜製鉄所曳当《ひきあて》も相消え御同慶此の事に御坐候、十万弗は京摂御用として持参の賦《つもり》に取計い申し候、最早小銃・胡服〔洋服〕等は入手相成り候」と伝えた（『大久保利通関係文書』三）。五〇万ドルを借り入れ、うち約四〇万ドルを支払って武器・軍服を手に入れたので、戦争中の各方面に提供できる、さらに約一〇万ドルは上方用に持参するというのである。

寺島の苦言

オリエンタル・バンクとの約定には、東久世・帯刀・寺島・井関が署名しており、返済期限は三年で、年利一五％で横浜の関税を担保とするという厳しい条件付きであったが、返済は繰り上げて明治三年六月に完了した（立脇和夫『在日外国銀行史』）。

なおこれに先立って、オリエンタル・バンクからの借入れの事例はあった。六月二十二日箱館裁判所判事井上石見・神奈川裁判所判事井関盛良が二万ドルの借用書を差し入れている。それは、プロシャ人から箱館裁判所用船の買入れのためで、利子一二％、返済は箱館昆布または石炭で九月中にとの条件であった（『小松帯刀日記』）。以後新政府とオリエンタル・バンクとは、鉄道建設をめぐっても密接な関係を持つようになっていった。

一方寺島は、七月三十日大久保宛書状で、洋銀を一分銀に吹き替えて渡すという外国側への約束を延期できない、五〇万ドルの件で英公使が好意を示してくれたのに対して信を失うことになる、そもそも「金を外国に仮〔借〕るは甚だ宜しからず、手を尽す丈は内国の金穴を探捜これ有り度き儀に御座候」、と苦言を呈している。

寺島の苦言はもっともであるが、帯刀も、すべて外国側の言いなりになっていたわけではない。さきの二十七日付書状で、旧幕府が雇用していた英仏海陸軍士官の雇用継続は断った、と述べているのである。

帯刀は、六月十日江戸に出て高輪薩摩藩邸に入った。江戸城は無血開城されたが、一部幕臣が彰義隊と称して上野の山に立て籠り、五月十五日新政府軍によって討伐されていた（上野戦争）。それから一ヵ月近くが経っていたが、十五日夜、帰浜した帯刀は、同夜横浜から、東下前の大久保に宛てた書状で、出府の目的は上方の状況報告だったとしつつ、「市中人気は矢張洶々《きょうきょう》たる様子」、江戸市中の人心は水が泡立つようで落ち着いていないと記している。十四日には越後口総督に仁和寺宮《にんなじのみや》嘉彰親王が任じられ、十六日には平潟上陸作戦が始まっている。

次に六月二十九日から七月十七日まで、帯刀は江戸に出ていたが、横浜に戻る十七日に江戸は東京と改称された。東北征討軍事機関として大総督府、東日本統治の臨時機関として鎮将府、江戸市政担当の東京府が設置され、大総督に有栖川宮熾仁親王、鎮将に三条実美、知府事に烏丸光徳《からすまるみつえ》が任じられた。

サトウとの対話

帯刀は二度の出府の際、当時江戸に出て情報収集に当たっていたサトウと数回会っている。六月十五日には帰浜直前に会っているが、七月四日には小松が会いにきたと、サトウは六日（洋八月二十三日）付でパークス宛に、次のように報告しており、帯刀が江戸でどのような課題に取り組んでいたかがうかがわれる。

小松は、一般社会に対する借金支払のための金を調達したり、開成所に外国語学校を再建することなど、いろんな仕事で多忙である。彼が語るには、総司令官は彼の手に江戸の保塁をまかせ、勝手に処分してよいという。そこで彼は青銅砲を天保銭に変え、土塁は外国人居留地の地ならしに使うつもりだ、と語った。保塁の利用法として、それが最も有益だろうと思う（ディッキンズ『パークス伝』）。

外国人居留地とあるのは、この時点では八月十六日（洋十月一日）に予定されていた、東京開市によって居留地になる築地のことであり、七月九日には、帯刀はその明石町に出勤している。しかし東京開市は実際にはさらに延期され、十一月十九日（洋一八六九年一月一日）になった。

青銅砲を溶かして銅銭に

ここでの天保銭云々は、横須賀で台場の青銅砲を溶かして銅銭を鋳造して、人夫への支払いに充てるつもりとサトウは聞いたようであるが、それを裏づけるように、『小松帯刀日記』の六月末頃に、「横須賀にて天保吹立の事、品海台場大砲の事」とのメモ書きがある。

この二日後の七月六日、サトウは、帯刀・中井弘とともに大久保と食事をしているが、「大久保は全く無口で」ほとんど何も聞き出せなかった、と日記に記している。サトウにとっても、大久保よりも帯刀の方が話しやすい相手だったようである。

七月七日にサトウは、双方間の問題について、次のようにパークスに報告している。築地の居留地の衛兵所設置について意見を交換した。小松は、すでにロバートソン領事・ミットフォード書記官らに、浪人等が入り込まないよう大阪同様にしたいと説明したことがあり、商人の出入りが窮屈になると反対したロバートソンも、あとで同意したという。また、海軍使節団（幕府招請の英教官）について、士官は仕事を続けてもらうが、つまらぬ士官や海兵たちは送り返したいと考えているそうだ（『パークス伝』）。帯刀らは、大阪で米海軍士官を雇い、旧幕雇用の英仏の陸海軍教官は解雇する方針をとった。

なお十一日にサトウは、新橋近くの水月楼での帯刀・井上石見・中井弘・松根（内蔵、宇和島藩）らとの宴会に招かれている。

「日本人の中で一番魅力のある人物」

サトウは『一外交官の見た明治維新』上で、帯刀の人物を次のように評している。

小松は私の知っている日本人の中で一番魅力のある人物で、家老の家柄だが、そういう階級の人間に似合わず、政治的な才能があり、態度が人にすぐれ、それに友情が厚く、そんな点で人々に傑出していた。顔の色も普通よりきれいだったが、口の大きいのが美貌をそこなっていた。

勝との接触

六月十五日の『海舟日記』には、「サトウ子〔氏〕来訪。本日小松帯刀訪う。同人、本日横浜へ行くと。小子へ一面を乞うこと切なりと云う」とある。帯刀は今日横浜に帰ったが、勝海舟（安房）に会いたがっていた、とサトウが伝えたのである。七月一日には来訪したサトウから、大久保が江戸に来ていること、帯刀も築地ホテル（建設中）裏の小田原町二丁目旅宿にいると聞く。大久保は、江戸在勤を命じられて六月二十日夜横浜着、二十一日に入府していた。

勝としては、徳川家の処遇について、ようやく駿河七〇万石と決められたとはいえ、具体的な領地の選定や家臣の処遇や江戸での徳川家財産の処理など、新政府側と詰めるべき問題が多くあった。そういう相談を、もっともしやすいと考えられたのが帯刀であった。

そして七月八日、「小松帯刀来訪。天下の形勢、幷びに八州の情実、外国の交渉を談ず。大久保〔利通〕氏へ我が家臣下御処置の事頼み遣わす」。勝は十日、大久保一翁〔忠《ただ》寛《ひろ》〕に、会談は「上首尾」であったと伝えている。十六日には勝が小松を訪問、「我が藩御扶助の事幷びに御礼上京の人数、幷びに銅板御取り揚げの事等、内話これあり。本日登城の上、大久保氏幷長谷川〔仁右衛門、肥後藩士、会計担当〕氏へ談じ置くべく、猶精々尽力頼み候旨、申し聞る」（『海舟日記』）。帯刀から大久保利通に、実務的な話を通じてもらっているのである。

帯刀への依頼

帯刀は、十一月初めにまた東京に来たが、それを聞いた勝は三日付で書状を出し、政府への出仕を求められた加藤弘之・津田真道《まみち》は、まだ片づけるべき用務があるので出府が少し遅れるが、含んでおいてほしいと頼んでいる。

翌明治二年八月六日大久保利通宛の書状で帯刀は、「勝房州も外国方え召し出され候由、誠に以て恐悦に候、外国御用には余程御為に相成るべく哉と存じ奉り候」と喜んでいる。

八田知紀との再会

この頃、和歌の師八田知紀《はったとものり》が京都から江戸に出てきており、帯刀ら弟子たちは七月、知紀を囲む会を催した。知紀は『白雲日記』（明治二年刊）に次のように記している（原文のまま）。観瀾《かんらん》は帯刀である。

七日日からなれば、たゞにやはあるべきとて、又例の〔両国〕二州楼に遊ぶ、小松観瀾、大久保甲東〔利通〕、海江田盛時〔信義〕、井上長秋〔石見〕、中井桜洲〔弘〕など、外にもこれかれまじれり、江戸第一の勝地なれば、一入《ひとしお》興に入りて、杯とり〳〵うたへるうたども、

初秋月　観瀾

てる月のかげなつかしくなりにけり　すだのわたりのあきの初風

知記

すみた川また初秋のつきなみに　なかはのあきもうかひけるかな
むさし野のかきりしられぬ秋の色も　いまよりみゆる月の影かな
天の河ほしのあふせにすみ初て　うきあきみえぬつきのかけかな

名所旅

みやことりともに遊へはすみ田河　浪のうきねものとけかりけり

条約案を携えて

帯刀来浜直前の六月三日、東久世は、「蘭公使面会、瑞典《スウエーデン》・耶耳《ノルウエー》回条約御委任の儀、宇和島〔伊達宗城〕より申し来るに付き催促、近日小松着港の上談判に及ぶべき事」と日記に記していた。スウェーデン・ノルウェー〔当時は同君連合〕、スペインとの修好通商条約案は、東久世・帯刀・寺島が横浜で折衝して案を詰め、帯刀が江戸で三条の了解を得

てきたが、さらに太政官の承認を得る必要があった。

七月二十八日未明、スウェーデン・ノルウェー、スペインとの修好通商条約案を携え、帯刀と外国官判事大隈重信らは、開成所に置かれていたハラタマの分析器具とともに、英船アルビオン号で横浜を出発した。オランダ人ハラタマは旧幕府雇い入れの化学者であるが、六月二十三日帯刀は、ファン・デア・タック領事およびハラタマと会談し、「分析舎密方」建設地を大阪とすることを取り決めていたのである。両条約は太政官の承認を得て、九月二十七、二十八日に横浜で調印されることになる。

この船には八田知紀も同乗した。二十八日には伊豆の沖で、帯刀が「久方のそらのみどりにあらはれて　波にうかべるふじのしばやま」、知紀が「船のうへにたゞよふ不二の山みれば　天の海ゆくこゝちこそすれ」と詠んでいる。

三　外国官副知事

「大取込」と「歩行不自由」


八月一日夜帯刀らは神戸に着き、オリエンタル・バンク借入れのうちから持参した一〇万ドルを、兵庫県知事伊藤博文（俊輔）に託し、二日夕方大阪に着いた。

大阪に戻った帯刀だが、太政官関係の事案で京都にいることが多かったようである。

八月十九日大久保宛で、「太政官中相替らず大繁用、格別の事もこれ無く候得共、御東下旁《かたがた》大取込に御坐候」と伝えている。天皇東幸は決まったものの、まだ時日決定には至っていない。翌二十日大久保宛では、「上京いたし候処、段々御用筋仰せ付けられ、未だ滞京罷り在り申し候、下坂の義申し出候得共、御暇下されずとの事にて、進退決着も相分り申さず、甚だ閉口此の事に御座候、毎日十字より出勤六字頃退出、例の足痛込入り申し候」と記している。

足痛を訴えているが、それは太政官での勤務条件も関わっていたようで、十九日付中井弘宛では、「板畳に平伏大閉口」、その後十月六日、後藤象二郎宛でも、着阪と聞き訪ねるべきだが、「歩行不自由の上、清〔正〕座相調い申さず」と記している。

外国官副知事拝命

八月二十二日帯刀は、松平慶永・伊達宗城両議定から、外国官副知事就任を依頼されるが辞退している。翌日、木戸孝允からの書状は、「たとえいずれに御出で相成り居り候とも、先生御尽力これ無くては相叶わざる儀に付き、何卒御奉命」是非受けよと記している。二十七日大久保宛で帯刀は、一昨日から下阪中だが、外国官副知事内命は「殆ど当惑」「固く御断り」したが、木戸に言われて迷う、東久世が再任すればよいのに、と記している。東久世は、六月十七日神奈川府知事に就任しており、結局九月八日府知事兼務で再度副知事になった。

八月二十七日、即位大礼が挙行されたが、翌日上京した帯刀は、輔相岩倉から即位に至る「煩労」の慰労として酒饌《しゆせん》（酒肴）を授けられた。結局九月三日、名目的存在であった肥前藩主鍋島直大《なおひろ》に代わって外国官副知事兼務を正式に命じられ、同時に玄蕃頭《げんばのかみ》に任じられた。玄蕃頭とは外国使節を接遇する長官の唐風名であるが、当時辞退中で無位なので、対外的に何か肩書きが必要だとされたのであろう。

東幸を見送り

八月二十八日、太政官は天皇東幸の発輦《はつれん》期日を九月二十日と布告するとともに、議定山内豊信、議定心得池田章政《あきまさ》、参与帯刀・木戸孝允に扈従を命じ、うち豊信・帯刀には東京への先発を命じた。この間九月八日に慶応四年は明治元年と改元されていた。

帯刀は、九月十五日に大阪から上京したものの体調は悪く、翌日の賜饌にも出頭しえず、二十日の東幸発輦に際しては、扈従せずこれを見送るにとどまり、十月一日には弁事から慰問書を受けている。天皇は東海道を下って十月十三日東京に到着した。

十月五日付帯刀・岩下宛大久保の東京からの書状は、「外国の事件等、彼是当分通りにては不都合の件少なからず」、東幸に際して東京での外国交際のこともあるので、帯刀に、二十日頃乗船し東上してほしいと要請していた。しかし帯刀は依然体調不良で、胸痛をも感じていた。十月八日付大阪府判事五代友厚への書状では、「少々の運動にて、胸痛相発し、その故、書見執筆全く相叶い申さず」と記している。

再度横浜へ

十月十四日、帯刀は大久保宛に、「御出輦翌日より所労にて曳入り、漸々一昨日より出勤仕り候得共、今四五日も薬用等致さず候ては全快にも到らず、其上例の足痛相起り折角養生中故、精々療養」し、二十日には是非出京して大阪から東下したいと記した。

十月二十四日伊地知《いじち》正治宛書状で帯刀は、前夜下阪し明日蒸気船で東下すると伝えていたが、十一月一日朝横浜に着き、三日東京城内の行在所に出頭した。九月二十二日会津藩降伏に次いで、十月九日南部藩が降伏して東北戦争は終わり、十一月二日には東征大総督熾仁親王が東京に凱旋、四日には嘉彰親王も凱旋した。残るは箱館を占領した榎本軍との戦いだけになった（二年五月十八日降伏）。

各国公使と折衝

十一月五日に帯刀は、外国官副知事東久世とともに横浜に来て、榎本武揚らが制圧した箱館情勢などにつき、英公使と会談している。

八日にも横浜英公使館で、天皇に供奉して東京に来ていた伊達知事、東久世・帯刀両副知事、木戸らが、英公使と会談、用件は箱館への使者派遣、キリスト教徒問題が主であった。切支丹に関しては、九月頃から五島における信者迫害の情報が入って外国側を刺激していたが、この時、キリスト教政策につきパークスと木戸との大激論になった。

当日の日記に木戸は、「此事大に心に関す、外国の事情あり、又内地の人情等あり、…兵力調わざるときは万国公法も元より信ずべからず…万国公法は弱国を奪う一道具」

と記した。

さらに翌日は、同じメンバーで仏米蘭孛伊五ヵ国公使を歴訪し、十一月十九日に東京開市・新潟開港を実施することを通告し、二十二〜三日参内を要請した。午前中に仏伊孛を訪ねたあと、いったん裁判所に戻り午後、海辺通りの蘭公使館に向かう際、御者がいなくなっていたので、帯刀が自ら馬車を御した。

ところが、途中誤って「角屋の石壁に触れ灯台を摧《くだ》き革手縄を断す」、道路角の建物の石壁にぶつけ、海辺通りの街灯（石油の灯明台）を壊し、革手綱を切ってしまったので、歩行していったと、『木戸孝允日記』は記している。乗馬の名手帯刀も、馬車を御すのは勝手が違ったようであるが、体調不良のためかもしれない。

謁見接遇役は東久世に

帯刀は、十一月七日付中井弘宛書状で、横浜に「帰港来一層痛処弥増《いやまし》」、明日医者に診せると述べていた。十一日には木戸を訪ねて、帰郷の希望を伝えるとともに、大久保宛に書状を出し、次のように記した。「例の足痛近日は別段強く相発し、座中歩行さえ心に任せ申さず」、「仏医相頼み当分療養は相加え申し候得共」、フランス人医師にかかっているが一〇日や三〇日で快気とはいかないので、暖地で湯治したい。各国公使謁見のことは「宇和島〔伊達〕・〔東〕久世公へ相願い、養生方御暇の処申し出」たので、輔相にとりなしてほしい。横浜では日々対外折衝があるが、近く着くはずの大隈重信を参与・副知事に任じてほしい。このことは木戸にも話してある。

なお、この医師とは、山下居留地九番のフランス海軍病院に勤務していたビアンヴニユかと思われる（『ジャパン・ディレクトリー』一八六八年、一八六九年版）。

大隈は、十二月二十七日外国官副知事に任じられるが、このことにつき後年、薩長ではない自分を推薦したのは、帯刀が「公平無私の心を天下に臨」んでいたからだ、と回想している（『大隈伯昔日譚』）。

足痛での休暇許可

外国官知事伊達宗城は、母の病気見舞いを理由に一時帰国を願い出ており、各国公使参内の一週間前、十一月十五日に宇和島に向け英船アデリアン号で出航、一時帰国した。帯刀も帰国を許されて大阪に向かうことになり、伊達留守中は東久世が知事心得として、二十二・三両日の東京城での各国公使参内謁見の接遇役を務めることになった。

十一月十三日東京の木戸宛書状で帯刀は、湯治休暇帰郷が早速許可されたことに感謝している。十六日付大久保宛でも感謝の意を述べ、十八日米「飛脚船」で「一応上京速に帰国入湯」のつもりだが、金札の件は時価相場を認めるしかない、東北・箱館の処置は「非常の御決断」で「寛典」に処し、軍艦等軍備の整備に努めるべきである、と記している。

金札（太政官札）は、殖産興業資金供給を銘打って五月十五日から発行されたが、実際には主に財政資金として散布され、正金に対して打歩《うちぶ》を生じていた。六月二十日には打歩引替え禁止令を発したが、止めることはできなかった。結局十二月四日に至って、時価通用を認めることになったのである。

北郷からの伝言

この頃、乾行丸艦長北郷《ほんごう》作左衛門（久信）の使いとして有島武が訪ねている。のち横浜税関長になる有島は、文久元年の帯刀・北郷の長崎行きに小者として随行したこともあり、両人は「意見を同じうし、仲が極宜《ごく》かった」と回顧している。乾行丸は北越戦争に加わっていたが損傷が見つかり、修理のため十月二十一日から横須賀にドック入りしていた。

病気で帰藩と聞くが、自分も帰藩せず海軍で頑張るので、どうか国政に尽力してほしい、という趣旨の北郷の書状を託された有島が、横浜弁天の役宅を訪れた。病室で低い寝台に横になっていた帯刀は、それには同感だが、いったん帰藩して各自の「玄関から壊わして掛からなければ本当の御一新は出来ませぬと言うて呉れ」と答えたという。藩政改革の必要を述べたのであろう（『史談会速記録』一九一輯）。

遣英大使の噂

結局、今回の東京・横浜滞在は半月余にとどまり、帯刀は十一月十八日、米船ニューヨーク号で横浜を発して大阪に向かった。

十一月十三日、東京の外国官権判事森有礼《ありのり》（金之丞）から大阪の五代宛書状は、次のように記している。正副知事の一時帰国で、あとには判事町田久成、権判事南貞助、判事試補都筑荘蔵らしかいない。自分は五日前から議事取調局に出勤し、鮫島尚信は東京府在勤で、大隈重信は未着だ。「外国官も小松なくては甚だ心配」である（『五代友厚伝記資料』一）。

サトウは十二月一日、東京の会計官判事池辺藤左衛門を訪問した。そこで、伊達と帯刀が、大使としてイギリスに派遣されることになり、準備として百日の休暇が与えられた、という噂を聞いた（『遠い崖』⑧）。両人の帰国の理由をめぐっての噂にすぎなかったが、英語力はないものの帯刀の対外交渉力が高く評価されていたことを物語っている。

英語への関心

帯刀自身も、初歩的ながら英語への関心を強めつつあったようである。『小松帯刀日記』解題で芳即正《かんばし》氏は、慶応四年一月十九日から、縦書きには違いないものの、行を右から左にではなく左から右に書くようになっていることを指摘し、英文が左から右に書くのに倣ったのではないかと推測されている。日記には、「新文紙ノ事　ニウスペイパ」、「セツクレタレイ　公使ノ下役」など、英単語のメモも記されるようになる。

また、明治三年二月二十日五代宛の帯刀書状は、高橋・前田らが尽力し上海で刊行した政府免許の「英話」対訳書五百部を持ち帰って来た、フルベッキらが尽力したまことに見やすい書で、一冊一二両なので、運上所などでも買うよう世話してやってほしい、と記している（『五代友厚伝記資料』一）。

さらに洋風の飲食物も珍重していたようで、二年七月三日得能《とくのう》良介宛書状で、上阪に際して「ヒヤ〔ビール〕幷ミルク持合にまかせ進呈」している（「維新史料編纂会引継本」）。

四　長崎経由で帰藩

横浜から同船した中井弘によれば、船は明治元年十一月二十日神戸に着いたものの、その後堺まで流されたあげく、ようやく二十一日未明に大阪天保山に到着したが、帯刀は「甚だ御疲労」であった（二十五日付大久保宛書状）。そして上方では仕事が待っており、足痛以外の体調不良もあって、そのますぐ鹿児島に戻れたわけではなかった。

十二月八日付鹿児島の桂久武からの帯刀宛書状は、「重野〔安繹《やすつぐ》、厚之丞〕御召列御下坂の由」、「御肺病如何と想像奉り、坂地良医も御座候由承り仕り候に付、必ず速やかに御快然と存じ奉り候」と胸の病を見舞っている（「石室秘稿」）。十五日付海江田信義の書状は、帯刀は「不塩梅」だったが三日前から参朝していると記す（大久保宛）。

なお桂の前記書状は、「万国公法上坂〔出版〕等の儀は、何卒然るべき様御計らい下され度く」と記しているが、帯刀が重野を伴ったのはこの件に関係するのかもしれない。

三年に「鹿児島藩蔵梓」として刊行される『和訳万国公法』は、ホイートン著の漢訳を重野が口語訳し、解説を付したものであった（大久保健晴『近代日本の政治構想とオランダ』）。

帯刀への期待

一方、暮れも押し詰まった十二月二十九日、帯刀・伊地知壮之丞（貞馨）宛岩倉の書状は、「未だ在坂の事と存じ候、何卒帰国に及ばず相済み候わば重畳と存じ候、洋名医も近々着坂の旨…」と記す。京都の政府首脳としては、大阪で治療を受け、何とか帰鹿しないで、京都と行き来して任務を果たしてほしい、ということであったろう。年明けの明治二年（一八六九）一月八日、京都に戻っていた大久保の書状は、大隈重信から人手不足なので帯刀東上の打診があったが、返事を待つとしている（以上二点『玉里島津家史料』五）。

これと行き違いの同日付の大久保宛帯刀書状は、「長滞阪に相成る」ことを伝えつつ、横井小楠暗殺に驚愕したと記している（『大久保利通関係文書』三）。小楠は五日京都で暗殺されたが、前年十一月十日付で帯刀に、薬の礼を記した書状を送ってきていた（『維新史料編纂会引継本』）。

版籍奉還問題

版籍奉還が、新政府指導者の間で現実論として語られるきっかけは、徳川慶喜《よしのぶ》の辞官納地問題にあった。徳川家に王政復古を理由に領地の返上を求める以上、雄藩各家もそのままでよいのかという問題であり、木戸孝允はすでに慶応四年二月、三条・岩倉に建言していた。内戦のなか、そのままになっていたが、東幸打合せのために大久保が出京した機会を捉えて、木戸は九月十八日大久保にこれを説いたところ、大久保は同日帯刀邸を訪ねて岩下方平・伊地知壮之丞とともにこの件を相談している。

天皇に供奉して十二月二十二日京都に戻ると、大久保は二十五日下阪し、帯刀・伊地知・吉井らと版籍奉還と藩政改革につき協議、さらに元日に帯刀のもとを訪ね、吉井・伊地知・重野らと協議してその決意を固めた。大久保は一月三日出阪、四日帰京した（『大久保利通伝』中）。

奉還建白催促

帯刀は、二年一月十一日大久保宛書状で、藩主からの版籍奉還建白計画につき、もう聴許の御沙汰が出る頃かと思っていたら、そちらの書状では、建白提出に至っていないというのは意外である、建白促進のため伊地知を上京させると伝えた。十三日付でも、自分は病中で上京できないが尽力してほしいと記している（『大久保利通関係文書』三）。

結局十四日に、大久保・広沢真臣・板垣退助の薩長土三藩代表者の会談で合意が成立、伊地知が使者として薩長両藩主の了解を取りつけた。二十日、薩長土肥四藩主が版籍奉還を上奏し、以後六月十七日版籍奉還聴許への流れをつくりだしたのである。

長崎立寄り

ようやく一月二十日、帯刀は帰藩の途についた。帰藩は藩政改革の任務をも負ってのものであり吉井友実が同行し、二月一日鹿児島に到着したが、途中長崎にも案件が待っていた。

一月三十日「第四字」と付記した書状を東京の大隈重信に送り、「僕も出船来海路は都合能く今未明着崎」したことを告げ、井上馨（聞多、在長崎外国官判事）の清国使節参加希望や「ドック」官有について尽力を要請し、「已に出帆に差し掛かり要用迄」と記している（早稲田大学図書館蔵「大隈文書」）。長崎に立ち寄った理由は、小菅に建設中で完成間近なドックの官収問題が前年十月頃から持ちあがっていたことにあった。結局は長崎製鉄所付属となる小菅ドックには、計画の当初から帯刀が関与していた。

小菅修船所建設

長崎商人名義での修船所建設願いが、慶応元年に長崎奉行所に出されたことは前述したが、翌二年四月許可が出、薩摩藩が土地を提供しグラバーと帯刀が共同出資という建前で、イギリスから機材を輸入し、岩瀬徳兵衛（公圃）の工事監督で建造が進められていた（中西洋『日本近代化の基礎過程』上）。

維新に伴って、完成間近の小菅修船所の官収問題が持ちあがっていた。明治元年十月八日付五代宛書状で帯刀は、「修船場壱条」につき「条約書草稿」を受け取ったと記し、翌日付では、草稿は今朝送ったとし、「野村（盛秀、宗七）申し越し候通り、御国の名目に繰替度き含み」、官収すべきだと述べている。

小菅ドック竣工

明治元年十二月、ドックは戸町村字小菅（現長崎市小菅町）に竣工した。船架スリップ・

ドックは船を陸上に引き揚げて修船する設備で、小菅ドックは長さ三七メートル・幅八メートルで、一千トン級の修船が可能であった。

十二月十日帯刀・五代宛書状で在長崎外国官判事野村盛秀は、六日「ガラバの船を、ドック台に仕懸るの報により、幸い、休日也ければ、井上（馨）と見物に行きぬ、…蒸気の方も申し分なかりし」と伝えている。翌七日竣工式に参加した野村は、「其蒸気力の感心なる事、筆上の得て尽すべからず」（五代竜作編『五代友厚伝』）と述べている。機材の調達はもっぱらグラバー側の負担で行われていたが、この頃までにグラバー側と薩摩藩（帯刀名義）との間に出資と利益配分を取り決めた約定が交わされたようである。

維新当時、上海で造船所を営むボイド商会が大浦に機関修理工場を設けており、もし小菅ドックがその手に落ちれば、ドックのない長崎製鉄所は大打撃を受けるという事情もあり、政府は官収方針を進めていた。

長崎立寄りと官収

さきの一月三十日付大隈宛書状はドックについて、

ドック一条も談合仕り候処、拾三万弗金策の処急に出来兼候わん、其内此の方の有高を取調べ、不足は会計局より御払い相成り候様ならば別して仕合せとの事、今日に至り候上は、兎角製鉄所附属相成らず候ては、相済まざる事哉と相考え申し候

と、買収資金調達には困難があるとしつつも、官収実現の方針を伝えた。

二年三月、政府はドックを一二万ドルで買収して長崎製鉄所付属とした。そのうちから、既支出額と薩摩藩屋敷提供の土地代八六八〇ドル（約八七三〇両）を返却した残り利益四万四八七九ドルは、グラバー三、帯刀一の割で配分され、名義人帯刀の取り分は一万一二一九ドルとなった（『日本近代化の基礎過程』上）。

ただし、帯刀死後まもなくのことであるが、この益金は五代にも関係ありとして、オランダ領事ファン・デア・タックに、五代の債務の肩代わりとして差し押さえられるという事件が生じており（『五代友厚伝記資料』一）、帯刀個人には帰属しなかったようである。

小菅ドック官収によって、長崎製鉄所は初めて造船・修船所として本格的に機能することになったのである。ドックは以後、俗に「ソロバン・ドック」と呼ばれるようになった。

藩政改革

帯刀帰藩には、国元での藩政改革の指導が期待されていた。前年十月に藩治職制が布告されて政府から藩政改革が迫られるなか、国元からは大久保・帯刀の帰藩が再三要請されていた。これに対して、中央で超多忙な大久保は無理として、まず帯刀・吉井が帰藩して指導に当たる方針がとられたのである。

二年二月一日鹿児島に帰った帯刀は、早速四日に、率先して自身の領地返納と家格返上とを願い出たが（『忠義公史料』四）、この時は許可されなかった。

しかし、六月十七日各藩の版籍奉還を許可した政府は、二十五日各藩に、藩知事（もと藩主）の家禄を一〇分の一に、また藩士の家格を廃して一律に士族とし給禄を改革することを求めた。これに対応して薩摩藩は八月十七日、領地返納・家格廃止の諭告を発した。この段階でさきの帯刀の願いは実現した。ただし、改めて藩知政所から、永世禄三百石、先祖軍功禄（永世）二百石、私領持への堪忍料（一五年間）二百石が給される旨、申し渡しがあった（「正統系譜」）。

返納願いを提出した帯刀であったが、しかし改革を中心になって推進するには、体調が悪すぎたようである。戦勝して凱旋した藩士たちが発言力を増し、以前出兵に慎重だった島津図書《ずしょ》らを糾弾して、藩主父子の権威も揺らぐような藩内情勢にあり、在藩の西郷も、紛糾介入を避けるように日当山《ひなたやま》温泉に出かけてしまっている状況であった。

国元の強い要請に応え、久光の維新の功を称え上京を求める宸翰《しんかん》を奉じる勅使右少弁柳原前光《さきみつ》に随従するかたちで、二月十三日大久保が帰藩して、事態の収拾と改革着手に当たった。伊地知正治を政体取調掛とし、大久保・帯刀・桂・吉井らが協議して改革草案を取りまとめた。

十八日に島津忠義から改革の諭告が発せられ、二十日には藩の藩治職制が発表された。藩主の公私を分離し、家老以下の職制に代えて、知政所に執政・参政・代議人など、また軍務・会計・糾明・監察の四局が置かれ、執政は欠員、参政に伊地知正治ら、参政心得に桂久武が任じられた。また忠義が二十五日に自ら日当山を訪ねた結果、西郷が帰鹿し参政に加わった（『鹿児島県史』三）。

長引く足痛

帯刀の体調は依然として悪かった。帰鹿途中の「船中より痛弥増」と二月二十六日五代宛に記していた。大久保は、三月十一日に鹿児島を発って京都に向かったが、彼を追いかけるように書状を書き（なぜか「弥生初二」付とある）、今日明日には着京かとしつつ、「御改政も段々御手も相付き候由、凡そ人撰等も相済み候わん、陸軍所等も一同勉勤の由、旁《かたがた》居合《おりあい》も相付き候事、国家の大幸」と記しているのは、改革に途中からは直接関与していなかったことをうかがわせる。

そして、「小生にも過日来別荘え滞留いたし、養生方精々仕り候処、余程宜敷く相成り」、原良《はらら》別荘で養生しているので、さらに入湯すれば快癒しそうだと記している。しかし三月半ばから山川《やまがわ》の温泉に行ったものの、二十六日にはそこから桂に書状を出し、「両三日跡より疼痛再発仕り、誠に難渋仕り候」と伝えている（「維新史料編纂会引継本」）。

全職免除

外交関係者たちの帯刀復帰待望は強かった。四月二十八日付の山口尚芳・町田久成・中井弘・寺島宗則・大隈重信・井関盛艮の連名の書状は、「病気小快に候わば、至急出府これ有り度く存じ候也」と要請していた（小松帯刀研究会『明治新政府に残した小松帯刀の足

維新期の外交官僚たち　左から山口尚芳，朝倉省吾，中井弘，上野景範，小松帯刀（港区立港郷土資料館所蔵）

跡』)。

五月十三・十四日、結果的には一回限りに終わった官吏公選の法が実施された。三等官以上の投票で輔相一、議定四、参与六、六官知事・副知事各一と、従来よりも人数を大きく絞り込んで選出された。輔相は二人から三条一人になり、岩倉は議定に回った。人数が絞られた結果、参与は薩摩藩からは大久保一人、外国官副知事は寺島(四月十七日就任)だけになった。一人に絞られた副知事に、病気休暇中の人物を当てるわけにはいかなかったのは当然であろう。新たな人事は五月十五日付で発令され、その結果帯刀は全職免除になったのである。

寺島の切望

知事伊達宗城が強く辞任を求めるなか、ただ一人の外国官首脳になりそうな寺島宗則は、五月二十五日、帯刀宛書状で、次のように記している。

副知官事の大命を蒙り、駑馬〔怒罵《どば》〕パークスに屢々《しばしば》叱呵《しつか》を受け、馳騁《ちてい》〔かけまわる〕

の力も尽き果て申し候、且つ宇和島〔伊達宗城〕公も御免願い候由に付き、東久〔東久世〕公も既に外国官を離れ、終には誰もこれ無きの勢いに御座候、何卒疾《と》く御出府下されず候ては外国官衰堕、随て各国は愈《いよいよ》激論を逞《たくま》しゅうし、條・岩〔三条・岩倉〕両公に非ざれば応接せざる事に相成り、外事社一大難問に候処、今の如く候時は、皇基を支うる能わざるに至らんと竊《ひそかに》歎き仕り居り候〔「小松帯刀伝」〕。

自分は副知事に任じられたが、外国官首脳はほかにいなくなり、外国側は政府最高首脳でなければ相手にしない、ということになりかねないというのである。外国官の首脳として帯刀の復帰が切望されていたのである。

大阪に行きたい

六月十九日大久保宛書状で帯刀は、三邦丸が帰着して箱館表平定が伝わり、春日丸など「海軍の働等中々感心」と、薩摩海軍整備の中心人物らしく喜んでいる。次いで次のように記す。国元では、過日来伊地知・西郷に言っているが、まだ一所持《いっしょもち》の領地返上の達しが出ない。「御国」だけでも改革の実を挙げねばと「頻に尽力」している。城下の屋敷は返上して「過日来春羅え曳移り居住」、原良別荘に移住した。養生のうえ御用を務めたいので、いましばらくはお暇をお願いしたい。「不埒の至」であるが、領地の件が一段落すれば、大阪でボードインの治療を受けたうえで温泉に行きたい。

二十五日大久保宛では、「未だ痛所全快仕らず、立居進退甚だ難渋」しており、これまでのように押して出府すれば、冬になって再発するのは明らかなので、上阪してしっかり治療したい、また大阪には、もう一人のボードインが会いたいと言ってきているので、その用もあると記している。

後者は、長崎から慶応三年十一月末に神戸駐在領事に転じていた、オランダ貿易会社のボードイン弟である。新政府は戊辰戦争で、海軍力では旧幕軍に圧されていたことから、巨額の軍艦購入を発注しており、それに小松の証文も入っていたようである。もはや勝利し、財政難の折りでもあり、それを取り消す必要があった。職務を免じられたこの時点でも、帯刀は責任を感じていたのである。

ただし、七月三日付の再上阪を告げる得能良介宛書状で、懸案の用務があるが、「ボードキン在阪にもこれ有り候故、今一応養生相加え候含み」と記すように、上阪の個人的目的は、医師ボードイン兄の治療を受けることにあった。七月五日付得能宛で帯刀は、明日大阪に向けて発つが、十月には戻ると伝えたが、以後鹿児島の土を踏むことはなかった。

五　三十代半ばでの終焉

医師ボードイン

明治二年七月六日に鹿児島を発した帯刀は、長崎から米船で十八日着阪した（八月六日大久保宛書状）。

オランダ人医師アントニウス・F・ボードインは幕末に帰国したが、この年初めに三度目の来日をし、大阪で仮病院医師と医学校教頭とを務め、十一月には大村益次郎の大腿部切断という大手術を行った。三年六月任期満了、九月から一時大学東校で講義をしたが、閏十月日本を離れ帰国した。のち十三年十一月二十七日勲四等を授与された（中野操『大坂蘭学史話』、『明治期外国人叙勲史料集成』）。

さきに在阪中の二年一月八日付大久保宛の帯刀書状では、年初にボードインが横浜に着き、前日に「大先生参り小生にも診察相願い候わんと大いに仕合せの至り」と記しており、そうであれば帰鹿前に最初の診察を受けたのではないか。

七月二十八日大久保宛岩下書状は、帯刀の病状について、「ボードイン診察にては、二十日歟《か》四十日位も養生これ有り候得ば、全快に相成ると申し候由」と記していた。この頃は実際に体調は比較的よかったようである。また岩下（留守次官）は、八月二十九日大久保宛で、自分が体調不良なので温泉に行きたい、「小松家を留守次官に仰せ付けられ候わば、至極宜しかるべしと存じ申し候」と記していた（『大久保利通関係文書』二）。

賞典禄授与

八月六日、帯刀は大久保宛に書状を出し次のように記している。ボードインの診察では「最早従来の根元は快気」しているが、いっそう養生が必要とのことで薬を用いている。「余程快方」に向かっており、今は上京している。軍艦発注取消の件は、山口・井上・五代らと相談して進めているので安心してほしい。四日後の十日大久保宛では、「僕も此の節は病痾《びょうあ》保養の為、鴨川の堤に転居仕り候」、「未だ歩行等別して不自由」だが、ようやく賀茂辺りまで岸良兼養《きしらかねやす》らと「遊歩」したと記している（『玉里島津家史料』五）。帯刀にとって、冬の小春日和のような一時期であったかもしれない。

九月二十六日には、政府から永世賞典禄一千石が授与されることになった（『忠義公史料』六）。西郷二千石、大久保千八百石に比べると少ないが、官職にない状態にある者としては破格であり、岩下一千石と同額であった。帯刀はこれを再度辞退しているが、許されなかった。

「左下腹に一物」

帯刀の健康に関しては、さきに述べたように、明治元年の書状で「胸痛」（十月八日）、「肺病」（十二月八日）が伝えられていた。しかし、以後の史料では触れられておらず、それ自体は一時的な問題であったようである。これに対して再三出てくるのが万延元年以来の「足痛」であり、長年の間、入湯によって軽癒することはあっても、再発を繰り返してきた。ボードインの治療も当初はこれに向けられていたと見られる。

しかし九月中旬には、これまでの足痛や胸痛とは異なる病状が報じられる。十八日大久保宛岩下の書状は、「蘭医の見込には、一所に腫出させ膿《うみ》を出し候わば宜しかるべしとの事にて」とあるが（『大久保利通関係文書』二）、二十日付桂宛書状で帯刀は、非常に気になる病状を伝えている。

「足痛は余程宜敷く相成り候得共、全体病根は左下腹に一物これ有り、右を治し申さずては大事に及び候間」、すでに六〇日間心配している。「兎角此の上は右一物切り口を明け徐くの外これ有る間敷《まじ》く、然し乍ら夫にては余程大そうに相成り候間、成丈は穏に療治いたし度しとのボードヰエンも考に付き、当分療治中に御座候」。足痛はよほどよくなったが、左下腹部に腫瘍があり切除は危険と医師が判断しているというのである（「石室秘稿」、「島津家本」）。これこそが致命的な病根だったのではないか。

ボードインも困惑

十一月二十日付であるが、宛先を記していないので下書きかと見られる帯刀の書状は、治療にヨードと水銀を用いており、来春までは養生せよとボードインに言われている、九月に京都を引き払い、大阪の薩摩堀（現西区立売堀《いたち》）で一間限りの借宅にいるという（早稲田大学図書館蔵「維新志士遺墨」）。

進む衰弱

十二月十七日大久保宛の大阪からの書状は、禄高位階辞退の件の善処を期待している。「何分積年の煩い快気六つか敷く、殊に此の大寒中は別段疼痛も差し起き甚だ難渋、八畳間床中限にて大よわり仕り候」。ボードインも「余程六つか敷く申し」、よくならねば欧州に同行して名医の診察を受ければ、と言うありさまで困っている。ボードインもお手上げの状況になり、この頃からほぼ病床暮らしの状態になったようである。

明治三年（一八七〇）一月初めには、大久保が大阪に立ち寄った折り、七日午後に帯刀を見舞っている（『大久保利通日記』）。

五月二十七日、木戸が来訪し日記に次のように記している。「十二字広江屋を出、小松帯刀を訪う、帯刀昨年来の不快、漸々変症頃日〔この頃〕尤も危険なり。其志、未だ能く遂げざるの心事、憐れむべき也」。五月十六日には弁事より酒饌が贈られたが、六月四日、天皇からの見舞品として肴、菓子各一折が大阪府知事を通じて届けられた（「正統系譜」）。

大久保に宛てたこの頃の各人の書状が、帯刀の病状を伝えている。海江田信義は、「御食事はミルク乎肴《か》…」（六月二十二日）と伝え、木場《こば》伝内（大阪府権大参事）は、ボードインも、「此の病を受合いていやす医あらば、千金を掛けて渡すべし」と言っているそうで、当人は痩せ細って「見るに忍びざる御有様」だが、「しかし今日の挨拶かた〳〵は少も精神おとろえず、余り御届き過ぎ成られ候事に御座候」と記している（七月二日）。税所篤《さいしょあつし》（長蔵、兵庫県権知事）は、先月初めと比べれば「膿汁も薄らき骨痛も減じ、病根は先ず攘解の容なれ共、疲瘦甚しく候」（七月九日）と伝えている（『大久保利通関係文書』二〜四）。やはり下腹部腫瘍が悪化し、衰弱が進行していたようである。

税所は、次に述べるように遺言書の証人になっていたが、前記の書状で、「妻君此節上阪、阿琴との一和も相出来候に付き、此上無き大慶」、妻の近（千賀）が最近上阪して、おそらくは看護に当たっていた側室の琴と対面し、和解が成り立ち、関係者としては一安心したと記していた。

七月十二日、太政官から従四位小松帯刀に対して「御用これ有り東京住居仰せ付けられ候間、病気全快次第罷り出るべく候事」との命が下されたが、これは当人に対する慰藉の意味での措置であったろう。

帯刀の死は公的には七月二十日とされたが、実際には十八日夜一時頃であったと、二十二日付大久保宛の木場の書状は記しており、弔辞も十八日としている。この書状は、当日の様子を伝聞で次のように伝えている。

同日朝より別して労倦相見え、食餌中気を塞ぎ、暫時は既に事切れに及ぶべく相見え候処、奇薬等の力ら歟目が醒め、夫より紙を剝ぐようにて臨終の砌《みぎり》は眠りのまゝ目が醒め申さざるようにて、別して苦しみもこれ無く安らかなる神上りに御座候よし（『大久保利通関係文書』三）。

数えで三十六歳、満で三十四歳という、あまりにも早い終焉であった。

夕日岡での神葬祭

葬儀は七月二十一日、天王寺村の夕日岡《ゆうひのおか》（現天王寺区夕陽丘町）で神式により行われた。さきの木場の書状によれば、夕日岡は天王寺村の家隆塚にあり、「摂海見はらし至極眺望宜敷き所」であり、重野が弔辞など手当をし、和学者岩崎某ほか禰宜とも数十人で盛大に神葬が執り行われ、ここに葬られた。そのため「葬式旁一日の入費八百両」に上ったという。

豊御蔭玉松彦命《とよみかげ》の名が贈られ、十二月十三日大久保が墓参に立ち寄っている。

その後明治九年になって、遺骨は旧領吉利《よしとし》の園林寺《おんりんじ》廃寺跡の小松家墓地に改葬された。薩摩では廃仏毀釈が厳しく実施され、園林寺も廃寺になっていたのである。墓所は散在する水田を見下ろす小高い丘にある。帯刀と並んで千賀（近）の墓があり、「知香院殿郁誉白波延上大姉」没年月は明治十七年五月二十八日と記されている。

帯刀の墓近くに白御影石の大きな石燈籠があり、表面に「奉献　薩州陣幕久五郎通高明治三庚午年久建之」と刻まれている。十二代横綱陣幕は薩摩藩島津家お抱えの力士で、夕日岡の墓所に奉献したのを後年移設したものである。

遺言書の波紋

死期が近づいた五月二十七日付で、帯刀は税所篤・篤満を証人として「平 清廉《たいらのきよかど》」名で遺言書を残したが、それが周辺の者に難しい課題を残すことになった。その内容は、賞典禄一千石の配分を、安千代八百石、国元小松家百石、千賀一代百石とする、朝廷の御沙汰を受けて新たに安千代を立てて小松家を起こす、というものであった（『正統系譜』）。養子申四郎右近が継ぐ国元の小松家とは別に、側室琴との間に生まれた六歳の安千代に大阪で小松家を分立させ、賞典禄を分割配分したいというのである。

小松帯刀夫妻墓（園林寺跡）

包容力に富み人間味あふれる人柄が帯刀の魅力であり、いわば敵の少ない政治家として、大きな仕事を達成させることにもなってきた。しかしここでは、人生の終わりに際してのいかにも「人間臭い」願望が、関係者を悩ませることになったのである。

八月、帯刀兄の相良治部幸介が、当人の遺言により安千代が「大阪府貫属」として小松家を名乗ることを認めて、永世禄を付与してほしいと上申した。これを受けて弁官に取り次いだのが、町田大学大丞つまり申四郎の兄民部久成であった(「石室秘稿」)。しかしこれは認められなかったようで、十月十九日五代友厚宛吉井友実の書状は、桂久武の指示により進めているが、結局、安千代のことは伏せて手続きして、十三日右近継目が許可されたと伝えている。

安千代、鹿児島に

安千代は、申四郎右近の了解のもと鹿児島で養育されることになった。四年一月十日付小松棟(申四郎、右近、実種)の五代宛書状は、「安千代にも、当月二日、異義無く、着船の処、頓と安心致し、当分は余程賑々敷き事に御座候」と報告していた。また二十六日五代宛吉井書状は、安千代の件で「万々御配慮掛け奉り、深々御礼申し上げ候」、「おすみ・こと義、万端、貴公御引受け下され候段、何共御礼申し上げ様これ無く」と記している(『五代友厚伝記資料』一)。

琴と長女のスミ(於須美、明治三年五月十五日誕生)は、退官して大阪で実業家に転身した五代に引き取られ、隣家に住むことになった。

後継清直

一方、小松棟は結局、五年九月二十五日をもって町田家に復籍し、八歳の清直(安千代)に小松家家督を譲った(「正統系譜」)。

帯刀と琴の間には、いま一人辰次郎が慶応四年一月二十二日に生まれているが、同年八月二十二日に死亡していた。大阪の今橋五丁目に住んでいた琴は、明治七年に二十六歳の若さで病死した（「豊美掉玉琴媛命」）。琴は、当人の生前の希望が容れられ、園林寺跡小松家墓地の隅に葬られた。墓碑には「安養院証妙大姉　明治七年八月二十七日死亡俗名琴　清廉妾　享年廿六歳」とある。なお「小松帯刀系図」（「石室秘稿」）によれば、帯刀と西京府下青木与助次女「袮政」との間に、明治元年十月二十日に清揚が生まれている。

琴が死んで二ヵ月余ののち十一月五日、五代宛に「ちか」は、「すみ」を引き取りたいとの書状を出している。これまで面倒を見てもらった礼を述べたうえで、さきに関係者上阪の折り、「すみ」連れ帰りを依頼させるつもりだったが、五代が留守で果たせなかった。清直は、蒸気船が入港するたびに妹が戻ったかと浜まで出迎えに出るありさまである。

今回親類島津内蔵と召使い同然の「谷山のばゝ」が上阪するので、どうか連れ帰ることを許してほしい。そうなれば「清直どのよろこび、其外親類中にも、みな〳〵よろこびに御座候わん」と懇願している（『五代友厚伝記資料』一）。これは実現したようである。

結局、小松家三十代は申四郎右近から安千代清直に譲られた結果になった。清直の子帯刀が三十一代となり、この帯刀のあと、その弟重春が継いで三十二代となったが、継嗣がいなかったため西郷従道の四男従志《じゆうし》が養子に迎えられて三十三代となった。この間明治二十九年からは、二十九代帯刀の功績により、当主は伯爵に遇せられた。

帯刀は、藩内の領地を二年八月に返上したが、旧領関係者の成り行きを処置する間もなく病は深刻になっていった。病状悪化のなかで、病気治療のための支出は増加していったであろう。また変革期のどさくさに、帯刀の名で借財を増やすような動きもあったようである。このような財政問題を適切に処理するだけの心身の力は、もはや帯刀には残されていなかった。

三年七月二日大久保宛木場伝内の書状は、兄相良治部夫妻、弟吉利群吉、養子、母堂らが上阪して看病、「しかし上下六七拾人之家内にて一日買物など迄諸入費四拾金にて足らざるよし、会計大に難渋のよし」と伝えている（『大久保利通関係文書』三）。

六月三日五代宛中井弘（二年七月退官、三年帰郷）の書状は、帯刀看病のため、相良治部・吉利群吉が上阪、右近も出立したと報じたうえで、次のように記している。「愛甲・片山の両士、金銭出入方全権にて、彼是、入組候趣、…鹿児島にては、帯刀様御病気に乗じ、色々商法相企て、莫大の入費にて、此の末、珍事到来すべくと申す事、各処にて伝承仕り候。就ては、右近様にも至極の御配慮にて、万端、先生へ御倚頼申し上げ度しとの趣…」（『五代友厚伝記資料』二）。

また五代によれば、大阪の東妻銀蔵なる者が三千七、八百両もの金を帯刀から借りて

大蔵省から六千両

返済が渋滞、帯刀死後になり、その金を融通した外国人から返済を迫られることがあったという（『五代友厚伝』）。はたしてこれは帯刀の債務だったのであろうか。

帯刀死後、借財解消のために、関係者は奔走した。結局、大蔵省から愛甲新助・相良幸介宛に、三年九月二十日付で、「多年公私奔走、拠《よんどころ》無き入費多分に相成り、難渋仕り候に付」、六千両を一五年賦返済の条件で貸与された。

さらに三年後の六年十一月十九日、大蔵省から鹿児島県経由で、未返済五千六百円は「同人之儀、在世中国事尽力の為に、家計窮迫に及び候段は、兼々相聞え相違もこれ無き儀に付、特別の御詮議を以て」下賜すると達せられた（「太政類典」二編・三〇六巻・理財二六・収入支出処分四）。これによって借財問題は解消したのである。

おわりに

持病を押して奮闘の生涯

小松帯刀が、将来の藩政を担う若手人材として、島津久光側近や誠忠組関係者から注目され始めたのは万延元年（一八六〇）であり、その死明治三年（一八七〇）はちょうど一〇年後である。しかもその最初から、足痛の持病のあることは知られていた。

この短い期間はしかし、日本にとって大変革の時代であった。帯刀は、薩摩藩のキーマンとして京都の政局を動かし、また江戸に大坂に国元にと文字通り東奔西走を重ねた。国元においては、藩政の実質的最高責任者として、さまざまな改革を断行して強藩を実現していった。さらには維新政府において、困難な対外問題処理の先頭に立った。この一〇年、帯刀は時代を動かす行動者として走り続けたのである。

しかし持病の足痛、時折の胸痛に加え、最終的には下腹部腫瘍という致命的な病を得、政府の対外折衝に欠かせぬ人材として復帰を切望されつつ、わずか数え年三十六歳で奮闘の生涯を終えたのであった。

人柄と判断力、説得力

和歌は八田知紀門下として知られたが、特に学才に優れていたわけではない。乗馬の名手であったが、軍事の天才というわけではない。時代に先んじた鋭い意見書をものしたこともない。しかしその人柄は、外国人を含む多くの人々が、口を揃えるように高く評価するところであった。ただし、当たり障りなく事態を収める、いわゆる調整型の人物というのではない。

さまざまな人を胸襟を開いて受け容れ、知識を吸収し、さまざまな考えによく耳を傾ける。それを踏まえて、進むべき方向をいち早く察知する優れた判断力を持ち、時代の一歩さきを見据えて、そこに向かう現実的な方策を考え出し、柔らかく包み込むように異論を説き伏せ、多数をまとめて全体を方向づけていく。そのような人物であり、政治家であった。それが、史料を通じて浮かび上がってきた、筆者の小松帯刀像である。

藩内で、中央で

薩摩藩内においては、「国父」久光の絶大な信頼のもと、家老として藩政改革を主導した。その分野は、関係しなかった部分を指摘するのが難しいほど広範囲に及んだ。特に海軍については、汽船の購入、修船設備の整備、乗組員養成と組織の整備など、すべてに手腕を発揮した。また、大藩の向かうべき方向を見据えつつ、その包容力に富んだ人柄によって、内部分裂の危機を回避しながら、揺れ動く情勢のなかで藩全体の舵を取っていった。

京都においては、諸藩と公卿の間を巧みに周旋し、とりわけ対公卿工作においては、その家柄と教養も武器にしながら、無骨な西郷・大久保にはなしえない説得工作を展開し、時には大胆に幕府側とも現実的な取引をするなど、京都政局を方向づけていった。維新に際しては、外国語を解さないにもかかわらず、外交関係者に非常に頼りにされたのも、そのような人柄と現実的判断力および説得力に由来していたのであろう。

明治十年西南戦争による西郷の死を契機に、勝海舟（安房）は同年秋から「亡友帖」を作成した。亡友の書簡と海舟のコメントを綴ったものである。帯刀は、木戸孝允と横井小楠の間に配されている。海舟は、逼塞中に受け取った帯刀の書状（一一八頁に引用、慶応元年四月二十二日付）を収めたあとに、次のようにコメントしている。

「大に衆心を得たるもの」

小松氏は、薩摩の閥閲、嘗《かつ》て藩政を執る。当時国家多難の際、東西奔走、大に衆心を得たるものは、天賦の寛洪しからしむるといへども、また事理を審《つまびらか》にし、時機に達するに因る。豈《あに》尋常侯家士大夫と並論せん哉。丁卯〔慶応三年〕の冬、将軍、特に小松氏并《ならびに》土州の後藤氏を召て天下の大勢を詢《と》ふ。君、因《よっ》て布陳する所あり、将軍、是を嘉納す。これに於て、大政還納の議、決すと云（原文のまま、『勝海舟全集』講談社、二十二巻）。

帯刀の活躍のなかでも、ハイライトは大政奉還であった。大政奉還を早期に実現させ、沙汰書によって王政復古への具体的な道筋をつけた演出者こそ、小松帯刀にほかならなかったのである。この過程で、もし薩摩藩の小松帯刀がいなければ、事態の進行は異なったものになっていたであろう、とさえ筆者は考えている。

小松家系図

平清盛 ― 重盛（小松内大臣） ― 維盛 ― 高清 ― 清重（初代、禰寝氏祖）

- 清忠（二代）
- 清綱（三代） ― 清親（四代） ― 清治（五代） ― 清保（六代） ― 清成（七代） ― 清有（八代） ― 久清（九代） ― 清平（十代）
  - 元清（十一代）
  - 重清（十二代） ― 尊重（十三代） ― 重就（十四代） ― 清年（十五代） ― 重長（十六代） ― 重張（十七代、吉利郷移封） ― 重政（十八代） ― 福寿丸（十九代、島津家久男） ― 重永（二十代、島津家久男） ― 清雄（二十一代、藩家老） ― 清純（二十二代、島津綱貴六男） ― 清方（二十三代） ― 清香（二十四代、島津大蔵久純次男、小松改姓、藩家老） ― 安千代（二十五代、島津吉貴男） ― 清行（二十六代、島津大蔵久純三男） ―

二十七代
清穆
島津典膳久儔次男

- 氵乃　町田少輔久長室
- 安袈裟　夭折
- 富　喜入摂津久高室
- 栄　島津掃部久遠室
- 二十八代　清猷（相馬）　文政10・1・24生　安政2・6・7没
- 千賀（近）　文政11・7・3生　小松帯刀室　明治17・5・28没
- 須磨　大野多宮久甫室
- 寿賀　島津主殿室
- 高　上野司室

二十九代
清廉（帯刀）
天保6・10・14生
肝付兼善三男、尚五郎
明治3・7・18没

- 三十代　清直　慶応1・8・18生　母琴、安千代　大正7・3・5没
- 辰次郎　慶応4・1・22生　母琴　慶応4・8・22没
- 清揚　明治1・10・20生　母祢政
- 須美　明治3・5・15生　母琴　明治35・5・25没

三十一代　帯刀　明治17・9・28生　明治38・3・22没

三十二代　重春　明治19・3・3生　大正14・2・7没

三十三代　従志　明治16・1・16生　西郷従道四男　昭和18・8・5没

三十四代　晃道　大正2・11・12生　昭和52・11・9没

三十五代　道夫　昭和21・12・13生　平成4・1・30没

略年譜

（年齢は数え年、月日は旧暦）

年次	西暦	年齢	事績	参考事項
天保六	一八三五	一	十月十四日、薩摩国喜入領主肝付主殿兼善の三男として生まれる、幼名尚五郎	九月、幕府が天保通宝を新鋳する
弘化元	一八四四	一〇	十一月十五日、藩主島津斉興に拝謁し、弓一張を進上する	三月、フランス船が琉球に通商を求める○五月六日、幕府が徳川斉昭に謹慎を命じる
安政二	一八五五	二一	一月十五日、奥小姓・近習番に任じられる○江戸詰めを命じられ、五月十八日出発、六月二十八日江戸藩邸に到着する○帰藩を命じられ九月三日江戸発、十月八日帰藩する	十月十五日、フランスと琉球が和親条約を締結する○十月、幕府が長崎で海軍伝習を開始する○十二月二十三日、幕府が日蘭和親条約に調印する
安政三	一八五六	二二	一月二十七日、小松家を継ぎ小松尚五郎と改名し、詰衆に任じられる○二月、南泉院火消を命じられる（～四年一月）○三月十二～十八日、領地日置郡吉利に赴く○四月二十三日～五月五日、栄之尾温泉で湯治○九月十一～三十日、先々代清穆葬儀のため吉利に滞在する○十一月二十一日、初めて	二月十一日、幕府が蕃書調所を開設する○四月十三日、幕府が講武所を開設する○七月二十一日、米総領事ハリスが下田に着任する○十月六日、越前藩主松平慶永が尾張・阿波藩主らに書を送り、将軍継嗣に一橋慶喜

安政四	一八五七	二三	原良別荘に赴く	を推すことを呼びかける○五月二十六日、幕府が日米約定を締結する○十月二十一日、ハリスが将軍家定に謁見する
安政五	一八五八	二四	一月、定火消を命じられる（～万延元年六月二十九日）○三月一日、小松帯刀清簾と改名する○七月二十五日、藩主島津斉彬の南泉院での葬儀に定火消として参列する○十二月一日、当番頭・奏者番に任じられる	三月二十日、通商条約調印前に諸大名らの意見を聴取せよとの勅諚が下る○六月十九日、幕府が日米修好通商条約に調印する○七月五日、幕府が徳川斉昭・松平慶永らに謹慎を命じる○九月七日、尊王攘夷志士の逮捕始まる（安政の大獄）
安政六	一八五九	二五	五月一日から、藩主島津忠義上覧のため弓場にしばしば別勤する（～翌年五月八日）	二月五日、所司代が関白に宮・公卿処罰の幕府内命を伝える○六月二日、横浜が開港する
万延元	一八六〇	二六	一月二十七日～二月三日、領内視察の忠義送迎のため吉利に滞在する○二月九日、初入部式のため妻千賀とともに吉利に赴き、三月六日まで滞在する○三月二十三日、桜田門外の変の報を知る○三月から、中山中左衛門がしばしば来宅する○六月二十三日、弁天波止台場受持を命じられる（～文久元年六月）、足痛により特例が許可される○八	一月十三日、条約批准交換使節に随行する咸臨丸が、アメリカに向け品川を出帆する○三月三日、水戸浪士らが大老井伊直弼を襲撃して殺害する（桜田門外の変）○閏三月十九日、五品江戸廻送令○九月四日、幕府が松平慶永らの謹慎を解く○十月十八

			月から月一回程度造士館に出勤する○十一月二十九日、大久保利通が初めて来宅する	日、孝明天皇が和宮降嫁を勅許する○十二月五日、米通訳官ヒュースケンが麻布で斬られ死亡する
文久元	一八六一	二七	一月二十一日～三月十八日、長崎に北郷作左衛門と出張して、操艦など軍事技術を習得する○四月二十二日、島津久光を国父と呼ぶことが発表される○五月十八日、当役にて側役を命じられる○六月十四日、磯で電気水雷実演に成功する○八月三日、来年の忠義参勤の御旅御側御用人を命じられる（結局延期）○九月九日、演武館・造士館掛に任じられる○十月二十日、御改革方御内用掛に任じられる○十二月十二～十三日、入鹿した平野国臣、伊牟田尚平と面談する○二十一日、御内用で江戸出府を命じられる（月末差止め）	三月二十三日、幕府が五国に、兵庫・新潟開港と江戸・大坂開市の延期を要請する○二十八日、幕府の長崎製鉄所が竣工する○七月二日、長州藩の長井雅楽が、老中に航海遠略策を建言する○十月二十日、和宮が京を発ち江戸に向かう○十二月二十三日、外国奉行竹内保徳ら、開港・開市延期交渉のため欧州に向け出帆する
文久二	一八六二	二八	一月十一日、伊作地頭職に任じられる（二月二十八日、加世田に変更）○十五日、大番頭・家老並に任じられる○十七日、久光の御旅御側御用人を命じられる○二月十三日、復帰した西郷隆盛が大久保とともに来宅する○三月二日、入鹿した真木和泉と面談する○十三日、出発前の「首徒」を久光名代として主宰する○十六日、久光の率兵出	一月十五日、水戸浪士らが老中安藤信正を襲撃する（坂下門外の変）○二月十一日、将軍家茂と和宮の婚儀○四月十六日、島津久光が兵を率いて入京する○二十三日、久光の命により、挙兵をはかる薩摩藩士斬られる（寺田屋事件）○五月九日、竹内

府・上京に随行して出発する○四月十五日、京に着き、十六日近衛邸に先行する○五月二十日、御側詰・御側役、家老同様に任じられる○二十二日、勅使大原重徳警護の久光に随行して京を発つ○六月七日、江戸着○二十四日、足痛ゆえ幕府から乗物を許可される○八月十九日、久光が一橋慶喜・松平慶永と会談する○二十一日、久光一行が江戸を発つが、生麦事件を引き起こす○閏八月七日、久光が入京し、九日参内する○二十三日、久光に随行して京を発ち、九月七日帰藩する○九月九日、久光から刀などを拝領する○十月二日入京し、五日江戸に向け発つ○二十九日、両姫に従い江戸を発ち、十一月二十六日京に着く○十二月中旬、汽船で帰藩の途につく○二十四日、家老・御側詰に任じられる○二十七日、御軍役掛（御流儀砲術方掛兼）・琉球掛・唐物取締掛・琉球産物方掛・御製薬方掛・造士館演武館掛・御改革御内用掛・御勝手方掛・佐土原掛・蒸気船掛に任じられる

らロンドン覚書に調印する○六月十日、勅使大原重徳、江戸城で将軍に慶喜ら登用の勅旨を告げる○七月六日、幕府、慶喜を将軍後見職に、九日松平慶永を政事総裁職に任じる○六日、長州藩が尊王攘夷を藩是と決する○八月二十日、朝廷が岩倉具視ら和宮降嫁関係者を処分する○閏八月一日、幕府が松平容保を京都守護職に任じる○二十二日、幕府が参勤交代を緩和する○十月二十八日、攘夷勅旨を伝える三条実美ら勅使が江戸に到着する○十二月九日、朝廷が国事御用掛を設ける○十二日、長州藩の高杉晋作らが、品川御殿山に建設中の英公使館を焼き討ちする

文久三　一八六三　二九

一月八日、入京する○二十三日、大坂を出帆するが永平丸座礁で、公儀船で帰藩する○三月四日、久光に随行し白鳳丸で出帆、十四日率兵着京する

二月十三日、朝廷が国事参政・国事寄人を設ける○三月七日、家茂が参内し庶政委任請書を提出する○十一

年号	西暦	年齢	事項	一般事項
			○十八日、久光に随行して京を発ち、四月十一日帰藩する○四月十八日、大久保とともに鋳銭所を視察する○五月、帯刀ら家老から戦争時の御定場を達する○七月二〜三日、鹿児島湾で薩英戦争起こる○下旬、長崎でウオルシュと折衝する○八月中旬、来藩した越前藩使節を応接する○九月上旬、入京する○二十九日、率兵上京の久光を兵庫に出迎える○十月十七日、久光使者として入京前の松平慶永を大津旅宿に訪う○十一月一日、慶永を訪い、勧修寺宮還俗周旋を依頼する○十三〜二十日、上京前の慶喜に会うため下坂する○十二月五日、諸侯打合せの際、議奏または参謀としての朝議参加を提案する	日、天皇が賀茂社に行幸して攘夷祈願し、家茂が随行する○四月二十日、家茂が五月十日を攘夷期日と奏答する○五月九日、老中小笠原長行が生麦事件等の賠償金を支払う○十日、長州藩が下関で米商船を砲撃する○十八日、幕府、英仏軍の横浜駐屯を許す○八月十八日、朝廷で攘夷派追放の政変が起こる○十一月一日、薩摩藩が英公使に生麦事件につき二万五千ポンドを支払う○十二月二十九日、外国奉行池田長発らが横浜鎖港交渉で欧州に出発する○三十日、朝廷が慶喜・慶永らを参予に任じる
元治元	一八六四	三〇	一月十三日、久光が参予に任じられる○二十八日、貞姫内婚の功で近衛家から家紋使用を許される○二月六日、指宿地頭職に任じられる○四月十七日、将軍から、国事に尽力したとして御紋付き袷などを拝領する。城内で勝海舟に会う○五月、五代友厚の上海行きをはかる○七月十六日、土佐・越前・久留米藩士らと、朝廷に長州征討令を迫るこ	一月二十七日、家茂が参内して、軽率な攘夷を咎める宸翰を受ける○三月十五日、朝廷が参予全員の辞意を受け容れる○二十二日、仏公使ロッシュが着任する○二十五日、慶喜が将軍後見職を辞し、禁裏守衛総督・摂海防御指揮に任じられる○四月二

とを協議する○十九～二十日、禁門の変に際して、一橋慶喜に協力し戦闘を指揮する○八月十三日、島津久治に随行して京を発ち帰藩する○二十八日、藩主父子から感状と刀・馬を下賜される○九月二十日、鹿児島を出発し、十月二日入京する○十月八日、中川宮・近衛家・一橋家等に進物を届ける○十一月、京で対長州寛大措置の周旋を進める。勝塾の人材を大坂藩邸に潜居させる

十日、家茂に、条件付きで庶政委任の勅書下る○六月五日、新選組等が攘夷急進派を襲撃する（池田屋事件）○七月十九～二十日、長州藩が幕府・会津・薩摩藩兵と交戦し敗れる（禁門の変）○二十四日、慶喜に長州藩追討の勅命が下る○八月五～八日、英仏米蘭艦隊、下関を攻撃する○九月一日、幕府、参勤交代復旧令○十一月十一日、長州藩、三家老に切腹を命じる○十二月二十七日、征長総督徳川慶勝が撤兵を命じる

慶応元　一八六五　三

二月二十一日、吉川経幹宛に、長州再征に同調しない旨の書状を書く○四月二十二日、西郷と坂本龍馬を伴って京を発ち、五月一日帰鹿する○六月二十六日から長崎に滞在し、亀山社中援助、修船所建設計画を進め、伊藤博文・井上馨と会談して長州藩への協力を約す○八月一日、井上を伴って帰鹿する○十八日、側室琴との間に安千代が生まれる○十月六日、摂海緊張につき両殿上京もありうると布達する○十四日、西郷と兵を率いて出発、

三月十七日、長州藩主毛利敬親が藩論を武備恭順に決する○五月十二日、幕府が紀州藩主徳川茂承を征長先鋒総督に任じる○閏五月十六日、英公使パークスが着任する○七月十五日、幕府が下関償金第一回分を支払う○九月十六日、英仏米蘭公使、条約勅許・兵庫先期開港要求のため軍艦で兵庫に来航する○二十一日、長州再

			途中長崎で長州藩のユニオン号購入を斡旋し、二十五日着京する○十二月五日、大坂で慶喜と会談する	征の勅許下る○十月五日、条約は許し兵庫開港は不可との勅が下る
慶応二	一八六六	三二	一月十五日、町田申四郎を養子とすることが許される○二十二日、帯刀邸で薩長盟約が結ばれる○二月二十九日、西郷らと京を発ち、三月五日大坂から坂本らを伴って出帆し、十日帰鹿する○三月十四日から栄之尾温泉に滞在し四月九日帰鹿する○四月、海軍掛（集成館・開成所・他国修業等掛兼）を命じられる○五月、軍備のため予算制度実施を達する○六月七日、海軍規則を定める○十七日、来鹿したパークスを接待する○六月、総髪願いが許される○八月、養子申四郎が帰藩する○十月十五日、西郷とともに出発し、二十六日着京する○十一月十二日、老中板倉と会談する○十二月十一日、慶喜側近の原市之進・梅沢孫太郎と会談する	一月二十二日、薩長盟約結ばれる。幕府が一〇万石削減等の長州処分案を上奏し、勅許を得る○四月十四日、大久保利通が老中板倉勝静に薩摩藩の出兵拒否を伝える○六月七日、幕長戦争始まる○十六～二十日、パークスが鹿児島を訪ねる○七月二十日、将軍家茂が大坂城内で没する○八月二十一日、征長休止の勅命が下る○三十日、二二卿が列参し中川宮・関白二条斉敬を弾劾する（十月二十七日、列参関係者処分）○十二月五日、徳川慶喜が将軍に任じられる○二十五日、孝明天皇崩御
慶応三	一八六七	三三	一月十一日、城代家老（役料一千石）に任じられる○十二日、大坂藩邸でミットフォード・サトウと会談する○四月二日、久光を大坂に出迎える○十日、西郷らと英艦にパークスを訪う○十二日、	一月九日、睦仁親王践祚○二十五日、朝廷が熾仁親王らを赦免する○三月二十八日、慶喜が英仏蘭（四月一日米）公使と会見する○五月十四日、

			久光に随行して入京する○五月三日、陸軍掛（造士館・演武館等掛兼）に任じられる○十九日、慶永に会い長州先議を説く○二十九日、在京幹部と協議し、長州と協働に決する○六月十六日、自邸で長州藩士品川弥二郎らと協議する○二十二日、西郷らとともに土佐藩後藤象二郎らと会談し、大政奉還建白に合意する○八月十四日、自邸で西郷らと長州藩士柏村信らと協議する○九月十日、安芸藩家老辻将曹と協議し出兵で合意する○二十八日、自邸で後藤と協議する○十月十三日、二条城で大政奉還早期上奏を説く○十四日、後藤らと摂政二条斉敬に上奏聴許を迫る。慶喜に拝謁。密勅請書に署名○十五日、呼ばれて参内し、沙汰書原案をつくる○十六日、近衛家、土佐藩関係者を訪問○十七日、西郷・大久保と京を発つ○二十三日、毛利父子に謁見し、二十六日帰鹿○十一月七日、足痛のため率兵上京に随行を断念する○十二日、後藤、西郷宛書状を出す	慶喜と久光ら四侯が会談する○二十四日、兵庫開港が勅許される○七月二日、薩土盟約○九月十九～二十日、薩長芸出兵約定○十月三日、土佐藩が、大政奉還を建白する○十三日、慶喜が諸藩重臣に大政奉還を諮問する○十三～十四日、薩長に討幕の密勅下る○十五日、大政奉還が勅許される○二十四日、慶喜が将軍職の辞表を出す○十一月十五日、坂本龍馬・中岡慎太郎暗殺○十二月七日、兵庫開港、大坂開市○九日、朝廷が王政復古を宣言する。三職会議が慶喜の辞官納地を要求する○二十五日、江戸で旧幕府側が薩摩藩邸を焼き討ちする
慶応四・明治元	一八六八	三四	一月十一日、上京命令を受け、十八日兵を率い三邦丸で出帆し、二十五日入京する○二十八日、参与・外国事務掛に任じられる○二月二日、総裁局	一月三日、鳥羽・伏見で旧幕府側と新政府側とが交戦○七日、慶喜追討令○十一日、備前藩兵が神戸事件を

和暦	西暦	年齢	事項	一般事項
			顧問に任じられる○十五日、仏公使晩餐会出席中に堺事件発生の報を受け、以後処理に奔走する○三十日、仏公使・蘭総領事（三月三日英公使）天皇謁見に陪席する○閏四月八日、天皇還京により大坂から京都に戻る○六月三日、神戸を発ち、五日横浜に着く○七月四日、江戸でサトウを訪う○八日、勝海舟を訪う（十六日勝が訪問）○二十六日、オリエンタル・バンクから五〇万ドルを借用し、横須賀製鉄所抵当を解除する○二十八日、横浜を発ち、八月一日神戸に着く○八月二十八日、岩倉から即位大礼の慰労として酒饌を受ける○九月三日、外国官副知事（玄蕃頭）に任じられる○二十日、東幸に病気のため随行せず、見送る○十月一日、弁事から見舞品が授与される○十五日、従四位下に叙位される○十一月一日汽船で横浜に着く○八～九日、東久世らと六国公使を訪ね参内を要請する○十八日、湯治休暇帰国が許され米船で横浜を発ち、二十一日大阪に着く○十二月下旬、大阪で大久保らと版籍奉還につき協議する	起こす○十五日、新政府が王政復古を各国公使に通告する○十七日、三職七科を置き、対外和親を布告する○二十五日、英仏米蘭孛伊が局外中立を宣言する○二月三日、天皇親征の詔。三職八局を置く○十五日、土佐藩兵が堺事件を起こす○三月十四日、五ヵ条の誓文○四月十一日、江戸城無血開城○閏四月二十一日、政体書を定め太政官制を採用し、二局七官を置く○五月十五日、彰義隊討伐○七月十七日、江戸を東京と改称○九月八日、明治と改元○二十日、天皇が東幸に出発する（十月十三日東京着）○二十二日、会津藩降伏○十月二十八日、藩治職制を布告○十二月十五日、榎本武揚らが蝦夷地を制圧する○二十八日、六国が局外中立を解く
明治二	一八六九	三五	一月十一日、大久保に版籍奉還申し出を督促する○二十日、吉井友実とともに帰藩の途につく○三	一月五日、横井小楠暗殺○二十日、薩長土肥四藩主が版籍奉還を上奏す

			十日、長崎で井上馨らと協議する○二月一日、帰鹿する○四日、領地・家格返上を願い出る○五月十五日、官吏公選により全職を免じられる○七月六日、治療のため鹿児島を発ち大阪に向かう○八月十七日、領地返上が許可され、永世禄三百石などを給される○八月、比較的体調よく一時京都に滞在する○九月二十六日、政府から賞典禄一千石を給与される○九月、下腹部の腫瘍悪化。大阪薩摩堀に借宅する○十月一日、弁事から菓子を授与される	る○三月七日、公議所開設○二十八日、天皇が再度東京に着く（事実上の遷都）○五月十三日、官吏公選○十八日、榎本武揚らが降伏し、戊辰戦争終わる○六月十七日、政府が版籍奉還を許し、藩知事を任命する○七月八日、官制を改革し二官六省を置く
明治三	一八七〇	三六	一月七日、来阪した大久保が見舞う○五月十六日、弁事から酒饌を授与される○二十七日、木戸が見舞う。遺言書作成○六月四日、天皇下賜の品が大阪府知事から届く○七月十二日、太政官から全快次第東京居住を命じられる○十八日、没する○二十一日、天王寺村夕日岡で神葬祭が執り行われる	一月三日、大教宣布の詔○五月二十八日、集議院開設○九月十日、政府が藩制改革要綱を布告する○閏十月二十日、工部省を置く

主要参考文献

一　小松帯刀

坂田長愛編「小松帯刀伝」（『小松帯刀伝・薩藩小松帯刀履歴・小松公之記事（鹿児島県史料集二十一集）』）　鹿児島県立図書館　一九八〇年
『小松帯刀日記（鹿児島県史料集二十二集）』　鹿児島県立図書館　一九八一年
瀬野冨吉『幻の宰相　小松帯刀伝』私家版　一九八六年（宮帯出版社復刻　二〇〇八年）
小松帯刀研究会『明治新政府に残した小松帯刀の足跡・略年譜』、『薩摩藩城代家老小松帯刀と堺事件』、『横浜・横須賀両製鉄所と小松帯刀』、『東京行幸と小松帯刀』　一九九七～二〇〇一年
「正統系譜巻之七」（村山知一編『近世・禰寝文書』）　私家版　二〇〇一年
原口泉『龍馬を超えた男　小松帯刀』　グラフ社　二〇〇八年

二　刊行史料

『大久保利通日記』上下　日本史籍協会　一九二七年（マツノ書店復刻　二〇〇七年）

『大久保利通文書』一〜十　日本史籍協会　一九二七〜二九年（マツノ書店復刻　二〇〇八年）
『薩藩海軍史』上中下　薩藩海軍史刊行会　一九二八〜二九年（原書房復刻　一九六八年）
『大久保利通関係文書』一〜五　吉川弘文館　一九六五〜七一年（マツノ書店復刻　二〇〇八年）
『忠義公史料（鹿児島県史料）』一〜七　鹿児島県　一九七四〜八〇年
『西郷隆盛全集』一〜六　大和書房　一九七六〜八〇年
『桂久武日記（鹿児島県史料集二十六集）』　鹿児島県立図書館　一九八六年
『大久保利通史料（鹿児島県史料）』一　鹿児島県　一九八八年
『玉里島津家史料（鹿児島県史料）』一〜十　鹿児島県　一九九二〜二〇〇一年
『玉里島津家史料　補遺（鹿児島県史料）』一〜二　鹿児島県　二〇〇二〜〇三年
『続再夢紀事』一〜六　日本史籍協会　一九二一〜二二年（東京大学出版会復刻　一九七四年）
『再夢紀事・丁卯日記』　日本史籍協会　一九二二年（東京大学出版会復刻　一九八八年）
アーネスト・サトウ、坂田精一訳『一外交官の見た明治維新』上下　岩波文庫　一九六〇年
宮地佐一郎『龍馬の手紙』　旺文社文庫　一九八四年（講談社学術文庫　二〇〇三年）

三　研究書・論文

芳即正『坂本龍馬と薩長同盟』　高城書房　一九九八年

芳 即正『島津久光と明治維新』新人物往来社　二〇〇二年
佐々木克『幕末政治と薩摩藩』吉川弘文館　二〇〇四年
町田明広『島津久光　幕末政治の焦点』講談社選書　二〇〇九年
徳永和喜『偽金づくりと明治維新』新人物往来社　二〇一〇年
町田明広『幕末文久期の国家政略と薩摩藩』岩田書院　二〇一〇年
井上 勲『王政復古』中公新書　一九九一年
家近良樹『幕末政治と倒幕運動』吉川弘文館　一九九五年
萩原延寿『遠い崖』①〜⑭
朝日新聞社　一九九八〜二〇〇一年（朝日文庫　二〇〇七〜〇八年）
青山忠正『明治維新と国家形成』吉川弘文館　二〇〇〇年
家近良樹『孝明天皇と「一会桑」』文春新書　二〇〇二年
家近良樹『徳川慶喜』吉川弘文館　二〇〇四年
久住真也『長州戦争と徳川将軍』岩田書院　二〇〇四年
高橋秀直『幕末維新の政治と天皇』吉川弘文館　二〇〇七年
原口 清『幕末中央政局の動向』岩田書院　二〇〇七年
原口 清『王政復古への道』岩田書院　二〇〇七年

松浦玲『坂本龍馬』 岩波新書 二〇〇八年
久住真也『幕末の将軍』 講談社選書 二〇〇九年
高木不二『日本近世社会と明治維新』 有志舎 二〇〇九年
坂野潤治・大野健一『明治維新』 講談社現代新書 二〇一〇年
松浦玲『勝海舟』 筑摩書房 二〇一〇年
家近良樹『西郷隆盛と幕末維新の政局』 ミネルヴァ書房 二〇一一年
目良誠二郎「幕末維新政治史研究覚え書」、「未公刊史料を軸とした慶応三年十月期政治情況の再検討」（海城高等学校『研究集録』六～八集） 一九八〇～八三年
原口泉「薩摩藩軍事力の基本的性格」（『講座日本近世史』八） 有斐閣 一九八一年
（のち三宅紹宣編『幕末の変動と諸藩』 吉川弘文館 二〇〇一年）
三宅紹宣「薩長盟約の歴史的意義」、「薩長盟約の成立と展開」（『日本歴史』六四七号、七六一号） 二〇〇二年、二〇一一年
寺尾美保「最後の薩摩藩主島津忠義の婚姻」（『国語国文薩摩路』四九号） 二〇〇五年
高橋裕文「武力倒幕方針をめぐる薩摩藩内反対派の動向」（家近良樹編『もうひとつの明治維新』） 有志舎 二〇〇六年
桐野作人「薩長同盟はどこで結ばれたのか」（『歴史読本』五五巻三号） 二〇一〇年

著者略歴

一九三六年生まれ
一九六五年東京大学大学院人文科学研究科国史学専門博士課程単位取得退学
現在、東京大学名誉教授、文学博士

主要著書

『日本紡績業史序説』（塙書房、一九七一年）
『日本資本主義史論』（ミネルヴァ書房、一九八〇年）
『会社の誕生』（吉川弘文館、一九九六年）
『明治経済史再考』（ミネルヴァ書房、二〇〇六年）
『永井尚志』（ミネルヴァ書房、二〇一五年）

人物叢書　新装版

小松帯刀

二〇一二年（平成二十四）六月二十日　第一版第一刷発行
二〇一七年（平成二十九）十月　十　日　第一版第二刷発行

著　者　高《たか》村《むら》直《なお》助《すけ》
編集者　日本歴史学会
代表者　藤田　覚
発行者　吉川道郎
発行所　株式会社　吉川弘文館
東京都文京区本郷七丁目二番八号
郵便番号一一三―〇〇三三
電話〇三―三八一三―九一五一〈代表〉
振替口座〇〇一〇〇―五―二四四
http://www.yoshikawa-k.co.jp/
印刷＝株式会社 平文社
製本＝ナショナル製本協同組合

ISBN978-4-642-05262-7

『人物叢書』(新装版)刊行のことば

人物叢書は、個人が埋没された歴史書が盛行した時代に、「歴史を動かすものは人間である。個人の伝記が明らかにされないで、歴史の叙述は完全であり得ない」という信念のもとに、専門学者に執筆を依頼し、日本歴史学会が編集し、吉川弘文館が刊行した一大伝記集である。

幸いに読書界の支持を得て、百冊刊行の折には菊池寛賞を授けられる栄誉に浴した。

しかし発行以来すでに四半世紀を経過し、長期品切れ本が増加し、読書界の要望にそい得ない状態にもなったので、この際既刊本の体裁を一新して再編成し、定期的に配本できるような方策をとることにした。既刊本は一八四冊であるが、まだ未刊である重要人物の伝記についても鋭意刊行を進める方針であり、その体裁も新形式をとることとした。

こうして刊行当初の精神に思いを致し、人物叢書を蘇らせようとするのが、今回の企図である。大方のご支援を得ることができれば幸せである。

昭和六十年五月

日本歴史学会

代表者 坂本太郎

徳川和子　酒井忠清　朱舜水　池田光政　山鹿素行　井原西鶴　松尾芭蕉　三井高利　河村瑞賢　徳川光圀　契沖　市川団十郎　伊藤仁斎　徳川綱吉　貝原益軒　前田綱紀　近松門左衛門　新井白石　鴻池善右衛門　石田梅岩　太宰春台　徳川吉宗

大岡忠相　賀茂真淵　平賀源内　与謝蕪村　三浦梅園　毛利重就　本居宣長　山村才助　木内石亭　小石元俊　山東京伝　杉田玄白　塙保己一　上杉鷹山　大田南畝　只野真葛　小林一茶　大黒屋光太夫　松平定信　菅江真澄　島津重豪　狩谷棭斎

最上徳内　渡辺崋山　柳亭種彦　香川景樹　平田篤胤　間宮林蔵　滝沢馬琴　調所広郷　橘守部　黒住宗忠　水野忠邦　帆足万里　江川坦庵　藤田東湖　二宮尊徳　広瀬淡窓　大原幽学　島津斉彬　月照　橋本左内　井伊直弼　吉田東洋

緒方洪庵　佐久間象山　真木和泉　高島秋帆　シーボルト　高杉晋作　川路聖謨　横井小楠　小松帯刀　山内容堂　江藤新平　和宮　西郷隆盛　ハリス　森有礼　松平春嶽　中村敬宇　河竹黙阿弥　寺島宗則　樋口一葉　ジョセフ＝ヒコ　勝海舟

臥雲辰致　黒田清隆　伊藤圭介　福沢諭吉　星亨　中江兆民　西村茂樹　正岡子規　清沢満之　滝廉太郎　副島種臣　田口卯吉　福地桜痴　陸羯南　児島惟謙　荒井郁之助　幸徳秋水　ヘボン　石川啄木　乃木希典　岡倉天心　桂太郎

徳川慶喜　加藤弘之　山路愛山　伊沢修二　秋山真之　前島密　成瀬仁蔵　前田正名　大隈重信　山県有朋　大井憲太郎　河野広中　富岡鉄斎　大正天皇　津田梅子　豊田佐吉　渋沢栄一　有馬四郎助　武藤山治　坪内逍遥　山室軍平　南方熊楠

山本五十六　中野正剛　近衛文麿　河上肇　牧野伸顕　御木本幸吉　尾崎行雄　緒方竹虎　石橋湛山　八木秀次

▽以下続刊